U0646157

● YANXUE LYUXING
XUEXIAO ZHIDAO SHOUCE

研学旅行
学校指导手册

吴颖惠 等 ┃ 著

北京师范大学出版集团
BEIJING NORMAL UNIVERSITY PUBLISHING GROUP
北京师范大学出版社

图书在版编目(CIP)数据

研学旅行学校指导手册/ 吴颖惠等著 . —北京：北京师范大学出版社，2018.12(2022.3 重印)

ISBN 978-7-303-24431-7

Ⅰ. ①研… Ⅱ. ①吴… Ⅲ. ①素质教育－中小学－教学参考资料 Ⅳ. ①G631

中国版本图书馆 CIP 数据核字(2018)第 269601 号

营 销 中 心 电 话 010-58808083
电 子 信 箱 xueqian@bnupg.com

出版发行：北京师范大学出版社 www.bnupg.com
　　　　　北京市西城区新街口外大街 12-3 号
　　　　　邮政编码：100088
印　　刷：天津中印联印务有限公司
经　　销：全国新华书店
开　　本：710 mm× 1000 mm　1/16
印　　张：18.5
字　　数：308 千字
版　　次：2018 年 12 月第 1 版
印　　次：2022 年 3 月第 3 次印刷
定　　价：45.00 元

策划编辑：张丽娟　曹　巍　　责任编辑：张丽娟　薛玉玲
美术编辑：王秀环　　　　　　　装帧设计：李尘工作室
责任校对：段立超　陈　民　　责任印制：赵　龙

版权所有　侵权必究
反盗版、侵权举报电话：010-58800697
北京读者服务部电话：010-58808104
外埠邮购电话：010-58808083
本书如有印装质量问题，请与印制管理部联系调换。
印制管理部电话：010-58805079

序言

当前，我国教育改革进入了一个深化发展的时期，基础教育领域正在实施的考试制度改革、课程教学改革、教育评价改革等，都在落实立德树人要求，促进学生核心素养发展。2018年9月，全国教育大会在北京召开，我国教育发展进入了新时代。

近年来，中小学课程形态出现了很大的变化，学科实践活动、综合实践活动的广泛开展，使课程呈现出综合性、活动性、实践性、选择性等特征，为学生提供了开放的学习环境和丰富的学习资源。2016年11月，教育部等11部门联合发布了《关于推进中小学生研学旅行的意见》(以下简称《意见》)，明确提出："中小学生研学旅行是由教育部门和学校有计划地组织安排，通过集体旅行、集中食宿方式开展的研究性学习和旅行体验相结合的校外教育活动，是学校教育和校外教育衔接的创新形式，是教育教学的重要内容，是综合实践育人的有效途径。"并对课程建设提出要求："学校根据学段特点和地域特色，逐步建立在小学阶段以乡土乡情为主、初中阶段以县情市情为主、高中阶段以省情国情为主的研学旅行课程体系。"2017年8月，教育部印发的《中小学德育工作指南》中，提出课程育人、文化育人、活动育人、实践育人、管理育人、协同育人六种德育途径和要求，将社会实践、研学旅行等都纳入"实践育人"途径，强调了其独特的育人价值。2017年9月，教育部颁布的《中小学综合实践活动课程指导纲要》中，提出了研学旅行属于综合实践活动"考察探究"中的一部分，明确了其课程性质。这些政策文件的颁布，促进了研学旅行的蓬勃发展。

两年来，作为实践育人的重要途径和方式，研学旅行教育在全国各地中小学校广泛开展并逐渐深化。我们越来越多地看到了中小学生走出课堂、走出校园，沉浸在优美的自然天地中，走向了广阔的社会生活中，走进了各行各业的职业体验中。研学旅行是一种行走的课程、动态的课程、生成的课程，因而具有综合育人价值。研学旅行不仅让学生学到知识，还能增长见识、增加阅历，获得多种人生体验。研学旅行活动能全面促进学生核心素养的发展，培养学生的人文情怀、审美情趣、信息意识和勇于探究的素养；培养学生的社会责任、国家认同、国际理解的价值观；形成积极的学习态度和情绪、情感，让学生在集体生活中，培养自我管理能力、问题解决能力，形成知行合一的健全人格品质。

研学旅行在学生成长过程中具有十分重要的意义，其教育价值得到了理论研究者和教育实践者的广泛认可，也得到了社会、家长的关注和支持。但是作为一种新的课程形态和教育组织形式，各地区和各学校在落实研学旅行教育要求时，也必然存在着一些问题，因而不能盲目而动，需要系统研究。海淀区在《意见》颁布后，迅速启动了研学旅行的相关理论与实践研究，带领区域内一大批学校，边实施、边探索，通过课题的形式，建立区域研究共同体，探索系列化的"中小学研学旅行课程体系设计与实践模式"，并形成了阶段性成果。

这本书是北京市海淀区教科院组织区域内中小学干部教师撰写的，旨在全面指导研学旅行活动策划与实施的一本实用手册。该书在理论方面，阐明了研学旅行课程的性质与定位，分析了研学旅行的教育价值；在课程建设方面，提出了研学旅行课程设计与实施的方法、研学旅行中的学习评价、研学旅行课程手册的编写、研学旅行课程资源建设、研学旅行师资优化安排、研学旅行课程实施效果评估等一系列指导性策略；在研学旅行活动组织及操作步骤方面，指导学校制订研学旅行行程计划，按照研学旅行工作规程标准，做好研学旅行安全保障与管理；在研学旅行招标程序方面，给出了具体的操作规范；在主题研学线路设计与实施方面，提供了完整的案例。这本书概括了研学旅行实际操作的全部环节，为中小学校实施研学旅行提供了一整套的问题解决方案。其中选取了大量适合不同类别学校、不同学段学生的课程实践案例，可供研学旅行"从零开始"的学校借鉴，也可供正在探索研学旅行的学校选择参考。

人类文化最初是来自对自然景观的审美。孔子说，知（智）者乐水，仁者乐山；老子说，上善若水，水利万物而不争；庄子说，天地有大美而不言，四时有明法而不议，万物有成理而不说。在我国教育的传统理念中，也能找到研学旅行的渊源，"读万卷书，行万里路"是中华传统治学思想。陶行知先生也提出"生活即教育，社会即学校，教学做合一"。研学旅行联结学生校内外学习、生活，矫正中国教育过于注重书本、与生活联系较少的弊端，让学生在共同生活中学习，将大自然和社会中有价值的教育资源纳入中小学课程建设的视野。

研学旅行教育的终极目标是对生命的关注，学生在研学旅行中经历的事情，很可能成为他生命成长中的"关键事件"。每一个生命都是独特的，研学旅行一定会带给每个学生不同的学习契机，让学生在体验中形成初步感知，在体悟中深化已有认识，在思考中形成价值体认，最终落实到社会主义核心价值观的践行行为，实现自己多方面的成长。中小学研学旅行教育天地广阔，大有可为。

长期以来，北京市海淀区一直是一块教育探索的高地，是一方教育资源的沃土，它的经验曾经在全国产生巨大的影响。本书的出版，又在基础教育课程改革领域奉献了一份具有引领价值的成果。

本书为研学旅行和综合实践课程提供了全系列、全方位的指导性意见，提供了细致入微的实践原则和保障细则，提供了丰富的课程形态和主题路径。这部大全与指南性的著作背后，凝聚了长时间的教育实验与科研的积累，来自海淀诸多学校创新性的实践，来自很多教师和教育工作者的勇敢探索。我在海淀区从事综合实践的实验和研究已逾二十年时间，我为这个领域的新成果感到欣慰和骄傲。

综合，是世界课程改革的重要方向之一。它的目的就是要突破学科分离与知识细碎化的弊端，让教育回归整体，回归真实。实践，是学生成长与学习的重要方式。真实而丰富的实践，可以使学生获得"全息"的教育价值，获得校园空间无法达到的深度和厚度。眼下，学校内课堂形态的学习时间已经用到了极大值，而课堂以外的学习空间、学习方式、学习资源却还在相当有限的范围内被利用。甚至，有的地区的学校和教育还在质疑走出书本、走出课堂、走出学校的意义。毫无疑问，什么是今天中国教育面向未来的选择？必须让学校教育回归生活，回归社会，回归自然，让教育与生活相融，让教育与时代同步，让教育与世界相通。

综上所述，研学旅行是综合实践课程的新形式、新发展、新创造，符合中国和世界教育改革与发展的方向。在这个欣欣向荣、如火如荼的新领域，本书为我们展现了非常美好的前景，并为更多学校开展研学旅行提供了"百科全书"式的帮助。

是为序。

康健

北京大学教育学院

2018 年 11 月 15 日

目　录

CONTENTS

第一章

研学旅行课程
性质与定位

进入 21 世纪以来，我国基础教育课程改革正在如火如荼地进行。教育改革经过十余年的发展，在素质教育理念的导向之下，基本建立了一个开放的、充满活力的、具有中国特色的社会主义基础教育体系。教育发展的着力点是促进每个学生得到全面发展，由精英主义教育转向大众主义教育，课程理念和教育方式走向开放与多元。研究性学习、项目式学习、社会实践、职业体验等活动性课程、综合性课程和实践性课程内容与形式不断发展，在学生成长过程中发挥了不可或缺的作用。综合实践活动课程逐渐成为能与学科课程并驾齐驱的促进学生发展的课程形式，并且成为培养学生作为现代公民必备品格与关键能力的必修课程。

一、综合实践活动与研学旅行的发展

（一）综合实践活动课程的设立

2001 年 6 月，教育部印发的《基础教育课程改革纲要（试行）》提出了从小学至高中设置综合实践活动并作为必修课程，其内容主要包括：信息技术教育、研究性学习、社区服务与社会实践、劳动与技术教育。强调学生通过实践，增强探究和创新意识，学习科学研究的方法，发展综合运用知识的能力。

综合实践活动课程属于国家课程，由教育部颁布指导纲要，没有统一的课程标准，不主张编写教材。课程实施与管理方面，由国家设立、地方指导与管理、学校开发与实施。随着课程改革的深入发展，综合实践活动课程也不再限于上述四个方面的内容，在基层实践探索中，还出现了一些新的形式，如学科实践活动、学生社团活动、社会大课堂活动、外出游学活动、开放性科学实践活动、综合社会实践活动等。渐渐地，人们发现，综合实践活动的发展"万变不离其宗"，只要符合综合实践活动课程的基本理念和育人目标，在综合素质培养方面也可以有异曲同工之妙。因此，综合实践活动课程也成为体现学校课程特色和育人模式的重要载体。相对于传统学科课程，综合实践课程作为一种新的课程形态，在不断发展、演变、完善和系统化。

2017 年，教育部组织专家组对十余年综合实践活动课程实施情况进行了调研、总结，并结合新时代社会经济发展和人才培养的需求，研制并颁布了《中小学综合实践活动课程指导纲要》，将原来的信息技术教育、研究性学习、社区服务与社会实践、劳动与技术教育四大方面内容进行整合，按照考察探究、社会服务、设计制作、职业体验等主要学习活动方式，建立了新的综合实践活动课程领域框架，并提出了价值体认、责任担当、问题解决、创意物化四个方面的目标。

(二)研学旅行活动发展的过程

随着基础教育课程改革的深化实施，学校具有更多的课程自主权。在我国国内生产总值(Gross Domestic Product，简称GDP)跃居世界第二的经济发展背景下，越来越多的家长支持学校组织学生开展国内和国外的研学考察活动，作为一种研究性学习和实践活动学习的形式，有的学校叫游学，有的叫社会实践，有的叫科学考察，有的叫博识课等。2013年2月，在国务院办公厅印发的《国民旅游休闲纲要(2013—2020年)》(国办发〔2013〕10号)中提出"逐步推行中小学生研学旅行"。2014年7月，教育部颁布《中小学学生赴境外研学旅行活动指南(试行)》，对境外研学旅行的教育目标、课程内容、活动方式、学习时间、学生年龄、具体组织、教师配比等，都提出了明确要求。

例如：

第五条　举办境外研学旅行要与中小学的教育教学计划统筹安排，具有明确、有益的教育目的和适当、周密的教学内容，把素质教育和体验学习贯穿始终。

境外研学旅行的教育教学内容和学习时长所占比例一般不少于在境外全部行程计划的1/2。

第六条　境外研学旅行要注重活动特色，丰富教育内容，可以选择或者包含环保、科技、人文、自然、历史、文学、艺术、体育等主题活动。

第十条　境外研学旅行一般应以小学四年级以上年级的学生为主体，组织三年级以下完全无民事行为能力的学生参加活动的，举办者应当依法特别明确相应的权利义务及责任。

第十一条　境外研学旅行的活动时间和地点应事先进行合理规划，充分考虑中小学学生的身心特点和承受能力，一般小学生不宜超过 3 周，中学生不宜超过 6 周。每次活动安排不宜超过 2 个国家，每个国家的参访城市不宜超过 4 个。除非特别需要，不宜组织跨国多地的境外研学旅行活动。

第十七条　举办者要为赴境外研学旅行团组配备随团带队教师，并指定 1 名带队教师为领队。团组的带队教师与学生的比例一般不低于 1∶10。学生年龄结构偏小的团组，需酌情增派带队教师。

第二十条　中小学学生参加非本校组织的境外研学旅行的，家长应当告知学校。一个学校有超过 5 名学生参加同一个境外研学旅行的，学校应当告知主管教育行政部门。

2014 年 8 月，国务院印发了《关于促进旅游业改革发展的若干意见》（国发〔2014〕31 号），明确提出："积极开展研学旅行。按照全面实施素质教育的要求，将研学旅行、夏令营、冬令营等作为青少年爱国主义和革命传统教育、国情教育的重要载体，纳入中小学生日常德育、美育、体育教育范畴，增进学生对自然和社会的认识，培养其社会责任感和实践能力。按照教育为本、安全第一的原则，建立小学阶段以乡土乡情研学为主、初中阶段以县情市情研学为主、高中阶段以省情国情研学为主的研学旅行体系。加强对研学旅行的管理，规范中小学生集体出国旅行。支持各地依托自然和文化遗产资源、大型公共设施、知名院校、工矿企业、科研机构，建设一批研学旅行基地，逐步完善接待体系。鼓励对研学旅行给予价格优惠。"

（三）研学旅行课程化地位的巩固

在传统课程观念中，研学旅行一直以课外活动的形式而存在，文件或文章中的表述都是"研学旅行活动"，而在 2016 年 11 月 30 日教育部等 11 部门颁布的《关于推进中小学生研学旅行的意见》（以下简称《意见》）文件中，提出了"开发一批育人效果突出的研学旅行活动课程"的要求，并对研学旅行的重要意义、工作目标、基本原则、主要任务和工作保障等做出了具体部署。

该文件提出的"工作目标"是："让广大中小学生在研学旅行中感受祖国大好

河山，感受中华传统美德，感受革命光荣历史，感受改革开放伟大成就，增强对坚定'四个自信'的理解与认同；同时学会动手动脑，学会生存生活，学会做人做事，促进身心健康、体魄强健、意志坚强，促进形成正确的世界观、人生观、价值观，培养他们成为德智体美全面发展的社会主义建设者和接班人。"

不难看出，上文的表述就是研学旅行的教育目标，也是广义的课程目标。文件提出，要"开发一批育人效果突出的研学旅行活动课程，建设一批具有良好示范带动作用的研学旅行基地，打造一批具有影响力的研学旅行精品线路，建立一套规范管理、责任清晰、多元筹资、保障安全的研学旅行工作机制，探索形成中小学生广泛参与、活动品质持续提升、组织管理规范有序、基础条件保障有力、安全责任落实到位、文化氛围健康向上的研学旅行发展体系"。从这一要求可以看出，研学旅行课程是基础，基地是实物载体，精品线路是基本途径，工作机制是全方位的教育资源保障。要创生和运行一套研学旅行发展体系，需要各个方面的协调与保障。该文件明确了研学旅行教育的课程属性，提出了课程建设的任务，就要求学校必须成为研学旅行的主导部门，而不能随意委托给社会机构，甚至出现社会与学校脱节、直接组织学生研学旅行的现象，导致乱象丛生。因此，文件的出台也明确了学校的主导地位和组织责任。

研学旅行课程化地位的巩固还体现在《意见》明确提出了学校要根据学段特点和地域特色，建立研学旅行活动课程体系，逐步建立小学阶段以乡土乡情为主、初中阶段以县情市情为主、高中阶段以省情国情为主的研学旅行活动课程体系。

《意见》中提出了五项主要任务，首要任务是"纳入中小学教育教学计划"，这是对学校的基本要求。中小学的课程计划，从时间分配上，包含了节假日之外的所有时间安排，包括国家课程、地方课程、校本课程课时，班团队活动课时，期中期末考试时间安排，毕业式、结业式安排等。中小学教育教学计划统筹安排了所有学生在学校的教育教学活动，因此，研学旅行必须与原有学校课程教学计划有机嵌入与融合。文件中还提到了"与综合实践活动课程统筹考虑"，也给中小学提供了一定的自主权。2017年颁布的《中小学综合实践活动课程指导纲要》提出，小学一至二年级，平均每周不少于1课时；小学三至六年级和初中，平均每周不少于 2 课时；高中执行课程方案相关要求，完成规定学分。课程改革赋予了学校自主排课和开发校本课程的权力，这些课时加上校本课程、地方课程课时，既可以分散使用，也可以集中安排。因此，学校对研学旅行与综合实践活动可以统筹安排，从各学校实施的不同模式，也足以看出研学旅行纳入课程体系的明确要求和巩固的地位。

二、将研学旅行纳入教育教学计划

《意见》提出第一项主要工作任务是将研学旅行"纳入中小学教育教学计划"，要求各中小学要结合当地实际，把研学旅行纳入学校教育教学计划，与综合实践活动课程统筹考虑，促进研学旅行和学校课程有机融合；要精心设计研学旅行活动课程，做到立意高远、目的明确、活动合理、学习有效，避免"只旅不学"或"只学不旅"现象。在年级安排和时间选择上，也提出了明确的原则和建议，年级一般安排在小学四到六年级、初中一到二年级、高中一到二年级，尽量错开旅游高峰期。学校可以根据教育教学计划灵活安排研学旅行时间。

《意见》在课程内容和学习范围上也给出了指导建议，要求"学校根据学段特点和地域特色，逐步建立小学阶段以乡土乡情为主、初中阶段以县情市情为主、高中阶段以省情国情为主的研学旅行活动课程体系"。小学、初中、高中课程建设分别以"乡土乡情""县情市情""省情国情"的教育落脚点和范围为主，这对学校开发课程时，在学生活动地域范围的选择上起到了指导作用。

（一）与国家课程实施相结合

与国家课程相结合，主要是运用在国家所规定的学科课程中学到的知识和原理，解释和解决与学科密切相关的问题，主要表现在学科实践活动或跨学科实践活动上，如有的学校组织学生以"跟着课本去旅行"为主题的外出游学活动。语文教科书收录的《桂林山水》《狼牙山五壮士》《美丽的小兴安岭》《登鹳雀楼》《长城》《兵马俑》《美丽的张家界》等课文，分布在不同的年级，学校可以根据其涉及的地理位置设计不同年级的研学旅行方案。

2014 年，北京市教育委员会印发的《北京市基础教育部分学科教学改进意见》(京教基二〔2014〕22 号)，要求构建开放性的教与学模式，加强学科教学内容与社会、自然的联系，让学生学习鲜活的知识和技能，学校要组织学生走出校门，中小学校各学科平均应有不低于 10％的课时用于开展校内外综合实践活动课程，并针对中小学语文、中小学英语和初中科学类学科具体提出了教学改进意见。

2015 年，《北京市实施〈教育部义务教育课程设置实验方案〉的课程计划(修订)》提出，中小学各学科平均应有不低于 10％的学时开展学科实践活动课程，在内容上，可以某一学科内容为主，开设学科实践活动，也可综合多个学科内容，开设跨学科综合实践活动；在学时上，可与劳动技术、信息技术、研究性学习、社区服务和社会实践活动等统筹使用，也可以与地方课程、校本课程统筹使用。

【案例】依托各类博物馆开展小学学科实践活动[1]

北京市海淀区前进小学为落实北京市关于"学科实践活动"的要求，依托市内各类博物馆资源，丰富学科实践活动内容，并与落实研学旅行要求相结合，组织学生在博物馆游学。学校社会实践活动涵盖了一至六年级，涉及所有学科，并且符合学生年龄特点，按照层级发展目标建立学校特有的"博物馆课程"体系。走进每个博物馆，都有主题式探究活动，体现学科融合，进行科学系统的方案设计，符合学生综合素养的发展。同时，开发了一至六年级学生走进博物馆开展探究学习的指导手册，师生能做到有目标、有计划地开展活动，任务单的设计更多关注学生的学习体验、动手实践及创新意识的培养，对于培养学生成为研究型、创新型人才起着奠基性作用。每个活动方案后面都有一套详细的活动效果综合评价标准，老师们从纪律性、参与度、合作能力、任务质量等多方面对学生的参与情况进行考评。提高了课程建设的质量，提升了学生的综合素养。

---

[1] 本案例由北京市海淀区前进小学翟晓江老师提供。

【案例】依托圆明园资源开展中学学科实践活动①

清华大学附属中学上地学校发挥地缘优势，连续多年开展"走进圆明园"实践活动。课程实施初期主要有生物、体育、历史、地理四个学科，随着对学生核心素养的培育越来越科学、多元，后来又有语文、数学、英语、政治、美术、书法、摄影、音乐等学科加入进来，形成了跨学科、综合性、活动性的课程形态。学校对"走进圆明园"课程的定位是：教学与教育相结合，促进学生德智体美劳全面发展；国家、地方和校本三级课程整合实施；既作为学科实践活动，多学科参与，也创设综合实践活动特有模式。"走进圆明园"是学校长期以来坚持发展的综合实践研学课程，它汇聚了众多学科，调动了多种资源，从而发展成为清华附中上地学校的特色课程。

各学科教师对实践活动设计的思路和着眼点是：

在生物和地理学科的师生眼里，圆明园之大足以构成一个完整的生态系统，山水草木，花鸟虫鱼，四季变换、春华秋实，大到季节、气候、水系，小到动植物、土质、岩石，这些都成为学生探索研究的内容。

对于历史、语文、英语、思品学科而言，圆明园亦见证了近现代北京乃至中华民族的诸多重大事件以及历史变迁，为师生们进行口述历史、资料查阅、社会调查、双语导游等学科活动提供了广阔的天地和丰富的素材。

美术、书法和摄影学科更是可以在圆明园的湖山临泉、雕梁画栋、水榭楼台中寻求灵感，进行艺术创作，甚至可以通过重现圆明园风景、楹联来追溯过去，铭记历史。

体育学科的师生们利用圆明园绝佳的地理优势和锻炼环境，开展了圆明园定向越野、冬季长跑、趣味运动会等丰富多样的体育实践课程。

数学学科通过绘制黄花阵迷宫、研究西洋楼几何、测算福海面积等活动，让同学们感受几何的文化价值，了解建筑知识，提高分析、解决问题的能力。

---

① 本案例由清华附中上地学校叶春芳老师提供。

研学旅行课程中的一个创新点，也是课程实施的一个难点，即如何实现"研"的行动、"研"的成果、"学"的价值，引导学生实践体验一种新的学习方式，即在复杂的自然、社会、生活中寻找到自己感兴趣的问题，并与同伴结成团队解决问题，以锻炼学生的多方面能力，提升学生的综合素养。中小学根据学生日常学习、生活的特点，将"研究性学习"与学科学习相结合、与日常生活结合，能有效实现研学旅行课程中"研"的行动和"学"的价值。

【案例】拓展学科学习，开展小课题研究①

北京市中关村中学在设计每一个年级的研学旅行课程时，将学科实践活动作为研学旅行课程中的一个重要板块，提升学生运用所学知识的能力。如高一年级在井冈山之旅中，结合学科实践活动课程，与相关学科结合，设计了如下表所示的研学小课题，让学生在体验中成长，在实践中思考，在问题解决中提升。

研学旅行与学科学习相结合，最好选择人文与自然兼顾的旅行目的地。如到井冈山研学，自然方面涉及地貌、植被等，历史与社会方面涉及中国革命史，社会文化方面可以进行民俗风情的研究。这样既落实了学科实践活动，又实现了综合实践活动的价值。

表 1-1　高一年级学科研学选题

学科	研学课题	学科	研学课题
语文	《滕王阁序》成为千古美文的原因	地理	对水口彩虹瀑布的调查研究
	八大山人的哲学思想探究		井冈山地质地貌调查研究
	古典诗歌中的竹文化研究		井冈山及瑶里地区民俗风情研究
数学	拍照取景角最大问题		井冈山地区自然植被及垂直自然带研究
	景区中灭火的数学模型	物理	陶器制作中的角度分析
	研究八大山人纪念馆的建筑特色		

---

① 本案例由北京市中关村中学鲁小凡老师提供。

续表

学科	研学课题	学科	研学课题
数学	瑶里古镇一日游的最佳游览路线设计	化学	陶瓷制作与土壤成分研究
	关于井冈山之行小组研学合作效率的研究		陶瓷釉色化学成分研究
政治	从井冈山精神分析中华民族精神的历史与现实意义		陶瓷烧制过程中影响因素研究
	中国瓷器文化创意中的经济意义		陶瓷烧制过程中的化学反应原理
	中国瓷器文化的传承与发展		陶瓷烧制过程中有无污染物产生及解决方案
	红色之旅中的实践与认识关系分析	生物	井冈山人类食物资源种类的调查
	从红军造币厂到"人民币加入特别提款权货币篮子"看中国经济发展道路的选择		井冈翠竹种类调查
			井冈山珍稀植物调查
	瑶里古镇开发策略的研究		竹子开花的意义是什么
历史	南昌起义的重要意义	历史	从黄洋界战役看毛泽东的军事思想
	朱德对南昌起义的贡献		毛泽东在井冈山的反"围剿"斗争为什么能成功
	南昌起义军的去向探究		朱德指挥的反"围剿"经典战例研究
	井冈山为什么成为中国第一个革命根据地		红军名称探源

(二)与校本课程实施相结合

校本课程是以学校为本位，由学校自主确定的课程，在开发主体上，与国家课程、地方课程相区别，是基础教育三级课程管理体系中一个组成部分。校本课程是既能体现各校的办学宗旨、学生的特别需要和该校的资源优势，又与国家课程、地方课程紧密结合的一种具有多样性和可选择性的课程。

校本课程是由学校设计开发的课程，即学校在对该校学生的需求进行科学的评估，并充分考虑当地社区和学校课程资源的基础上，以学校教师为主体，开发旨在发展学生个性特长的、多样的、可供学生选择的课程。校本课程可以是学科拓展课程，也可以是综合性活动课程。研学旅行就可以用综合实践活动和校本课程的课时，由学校自主设计和实施来达到教育的目的。

例如，北京市十一学校初中校本课程设立了小学段研学周课程，研学课程组包括政治、历史、地理、生物等学科教师，合作开发基于学科的或综合的研学系列课程。在研学课程的学习中，学生以实地考察、现场体验、访谈等方式获得初中思想品德、历史、地理和生物学科的部分知识。教师探索适合初中学生年龄特点的教学组织形式，带领学生到北京周边郊区及京外地区的不同环境中去探访、观察，并沉浸其中。通过亲自体验，进而学习和理解我国不同地区的历史文化传统；通过参与实地考察或调查活动，增强学生热爱自然、保护环境的意识。学生通过认真参与丰富的研学课程，极大地拓展了知识面、获得了成就感，从而有效地提升了学好相关课程的兴趣和动力。

【案例】小学段研学周课程设计①

该课程总体目标设定为：

1. 激发学生学习初中思想品德、历史、地理和生物学科知识的兴趣和求知欲。

2. 拓展学生对初中思想品德、历史、地理和生物学科的学习深度与广度。

3. 培养学生的学科思维、人文底蕴与科学精神。

4. 促进学生的科学素养和人文素养协调发展。

初中政治、历史、地理和生物学科教师根据课标内容，经过研究，选择部分适合研学的内容，由初一、初二的全体学生在小学段通过参与研学课程来学习。依据选定的研学内容，教师确定了北京周边及京外研学基地，每个学段都设计了十几条路线，每个学生都可根据自己的选课情况从中选择一条。研学课程全部在京完成的同学，需用四天时间在校外进行学习，用半天的时间在校内进行分享交流。研学课程在京外地区完成的同学五天都在基地学习，回校后在思想品德课上分享交流。

以"浙江绍兴安昌古镇"为主题，教师组织初一、初二全体选地理课的学生完

---

① 本案例由北京市十一学校研学课程组魏小林老师提供。

成该课程。学生结合初中《地理》(七年级上册)"人类的聚居地——聚落"一节内容，拓展深化学习，与学科学习相结合，完成研学旅行课程。"聚落"是地理学上的重要概念，对于理解人地关系、环境伦理等都具有关键作用，而"聚落"的概念是比较难以理解的，尤其是在大城市中生活的青少年。走出北京，到"聚落"特征更明显的江南古镇去体验、调查、考察，开展研究性学习，可以加深学生对地理概念的理解。从以下课程设计可以看出，通过这样的研学课程学习，学生不但强化了地理学科的学习效果，而且在社会调查、人物访谈活动中，还能够提高观察能力、沟通能力、合作能力、分析能力、审美能力、文化理解能力等。只要是研学旅行课程，就一定是一种综合性教育课程。

表 1-2　初中地理主题研学课程纲要

主讲教师姓名	南晓军	课程内容	浙江绍兴安昌古镇	教学材料	研学课程指南（地理部分）
授课时间	小学段研学周		授课对象	初一、初二全体选地理课的学生	
课程目标	1. 了解聚落的种类。 2. 认识影响聚落形成与发展的自然因素。 3. 了解世界文化遗产。 4. 了解中国文化遗产的保护。				
课程内容或活动安排	学习主题：人类的聚居地——聚落。 活动安排： 1. 自学《地理》七年级(上)第三节"人类的聚居地——聚落"相关内容。 2. 参观安昌古镇，听专家讲述古镇的历史和故事。 3. 以小组为单位，采访古镇居民，了解古镇的逸事。 4. 以小组为单位，探讨该古镇的形成发展与哪些自然因素有关系。				
课程实施建议	实施方法：带上研学手册有目的地现场参观、体验后完成学习任务。 组织形式：教师在小学段研学周带领学生乘坐动车到绍兴后，再乘坐大巴到安昌古镇。 课时安排：5天，其中半天汇报展示学习成果(4课时)。 场地：安昌古镇。 设备：照相机、手机、笔和本子。 班级规模：线路参观可以容纳200名以上学生。				
课程评价建议	从以下评估点中任选一个，由指导教师给予评价。 1. 小组汇报：论述古镇的形成发展与自然地理因素之间的关系。 2. 个人汇报：结合食物照片，探讨江南古镇饮食文化与地理环境的关系。				

表 1-3 初中历史主题研学课程纲要

主讲教师姓名	王烨 魏小林	课程类型	周口店北京猿人遗址研学	教学材料	研学课程指南（历史部分）
授课时间	小学段研学周		授课对象	初一、初二全体选历史课的学生	
课程目标	1. 了解人类的进化过程。 2. 学习原始社会历史，了解考古发现对历史研究的重要性。 3. 了解北京人及山顶洞人的生产、生活情况。 4. 学习考古方法并制作标本。				
课程内容或活动安排	学习主题：参观北京猿人遗址博物馆，体验科学考古过程。 1. 课前学习北师大版历史七年级(上)第一课"远古人类的遗存"，初步了解北京人、山顶洞人的生活情况。 2. 视频讲座：观看中央电视台《考古发现之旅——寻找北京猿人》专题片剪辑，了解北京猿人的历史发现、猿人头盖骨遗失谜案的真实记录。 3. 参观考察：参观古猿人博物馆，了解北京猿人的历史。 4. 制作标本：在专业人士指导下制作骨针、猿人头像及打磨石器。 5. 模拟考古：在专业人士指导下进行模拟考古活动。 6. 实地考察与探究性学习：根据研学手册的内容提示，分组选择其中某项感兴趣的题目进行研讨探究，用记录和拍照的形式收集资料。最后，小组汇集完成研讨题目。				
课程实施建议	实施方法：带上研学手册，现场参观、体验后完成学习任务。 组织形式：教师在小学段研学周带领学生到周口店猿人遗址博物馆。 课时安排：5 天，其中汇报展示半天(4 课时)。 场地：周口店猿人遗址博物馆及猿人洞。 设备：制作标本的器具、模拟考古场地及动物化石。 班级规模：每组不超过 45 人，标本制作、模拟考古与参观学习交替进行。 从以下评估点中任选两个，由指导教师给予评价。 1. 认真完成模拟考古、标本制作。 2. 积极参与小组讨论"化石在研究人类发展过程中的作用""北京人在人类历史发展链条中的历史意义"。 3. 小组成员在探究的过程中自行提出问题并解决问题。 评定方式：研究成果在研学手册上书面完成，要求原创，主题明确，满分50 分。				

表 1-4　初中思想品德主题研学课程纲要

主讲教师姓名	刘静	课程类型	抚顺雷锋纪念馆研学	教学材料	研学课程指南（思想品德部分）
授课时间	小学段研学周		授课对象		初二学生
课程目标或意图	1. 全面了解雷锋生平。 2. 理解和感悟雷锋精神的实质。 3. 思考雷锋精神在今天社会的意义。 4. 思考雷锋事迹与雷锋精神的传承与发展、丰富。 5. 雷锋精神远播海外现象思考。				
课程内容或活动安排	1. 观看电影《雷锋》《离开雷锋的日子》。 2. 参观抚顺雷锋纪念馆，全面了解雷锋的生平、事迹，感受和领悟雷锋精神，思考雷锋精神对自己的启示。 3. 讨论雷锋精神在当今社会的意义；雷锋精神的传承与发展的关系；雷锋精神远播海外的现象思考。 4. 确定课题，完成探究学习任务。				
课程实施建议	实施方法：带上研学手册，现场考察后完成学习任务。 组织形式：教师在小学段研学周带领学生乘坐高铁先到沈阳，后去抚顺雷锋纪念馆。 课时安排：1 天（7 课时）。 场地：雷锋纪念馆及纪念公园。 设备：照相机、手机、笔和本子。 班级规模：可以容纳 200 名以上学生。 建议：可以在雷锋纪念广场雷锋塑像地举办新团员入团仪式（很有纪念意义并令人难忘）。				
课程评价建议	从以下小课题中任选一题或自定题目，类似生活准则征文，由指导教师赋予学分。 1. 我对雷锋精神的思考。 2. 雷锋精神的实质探析。 3. 雷锋纪念日活动的思考。 4. 雷锋精神远播海外的思考。 5. 雷锋精神对我的影响。				

表1-5　初中生物主题研学课程纲要

主讲教师姓名	李艳芳	课程类型	西安牛背梁森林公园研学	教学材料	研学课程指南（生物部分）
授课时间	小学段研学周		授课对象	初一、初二全体选生物课的学生	
课程目标或意图	1. 列举牛背梁森林公园里的食物链和食物网。 2. 考察牛背梁森林公园内森林生态系统和淡水生态系统的组成。 3. 概述牛背梁森林公园内森林生态系统与淡水生态系统之间的联系。 4. 养成仔细观察、积极参与小组讨论的习惯。 5. 体会生物体形态结构、生活习性与环境相适应的观点。				
课程内容或活动安排	1. 自学或复习《生物》（七年级上册）第19页到第34页第二节"生物与环境组成生态系统"，第三节"生物圈是最大的生态系统"。 2. 教师在牛背梁森林公园仔细考察的基础上，提供与生物学知识相关的系列小课题供学生选择，或者由学生自己提出一个新课题，在认真考察牛背梁森林公园后，完成研究性学习小论文。 3. 学生认真考察牛背梁森林公园，并做好记录。 4. 确定课题，完成研究性学习小论文。				
课程实施建议	实施方法：带上研学手册，现场考察后完成学习任务。 组织形式：教师在小学段研学周带领学生乘坐高铁到达西安牛背梁森林公园。 课时安排：1天（7课时）。 场地：西安牛背梁森林公园。 设备：照相机、手机、笔和本子。 班级规模：野外场地，可以容纳300名以上学生。 建议：有登山活动，提醒学生山路陡峭，爬山时请勿追跑打闹，以免受伤。				
课程评价建议	从以下小课题中任选一题或自定题目，紧密围绕牛背梁森林公园的生态环境认真考察，撰写考察报告，在报告中能提出新的想法或新的问题。 1. 考察牛背梁森林公园中不同海拔高度植被分布不同的原因。 2. 考察牛背梁一侧长树林、一侧长草的原因。 3. 考察牛背梁森林公园中的食物链和食物网。 4. 考察水域对牛背梁植被的影响。 5. 考察森林公园中的几种植物。				

（三）与地方课程实施相结合

21世纪基础教育课程改革提出了国家课程、地方课程和校本课程三级管理体制，为学生发展提供了更多可能和更大的空间。地方课程是地方教育主管部门以国家课程标准为基础，在一定的教育思想和课程观念指导下，根据地方经济、社会、文化发展水平及其对人才的特殊要求，充分利用地方课程资源而开发、设计、实施的课程。

海淀区地方课程经过十余年的开发建设，已经形成了比较完整的地方课程体系。"十二五"时期，确定了地方课程育人目标：坚持立德树人，促进学生全面而有个性地发展，培养具有优秀传统文化底蕴、深厚家乡地域情感、积极道德心理品质、良好体育艺术素养，勇于实践创新、富有国际视野和爱国之心的海淀学子。地方课程遵循"人文海淀""科技海淀""绿色海淀"的理念，形成了乡土乡情教育、传统文化教育、科技创新教育、体育艺术教育、德育心理教育、国际理解教育六大领域课程，编写、选用了近十种教材或读本，通过培养学生的创新精神、实践能力和社会责任感，全面提升学生的综合素质。

在人的成长过程中，对小时候情景的种种回顾，总给人带来精神的愉悦。中小学时期的经历，尤其是学校生活，往往能奠定一个人终身发展的情感、态度和价值观基础。故乡是中国传统文化中的一种精神寄托，是人们的精神家园，随着岁月的流逝，这方面体验会日益加深。进行乡土乡情教育，也是开展传统文化教育的一个方面。地方课程可以从小培养学生的家国情怀，具有特殊的育人价值。

因此，从小学阶段开始，应该让学生逐步认识周围的环境，到了初中，应了解所在社区的文化与历史。例如，对于海淀区的学生而言，清华、北大、学院路、颐和园、圆明园、香山、植物园、凤凰岭、中科院、中关村等，这些学府、园林、山岭、街道等资源就在家门口。将这些地域资源课程化，开发地域文化类、科技类地方课程，就能为中小学生建立生活与学习的联结，促进青少年精神人格的成长。"海淀区地理""海淀历史与文化""知识产权教育""信息技术""走近圆明园""探索海淀"等地方课程，都是与区情乡土有关，符合海淀区作为文化教育大区和高科技园区的典型地域特征。

海淀区教科院对中小学进行区域课程引领，开发地方课程资源。如组织地方课程任课教师参观考察颐和园、长河、万寿寺，开发颐和园主题和"长河—万寿寺"主题活动资源。教师从建筑、山水、园林、历史、宗教文化等不同角度指导学生确定研究主题，充分利用区域历史文化资源，丰富历史学科实践活动。

海淀区一大批中小学依托地方课程资源开发了社会实践和研学旅行课程。清华大学附属中学从 2012 年起，就以校本课程与地方课程相结合的模式，开设了"走进圆明园"校本课程。首都师范大学附属中学的校本课程博识课，秉承"博闻广见，卓有通识"的理念，带领学生以《走近圆明园》(中学卷)课程读本作为基本阅读材料，设计并组织实施了综合实践博识课"探寻圆明园"课程。该课程以"圆明园里寻古·行走方寸探幽"为主题，将地方课程的内容和形式进行校本化设计与实施，并加以创新提升，整合融入学校课程框架。

(四)与综合实践活动课程实施相结合

研学旅行本就是综合实践活动课程的一部分，在《中小学综合实践活动课程指导纲要》中，被列为"考察探究"的部分。可以说，研学旅行也是社会实践活动中的一种。《意见》提出，小学阶段要形成乡土乡情教育为主的研学旅行课程，要将研学旅行与综合实践活动统筹考虑。所以，在北京市内组织参观考察著名文化景点，既是学校综合实践活动的一种形式，又落实了研学旅行的文件要求，做到了二者的完美结合。

北京市海淀区永泰小学设置了从一年级到六年级的系列综合实践活动主题课程，其中，四到六年级是结合研学旅行要求实施的北京文化系列考察活动。主要特点是：以小主题研究促进学生思维发展，突出自主；研学路径导行引导学生在研究中注重合作，提升综合素养。综合实践活动使学生的学习品质得到提升，在认知、情感、动机、方法、创新能力等七个方面都有显现，学生综合素养得到提升，达到了乐学会学的目的。

【案例】小学生系列文化考察活动[①]

北京市海淀区永泰小学组织四年级学生到中国古代教育体系中的最高学府——国子监开展以"国学之渊诵经典·大成礼乐悟精华"为主题的研学活动。活动分成实践活动体验和主题研究性学习两部分。实践活动体验中，学生们跪伏在

---

① 本案例由北京市海淀区永泰小学赵惠云老师提供。

书案前,倾听儒家文化,并通过正衣冠、点朱砂、写人字、拜先师、谢恩师、诵经典、观看礼乐表演等一系列活动,让学生感受儒家文化的修身存养、道德理性等精华。自主研学过程中,学生们根据研学路径,对选定的主题进行了先行自主探究后,在国子监进行了深入的"自主—合作"研究。通过探究"古树寻根""池鱼问柳""音韵之美"等八个研究主题,在活动中促进了综合素养的提升。

五年级学生到大观园开展学科拓展实践活动。学生的学习活动分成三步:

第一,品读经典。引领学生阅读《红楼梦》,了解《红楼梦》的故事梗概及创作背景;认识书中的人物,了解人物之间的联系,并能有选择地分析人物的性格特点;诵读书中优美的诗句,了解书中涉及的药食文化,感受经典的独特魅力。

第二,集体学习。通过参观大观园中的怡红院、潇湘馆、蘅芜苑、稻香村等,聆听讲解员的讲解,初步感受大观园的风貌。体会园子内部布局、装饰以及门前的对联的含义。

第三,自主探究。各小组按主题进行研学。由组长带领组员对自己研究的主题进行细致的学习。通过学习提高他们的观察能力、分析能力、交往能力、表达能力,提高自主学习的积极性、主动性。

在教师的带领下,五年级师生在大观园齐聚一堂,举行盛大的开营仪式。进入大观园就如同进入了《红楼梦》中描写的意境,在一个个清净、别致的院子里,学生们充分感受着古典文化的魅力。

六年级学生走进明清两朝皇宫——紫禁城开展主题研学活动。活动前,六年级教师细心考察学习地点,精心制订了适合学生学习的八个研究主题,通过先行自学、自主研学、成果分享、延伸学习的路径把主题研学做得精细、深入。

学生们确定主题后,通过阅读书籍、上网查阅资料、观看影片等多种形式了解与主题相关的内容。在故宫里,学生们三五成群,深入研究团队选择的主题。有的驻足在三大殿前,仔细观察,认真记录,好像他们知道故宫的历史浓缩在三大殿中;有的抬头仰望古老的匾额,凝神静思,仿佛要透过匾额追寻历史的足迹;还有的精心收集紫禁城的数字,密密麻麻的记录展现了学生们的求真求实的科学精神。学生们的主题研学行动形成了一条流动的风景线。这一切行动,都是学生们在验证已有知识、解答心中疑惑，深入了解紫禁城的文化魅力和其六百多年的鲜活历史。亲身实践，实地考察，学生们欣赏着眼前金碧辉煌、气势恢宏的大殿，双手轻轻触摸着汉白玉栏杆上的飞龙，手中的笔记录着研究主题的点点滴滴……古代劳动人民的智慧、创造力和精湛的技艺无不显示中华文明的博大精深，这些灿烂的中华文化潜移默化地注入学生们的心底。

综合实践主题研学活动在学习形式上更突出自主与合作。从选择主题、组建团队、研究活动等方面，均凸显自主性。探究学习时更突出团队学习的融合性。主题研学是学生喜闻乐见的学习形式，它既能使学生增长知识，开阔眼界，又能使学生的学习品质、综合素养得到有效提升，为学生的终身发展奠定基础。

中国人民大学附属小学（以下简称"人大附小"）的毕业课程深受六年级学生的欢迎，是学校为孩子们小升初科学合理衔接而特意设计的综合实践课程，包括："中学生活体验课程""毕业旅行课程""关注社会问题课程""学业水平课程"和毕业生特色考核等多方面的设计。学校自 2005 年开始，连续 13 年开展了毕业旅行课程，其中 2017 年为满足学生需求，拓展为西安、景德镇、厦门三地。学生自主选择进行毕业旅行，同年开启了五年级赴上海研学旅行。2018 年年初，学校为了深入贯彻落实《关于推进中小学生研学旅行的意见》和《中小学综合实践活动课程指导纲要》精神，召开了人大附小第四届教学工作会，专题研讨"七彩研学课程"。2018 年 5 月，人大附小三校区 2018 届毕业生分四批次进行了幸福快乐的毕业旅行课程——福建武夷山研茶文化行、江西景德镇陶瓷文化行、陕西西安历史文化行，学生自主选择毕业旅行目的地，寓学于行、寓研于旅，知行合一。

(五)与团队活动相结合

少先队和共青团组织都是我国中小学德育的重要阵地。少先队活动和共青团活动也是中小学生喜闻乐见的活动形式，如果活动设计主题明确、形式活泼，贴近生活、贴近社会，就能促进学生积极向上、健康成长。

2015 年 9 月，中国少年先锋队全国工作委员会印发了《少先队活动课程指导纲要(试行)》，在少先队活动的途径上，要求"以体验教育为基本途径，在校园内外、家庭、社区和社会上积极开展主题鲜明、生动活泼、丰富多彩、独具特色的实践体验活动，帮助少年儿童接触社会生活、接触大自然、体验伟大的时代，注重情感体验，丰富成长经历。"在少先队活动课程的实施方式方面，该指导纲要也提出了要开展"队实践活动"，鼓励学校组织参观、访问、野营、旅行、故事会，开展文化科学、娱乐游戏、军事体育等各种有意义、有趣味的活动，以及参加力所能及的公益劳动和社会实践。开展岗位体验、考察、寻访、小课题、小研究、小志愿者等和假日、夏(冬)令营活动。这些都是与研学旅行活动形式和内容高度契合的少先队活动形式。

【案例】特色中队会师瑞金　少先队员研学旅行不忘初心[①]

2017 年 4 月初，江西萧华红军小学的五个特色中队——"徐特立中队""模范兴国中队""雷锋中队""陈毅中队"和"陈奇涵中队""会师"红都瑞金，开展"吃水不忘挖井人，成长永不忘初心"的研学旅行活动。

在研学旅行中，队员们参观了红都景点，开展"写心里话，寄托清明哀思"、瞻仰红军烈士纪念塔、清明祭扫、集体宣誓、身临其境背诵所学课文《吃水不忘挖井人》、切身感受红井往事等活动。在活动中，队员们懂得了革命先烈的崇高无私，懂得了今天的幸福生活来之不易，更懂得了自身所肩负的历史使命。

萧华红军小学的特色中队在红都瑞金胜利"会师"后，队员们表示将不忘初心，沿着红色文化特色之路前进，并决心做到继承先烈遗志、弘扬英烈精神，好好学习，争做时代先锋，为早日实现中国梦、强国梦而努力奋斗。

离队建团活动是促进青少年成长的重要活动形式，往往成为学生精神成长中的"关键事件"。例如，清华大学附属中学的离队建团活动就已成为传统德育活动之一，每年都举行隆重的离队建团活动，希望同学们珍藏起永不褪色的红领巾，

---

① 案例来源：中国青年网 2017 年 4 月 5 日。

把目光投向人生更高的目标——中国共产主义青年团，并为之努力奋进，不断挑战自我、超越自我。离队建团既可以在学校举行，也可以在爱国主义教育基地举行，可以与研学活动、旅行活动相结合。北京市第一〇一中学利用地处圆明园的地缘优势，经常在圆明园举行离队建团或高三成人礼活动。北京市育英中学是一所具有红色文化传统的学校，一所从西柏坡革命根据地走来的学校。学校与校史课相结合，对学生进行爱国、爱党、爱校教育，每年组织学生前往学校建校旧址西柏坡进行实践探索，踏寻革命先辈的足迹，传承西柏坡革命精神，培养学生吃苦耐劳、艰苦奋斗的优良品格。

2017 年 5 月，中国矿业大学（北京）附属中学组织高一年级学生开展了为期 5 天的探访革命老区延安和历史名城西安的研学活动，并与共青团活动相结合，取得较好的效果。

【案例】游锦绣三秦　学延安精神①

抵达延安后的第一站，师生便驱车来到了杨家岭革命旧址，参观了老一辈中央领导人居住地和中国共产党第七次全国代表大会会议旧址，同学们用自己的双脚丈量着历史气息厚重的革命圣地。延安革命纪念馆陈列面积 4000 余平方米，展出照片及文物 2000 件，丰富的展品和展出形式，让师生进一步了解了中国革命走向伟大胜利的历史进程。在当地人盛情邀请下，师生免费观看了大型舞台剧《延安，延安》。跌宕起伏的故事情节将同学们牢牢吸引，中国共产党人与陕北人民结下的军民鱼水之情令同学们深受感动……

同学们登上宝塔山，一览延安城全貌。学校为 15 名高一年级同学在此举行入团仪式，在宝塔山的见证下，同学们许下庄严承诺，成为中国共青团新的成员。高一(1)班陈泽旭说："在宝塔山上，我们参加了入团仪式，这让我觉得十分有意义，我非常珍惜这次机会，重温了入团的场景。让我印象最深的是，我们一起学习了打腰鼓，虽然天气十分炎热，但是没有人因此而放弃，所有人团结

---

① 本案例由中国矿业大学（北京）附属中学梁中贤老师提供。

一心。"

高一(3)班张云昊说:"红军不怕远征难,万水千山只等闲。这次旅行最令我深思的是红军长征的历程,爬雪山,过草地。两万五千里长征中,在一个又一个困难面前,他们毫不退缩,毫不低头。他们艰苦奋斗,为了共产主义事业奋斗终生。这种崇高的信仰激励着一代又一代的国民。"

(六)与国际友好交流相结合

现代化交通的迅捷发达,使得国际交流与合作的频次不断增加,全球经济一体化把世界各国紧紧联系在一起。世界各国人民都应该致力于建设一个和谐友好的人类命运共同体。改革开放 40 年来,我国教育国际化水平有了显著提高,中小学生出国旅游、交换学习、参观考察等已经屡见不鲜。大中城市的很多中小学与世界多国的学校建立了姊妹学校的友好关系。借助于两国学生互访,可以开展境外研学旅行活动,将研学旅行与国际交流相结合。

【案例】初中学生赴德国姊妹校学习交流[①]

北京外国语大学附属外国语学校与德国学校 Gymnasium Kreuzgasse 建立了姊妹校关系,依托于建立的项目,组织学生去德国游学。

一、项目主题:发现德国——梦想职业

项目说明:按照双方既定的交流主题进行分组合作,展现和刻画中德双方不同的语言文化和人物。在活动中,学生们拓展了知识,以小组合作的方式进行走访、观察、调查、询问、研究,了解到中国和德国具有差异的职业种类并且记录了那里的人们每一天的生活和工作。认识到这些工作的不同点,学生们能更好地比较中德两国人们的梦想职业。运用所学习到的外语进行交流,锻炼他们的交际能力和自我表达意识以及和他人合作的能力。

---

① 本案例由北京外国语大学附属外国语学校李晖老师提供。

二、主题游学项目内容

1. 熟悉家庭接待，了解安全注意事项。

2. 欢迎会。

3. 参加项目的中德学生午宴，分配交流的项目任务。

3. 登上科隆塔，俯瞰城市风光。

4."发现科隆"——参观科隆大教堂、老城、莱茵河、科隆步行街等具有特色的景点。

5. 与小伙伴一起体验德国课堂和学校生活。

6. 前往德国"自行车之城"明斯特，分组采集信息。

7. 游览波恩，乘坐游轮欣赏莱茵河两岸的风光。

8. 与小伙伴一起在学校制作项目，观察德国课堂。

9. 前往七峰山(Siebengebirge)进行徒步旅行，感受自然的魅力。

10. 前往波恩，参观德国现代展览，了解德国历史。

11. 小组展示所制作的项目，乘坐缆车再一次俯瞰莱茵河美丽风光。

12. 收拾行李，乘坐大巴前往法兰克福机场，乘坐飞机，返回北京。

活动进行中和结束后，主题游学项目成果汇报展示：学生分组安排；学生分组观察和记录，回国后以图片、视频等形式汇报本组研学内容；重点突出中国与德国在这些方面的相同与不同。

三、研学旅行课程性质与特点

"课程"是一个非常复杂的概念，不同的教育哲学之下对课程的定义也不同。关于课程的定义，各国及各个学术流派中有数十种之多。传统的课程定义一般指狭义的"课程"，即把课程看作是"学科"。广义的课程是指学校为实现培养目标而选择的教育内容及其进程的总和，包括学校所教授的各门学科和有目的、有计划的教育活动。由此定义可以看出，课程不仅包括学科课程，还包括综合课程；不仅包括学术性课程，还包括实践性、活动性课程。综合性、实践性、活动性课程主要是培养学生的生活能力、动手能力、综合能力等。当前，我国中小学课程设置是学科课程和综合实践活动课程并列设置。学科课程按照学习方式，可以分为学科知识课程和实践活动课程，综合实践活动课程可以分为考察探究、社会服务、设计制作、职业体验等主要活动方式。

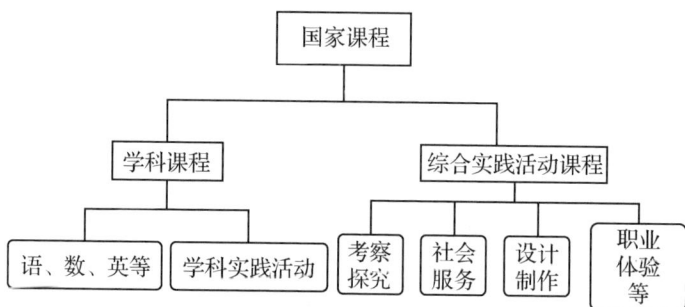

图 1-1 国家课程框架图示

《意见》明确提出："各中小学要结合当地实际，把研学旅行纳入学校教育教学计划，与综合实践活动课程统筹考虑，促进研学旅行和学校课程有机融合，要精心设计研学旅行活动课程，做到立意高远、目的明确、活动生动、学习有效，避免'只旅不学'或'只学不旅'现象。"因为研学旅行属于综合实践活动课程，因此具有综合性、实践性、活动性、体验性和跨学科性的特征。

(一)跨学科性

研学旅行不属于某单一学科，是一类综合性课程，不仅超越学科，还超越领域、超越文理之分。研学路线的设计一般兼顾科学教育与人文教育，兼顾地理、生物、历史、政治。研学旅行可以是单一的主题，也可以是综合性教育。一般而言，如果学生两三年内只能参加一次研学旅行的话，那么，研学旅行课程设计应尽可能综合性强，对学生吸引力大，可以学到更多的内容。从另一方面说，一次研学旅行涉及的内容并不是越多越好，而单一主题内容开放性不够。因此，一所学校的研学旅行设计，不能只考虑一次，而应该综合考虑各个年级，突出每个学年的研学特色。

在确定了研学的活动主题和旅行的目的地及路线之后，应该根据目的地资源特点，找到与各学科相关的知识点，设计每个单元的学习主题和研学课题。经历从研学主题统领，到学科教师合作设计，再到活动内容整合实施、评价方式面向学生发展的综合性过程。在研学旅行中，更多地运用以前课堂上学到的各学科知识，有利于学生更深入、更灵活地掌握知识，做到学以致用，理论学习与实践学习相互促进。

【案例】教师合作设计与实施跨学科研学活动①

北京市育英学校组织学生去徽州研学，以"感悟徽州文化遗产·展现育英教育品质"为主题，博识课教研组长王婉秋老师牵头，征求各学科教研组长的意见，合作设计了包括语文、数学、英语、博识、音乐、美术、科技等学科的学习任务，完成研学手册的制作。学生根据自己的兴趣爱好，选做自己感兴趣的内容，完成研学手册的填写。

此次研学课程聚合各学科知识及育人力量，旨在引领学生通过体验与实践、探索与研究、发现与创新，将知识、能力、情感、态度、价值观纳入旅途中，在离开家人的情况下学会学习、学会交往、学会合作、学会求知创新，提升学生的人文素养。

表 1-6 各科知识在研学活动中的体现

学科	学习任务	目的
博识（历史 地理）	每天记录天气及空气质量情况，并与北京市的天气及空气质量进行对比。	初步认识南北方天气差异。
	观察途中经过的站点，描画高铁线路。	培养学生读图、绘图能力。
	2017 年是毛泽东主席为育英学校题词"好好学习"65 周年，请你说说"好好学习"的故事。	熟悉校史，培养爱校情怀。
数学	与列车时刻表对比，我们有没有"跑在时间前面"？	培养学生的观察能力，锻炼计算能力。
语文	以《徽州纪行》为题，把几天研学的所见所闻所感加以记录，用美篇图文编辑工具制作出来。	锻炼学生语言表达能力，通过描述亲身经历提高写作水平。

---

① 本案例由北京市育英学校吕路锋、曹月、王婉秋三位老师提供。

续表

学科	学习任务	目的
语文	传统文化重"孝",请在祠堂、牌坊等处寻找诗词、对联、书法中的相关内容,抄录在下面。	学会感知、欣赏徽州诗词文化。
	中国文房四宝中的"徽墨、歙砚"皆产自徽州,走进老胡开文墨厂和歙砚厂,了解工艺流程,拍一张墨厂的照片(存照留念)。	体会徽州浓厚的"文房四宝"文化。
美术	绘制你认为最能代表徽派风格的建筑。	锻炼绘画能力。
	请在此处绘制你认为最能代表徽派建筑风格的影壁。	
音乐	学唱黄梅戏。	学会欣赏地方戏剧。
生物	你在校园里见过油菜花和茶这两种植物吗?为什么两地植物会有这么大的不同呢?	学会认识植物种类及分布。
	哪里的笋可以挖?	体验挖笋过程,了解植物生长环境。

本次研学活动以校本课程"博识课"为基础,通过实地考察、现场体验、访谈等方式使学生获得中国文化相关知识。通过沉浸式学习激发学生对文化的学习兴趣。通过研学旅行课程,对课堂教学进行有效的补充,开阔视野,提高学习效率,以培养符合21世纪时代要求的高素质人才。

(二)综合性

研学旅行是一种综合实践活动课程,综合实践活动是从学生的真实生活和发展需要出发,从生活情景中发现问题,并转化为活动主题,通过探究、服务、制作、体验等方式,培养学生综合素质的跨学科实践性课程。综合实践活动的课程目标以培养学生综合素质为导向,强调学生综合运用各学科知识,认识、分析和解决现实问题,着力发展核心素养,特别是社会责任感、创新精神和实践能力,以适应快速变化的社会生活、职业世界和个人自主发展的需要,迎接信息时代和知识社会的挑战。

研学旅行遵循综合实践活动的总目标,即让学生从个体生活、社会生活及与大自然的接触中获得丰富的实践经验，形成并逐步提升对自然、社会和自我之内在联系的整体认识，形成价值体认、责任担当、问题解决、创意物化等方面的意识和能力。

【案例】综合性研学课程的设计策略[①]

北京市育英中学结合学校红色传统校的特点及高中生的认知规律，以人文教育为主线，开发了西安、南京两地综合性研学课程，并把本次课程的总体目标确立为："以历史为主线，培养学生的爱国主义情怀；各学科融合发展，塑造学生完整健全人格"。针对总的课程目标和学生实际学习水平，又把研学课程的具体目标分解为五个方面，这五个方面也都具有明显的综合性，不仅涉及地理、历史等知识、技能层面，也涉及态度、情感、价值观层面；不仅有自然体验和交流交往层面，还有强身健体、锻炼意志品质等健康层面，也有科学精神、理性思维层面。

1.游历古都，感受历史。把西安、南京以及北京的国子监孔庙作为研学目的地，让学生按历史的足迹，感受中华文明的悠远，培养学生的民族自豪感。

2.学科融合，全面发展。在研学手册上，历史、地理、语文、英语等人文学科老师分别给出相关的研学题目，活动中引入南京大学、中船重工724研究所等综合性学科目的地，更是把理科思维培养纳入研学当中。

3.亲近自然，强健体魄。让学生到大自然中去研学、去徒步，是增强身体素质的绝好途径。"石塘人家的远足"和"骊山的登顶"让学生感受到大自然的绮丽多彩，认识到健康体魄的重要性。

4.融入社会，学会交往。教育要帮助学生实现社会化。研学可以让学生通过自由组合、自由活动、自由交往，自行解决交往中的矛盾，习得交往中的规则，培养同伴友谊和领导力。研学中强调小组合作，任务中设有与路人合影等项目，有助于学生学习人与人之间的交往沟通技巧。

---

① 本案例由北京市育英中学何巍老师提供。

5. 体悟游历，塑造人格。研学不可缺少"体验"与"思考"。通过完成研学课题和总结汇报等形式，让学生关注研学旅行后的深度体验，有利于增强研学旅行的价值。

（三）实践性

实践是研学旅行活动的重要特征。在校内学科课程学习中，实践的机会很少。2015 年 7 月，北京市教委发布《北京市实施教育部〈义务教育课程设置实验方案〉的课程计划（修订）》。该课程计划要求北京市中小学各学科平均应有不低于 10％ 的学时用于开展校内外综合实践活动课程。这是基于对实践性学习重要性的认识而大力推行的一项课程改革措施。学科实践活动为各学科学习带来了生机和活力，事实证明，学科内开展实践性学习是可行的，学生是喜欢的。

综合实践活动课程强调学生亲身经历各项活动，在"动手做""实验""探究""设计""创作""反思"的过程中进行"体验""体悟""体认"，在全身心参与的活动中，发现、分析和解决问题，体验和感受生活，发展实践创新能力。研学旅行是综合性课程、跨学科课程，因此它可以涉及多学科的实践活动，加之生活中和社会上的现象和问题往往又是综合性的，因而其实践性特点更为显著。

（四）活动性

活动是研学旅行课程最基本的实施方式。在考察探究、设计制作、职业体验过程中，有很多动手做的机会、现场体验的机会、角色扮演的机会等。例如，在西安碑林考察可以亲手体验拓片；在景德镇瓷都研学可以体验制作瓷器；在非遗基地研学可以体验制作各种传统工艺；在风景名山考察要登临山峰挑战体力极限等。在研学旅行中，学生运用触觉、动觉、嗅觉、味觉等多感官学习机会很多，既需要动脑，也需要动手、动脚、动嘴、动眼。

当然，在研学旅行中，学生也有听讲活动。听讲是向研学基地的专家学习，不同于教室里的听讲，是结合现场生动的历史文化资源、科技创新设备、职业现场状况等来讲解的。在研学旅行中，学生还有阅读活动，但阅读的不是课本，而是专题资料、展馆的文字、数据、图表、故事、照片等。不管是听讲还是阅读，其本质都是一种实践学习，而不是对照书本学习。

(五)体验性

体验学习是指人在实践活动过程中，通过观察、实践、练习，了解某些知识，掌握某些技能，养成某些习惯，形成正确的情感、态度、观念的过程。在中小学，体验学习主要运用于情感态度的学习和技巧学习，如体育、艺术、品德教育等都包含大量体验学习的内容，而社会实践活动，包括一些与自然、社会联系广泛的学科教育活动，也都需要通过体验学习来形成或深化其学习成效。

体验学习的另一种表述就是美国教育家杜威提出的"做中学"的思想。体验学习需要获得直接经验，尤其是对于小学生，直接经验越丰富，越有利于后续对间接性经验的接受。研学旅行课程实施需要不断游走式的学习，这表现在随处可在的课堂、各学科的高度融合和在全方位感悟中成长。因此，体验学习是研学课程设计时不可忽视的一种学习方式，也是设计课程时必须考虑的一个着力点。

【案例】"西安研学"课程体验学习内容①

课程主题："寻历史之根，扬民族之魄"

课程安排：

第一天：西安碑林博物馆——制作拓片，感受书法的魅力；

第二天：关中民俗艺术博物馆——学唱秦腔、参观民俗建筑；

第三天：陕西历史博物馆——感受中华历史的源远流长；

华清宫——背诵《长恨歌》；

骊山，兵谏亭——马嵬坡下恨离别，落难山石共对外，分组讲述历史故事。

第四天：兵马俑——见证秦王朝的盛世。学做一件兵马俑。

古城墙——回望长安盛景；举行以"长安"为题的"飞花令"诗词活动。

―――――――――――――――

① 本案例参考北京市育英中学的西安游学课程设计内容，有改编。

四、研学旅行活动组织原则

(一)教育性原则

研学旅行的根本目的是教育，尤其是一种学会过集体生活的教育。它与成人旅游以及家长带孩子外出旅游是不同的，因此，其首要的原则是教育性原则。《意见》提出："研学旅行要结合学生身心特点、接受能力和实际需要，注重系统性、知识性、科学性和趣味性，为学生全面发展提供良好成长空间。"除了知识与能力层面的教育，让学生经历问题解决的过程与方法，在各种经历中，形成良好的情感、态度与正确的价值观，这是研学旅行综合教育的育人价值。

(二)实践性原则

研学旅行与校内课程最大的特点就是实践性，是步入社会、走进大自然进行广泛的实践。一方面，学校要根据校情和所处地域资源的实际情况，因地制宜，引导学生走出校园，在与日常生活不同的环境中拓宽视野、丰富知识、了解社会、亲近自然、参与体验。另一方面，在组织研学旅行活动中，要多安排实践性活动，游览观光、参观考察和听讲解的时间可以适当控制，有意增加尝试体验、动手制作、团队合作、创意设计、角色扮演等学习方式，让学生运用触觉、视觉、嗅觉等多种感官去实践、体验。

(三)安全性原则

组织中小学生研学旅行，要始终把安全问题放在首位。《意见》提出："研学旅行要坚持安全第一，建立安全保障机制，明确安全保障责任，落实安全保障措施，确保学生安全。"可以说，安全问题始终是压在校长心头的"一块石头"，只有当师生平安归来，心中的"石头"才算"落地"。有的小学校长全程陪同，亲自组织小学生研学旅行，就为了确保在旅行过程中做到万无一失。

(四)公益性原则

教育是公益事业，从事和参与教育事业的人，需要有一颗公益心。《意见》明确规定："研学旅行不得开展以营利为目的的经营性创收，对贫困家庭学生要减免费用。"对于研学旅行这种公益性教育活动，应该是全员参与的，要建立有效的经费筹措机制，保障贫困家庭的孩子也有机会出去研学。另一方面，公益性原则还体现在经营收益方面，从事研学旅行工作，不能与旅游市场运作方式一样，要实行"薄利"甚至"微利"，抱着"大捞一笔"的心态，是做不好研学旅行的。相关部门应该采取具体措施，规范和约束研学旅行活动，使其充分体现出公益性原则。

五、研学旅行活动的教育价值

《意见》指出："加强研学旅行基地建设"，是研学旅行的主要任务之一，各地教育、文化、旅游、共青团等部门应当密切合作，根据研学旅行育人目标，结合域情、校情、生情，依托自然和文化遗产资源、红色教育资源和综合实践基地、大型公共设施、知名院校、工矿企业、科研机构等，遴选建设一批安全适宜的中小学生研学旅行基地。要求各基地将研学旅行作为理想信念教育、爱国主义教育、革命传统教育、国情教育的重要载体，突出祖国大好风光、民族悠久历史、优良革命传统和现代化建设成就，根据小学、初中、高中不同学段的研学旅行目标，有针对性地开发自然类、历史类、地理类、科技类、人文类、体验类等多种类型的活动课程。

(一)爱国主义教育

爱国是人类最基本的、最朴素的情感，由爱家、爱乡土，到爱祖国，家国情怀是一脉相承的。爱国主义教育也是思想政治教育的重要内容，是国家对国民教育的一种要求，也是中华民族的优良传统。爱国主义在不同的国家和每个国家的不同时代，具有不同的内容，因而进行爱国主义教育的内容也都有所不同。在现阶段，中小学生的爱国情感主要表现为热爱祖国的壮丽河山、悠久历史、灿烂文化，关心祖国的前途和命运，热爱社会主义制度和社会主义现代化建设事业，热爱中国共产党和各族人民，维护祖国的独立和统一。

通过研学旅行带领学生走进风景名胜、历史遗产地、工农业生产基地、大型工程现场等地，了解祖国的历史和现状，引导学生树立民族自尊心和自信心，树立对国家的高度责任感，树立为祖国、为人民勇于献身的精神，把爱国之心、报国之志转化为爱国行动，为实现国家建设目标而做出自己的贡献。

爱国主义是中华民族的光荣传统，是推动中国社会前进的巨大力量，是各族人民共同的精神支柱，是社会主义精神文明建设主旋律的重要组成部分。爱国主义教育是提高全民族整体素质的基础性工程，是引导人们特别是广大青少年树立正确理想、信念、人生观、价值观，促进中华民族振兴的一项重要工作。

(二)社会主义核心价值观教育

2014 年 5 月 4 日，习近平总书记在同北京大学师生座谈时指出："人类社会发展的历史表明，对一个民族、一个国家来说，最持久、最深层的力量是全社会共同认可的核心价值观。"我国是一个有着十三亿多人口、五十六个民族的大国，确立反映全国各族人民共同认同的价值观，使全体人民同心同德、团结奋进，找到"最大公约数"，关乎国家前途命运，关乎人民幸福安康。

党的十八大提出，倡导富强、民主、文明、和谐，倡导自由、平等、公正、法治，倡导爱国、敬业、诚信、友善，积极培育和践行社会主义核心价值观。社会主义核心价值观所强调的"三个倡导"二十四个字，是社会主义核心价值体系的内核。将国家、社会、公民的价值要求融为一体，既体现了社会主义本质要求，继承了中华优秀传统文化，也吸收了世界文明有益成果，体现了时代精神，回答了我们要建设什么样的国家、建设什么样的社会、培育什么样的公民的重大问题。

培育和弘扬社会主义核心价值观，教育引导是基础性工作。要从娃娃抓起、从小抓起、从学校抓起，把社会主义核心价值观的基本内容和要求渗透到学校教育教学之中，体现在学校日常管理之中，使社会主义核心价值观的种子在少年儿童心中生根发芽并逐步培育起来。价值观教育要润物细无声，发挥精神文化潜移默化的作用，运用各类教育形式，生动具体地表现社会主义核心价值观。研学旅行是中小学生喜欢的活动形式，通过接触社会、了解国情、体验集体生活、探究相关问题，建立对世界的各种认识，增强对国家、对民族的认同感，这是实践性课程的优势。价值观教育不能通过说教的方式轻易实施，体验学习、实践学习更容易达到预期的效果。例如，组织学生参观中国国家博物馆，让学生通过丰富的文物收藏，了解我国传统文化和艺术形式的发展史；通过"复兴之路""古典家具""航空航天"等专题板块和观影活动，使学生更加立体、多元化地了解中华优秀传统文化，激发学生的学习积极性和爱国情怀。

【案例】研学旅行中培育社会主义核心价值观[①]

北京市二十一世纪国际学校将研学旅行与《公民教育》校本课程实施相结合，组织学生活动时设置明确的价值观教育目标。例如，"公正"与"法治"是公民课程中的重要内容，也是我国社会主义核心价值观中的重要内容，当老师们带着学生去河南开封府参观时，通过讲解员的讲解，了解到官员包拯对每个案件的铁面无私，突出体现了公正与法治的价值观要义。学生们深受启发，认识到作为官员，只有公正才能得民心，从而让公民课程所倡导的价值观得到逐步渗透。

(三)中华优秀传统文化教育

一个国家、一个民族的强盛，总是以文化兴盛为支撑的。中华民族历史悠久，创造了源远流长、博大精深的中华文化，为人类文明进步作出了十分重要的贡献。当然，文化也是时代的产物，随着社会思想的更新和科学技术的进步，文化也在更新；随着不同地域、不同民族之间文化的交流，文化也在不断融合发展。但不管怎样，文化总是以本地域或本国文化为基础，文化始终有一个核心，文化总是植根于大地。中华优秀传统文化就是我们民族的"根"和"魂"，积淀着中华民族最深沉的精神追求，代表着中华民族独特的精神标识。没有文化的弘扬和繁荣，就没有中华民族伟大复兴的中国梦的实现，因此必须大力弘扬中华优秀传统文化。

---

① 本案例由北京市二十一世纪国际学校赵月梅老师提供。

文化有外显的物质文化和内涵的精神文化。传统文化的表现形式有物质层面、思想层面、意识层面、习俗层面等，但文化的核心和本质是一种精神，是一种社会价值观。通过故宫、颐和园、拙政园、明十三陵等古建筑，可以领略中华建筑文化的哲学思想和精湛工艺；通过长城、都江堰、大运河、秦始皇陵兵马俑等古代工程，可以领略古人高超的智慧。通过书法、绘画、戏曲等传统艺术，通过陶瓷、蜡染、剪纸、编织等传统工艺，可以了解历史悠久的非物质文化遗产。《意见》中提出"让广大中小学生在研学旅行中感受中华传统美德"，就是让中小学生走进文化遗产地，走进少数民族聚居区，走进古建筑群，走进传统工艺坊，通过观看欣赏、动手体验、专注倾听、专题阅读等方式，感受中华民族所创造的物质文明、精神文明、思想文化、传统美德等。

【案例】"探寻儒学之根·感悟历史文化"①

中国农业大学附属中学组织了以"探寻儒学之根·感悟历史文化"为主题的曲阜三孔(孔府、孔庙、孔林)及泰山研学实践活动。活动目标设定为："通过《论语》等经典作品的课堂学习，学生对孔子其人其事兴趣浓厚，进一步加强学生对优秀传统文化的认同感，让孔子思想真正深入心灵；深入到孔子故里曲阜，通过亲身游历孔府、孔庙、孔林，探寻儒学之根，感悟历史文化。"

本次山东研学活动预设的课题选题有：

1. 从三孔楹联看孔子生平及贡献。

2. 孔庙建筑特色及文化内涵。

3. 三孔历史文化保护现状的调查及反思。

4. 泰山石刻思想内涵及艺术特色。

5. 泰山古今文化名人及诗文作品赏鉴。

6. 泰山为什么成为帝王的封禅之地。

7. 泰山的文化保护问题。

① 本案例由中国农业大学附属中学胡玉杰老师提供。

8. 趵突泉名称由来及历史文化考证。

9. 大明湖的渊源及泉文化。

10. 大明湖畔历史文化名人及作品赏鉴。

11. 山东的风俗习惯与儒家思想之间的联系。

12. 儒家文化在当地的传播与创新。

要求：每一小组任选一个课题集中研究，研学前认真收集整理相关资料并打印装订；研学中实地调查，写好研学日记，完成视频录制；研学后小组交流，选派代表制作PPT，并在班内汇报；最终每人完成一篇针对此课题的感悟评论文章。

"读万卷书，行万里路"，在行走中发现和理解文化，通过参观考察、动手制作、调查体验等方式，进行研究性学习，才能更好地理解中华文化的独特创造、价值理念、鲜明特色，增强文化自信和价值观自信，引导学生树立正确的历史观、民族观、国家观、文化观，增强做中国人的骨气和底气。

(四)革命传统教育

《意见》提出，通过研学旅行，让中小学生"感受革命光荣历史，感受改革开放伟大成就"。中国共产党在领导中国人民进行民主革命、社会主义革命和建设的长期斗争实践中，形成了自己特有的、世代相传的优良革命传统，这就是成千上万的革命先烈、革命前辈前仆后继、英勇奋斗的英雄业绩和革命精神，是毛泽东、周恩来、刘少奇、朱德等老一辈无产阶级革命家培育出来的党的三大作风。

革命传统教育的内容包括：养成密切联系群众和为人民服务的思想作风；培养实事求是、理论联系实际、谦虚谨慎等良好品质；养成艰苦奋斗、勤劳勇敢、不怕困难的品德；继承和发扬爱国主义精神。革命传统教育是对青少年进行德育教育的重要组成部分。

红色教育基地是开展革命传统教育的理想目的地，如组织学生到延安、西柏坡、井冈山等革命圣地开展研学活动，可以让学生听历史知识报告，组织参观、座谈，访问革命老人，听革命回忆录，看革命历史题材的电影、戏剧等，无论采取哪种形式，都要注意贴近青少年的接受能力，注重联系语文、历史等课堂上学到的知识，学以致用，增强效果。

【案例】"寻访革命圣地，传承长征精神"贵州研学旅行①

抚今追昔，饮水思源。北京市海淀区实验小学引导少年儿童寻访当年红军长征的足迹，脚踏实地感受红军艰苦卓绝的革命意志，体验长征精神。通过研学活动赴贵州实地考察，访问革命圣地，游历大好河山，感知美丽中国，引导少年儿童将学知识与长见识有机结合起来。寻访革命圣地能够加强政治启蒙，传承红色基因，活学校本课程，推动学校课程改革、创新教育的进程；通过实地考察与寻访，体验与思考，固化长征精神教育的成果，为深化新学年的教育活动做好准备。

遵义地处中国西南腹地，是我国西部的重镇之一，是贵州省第二大城市。这里气候宜人，风景优美，文化底蕴深厚，拥有光荣的革命传统。在研学中，让学生了解遵义会议召开的过程以及被称为伟大转折点的重要意义，从血战湘江、四渡赤水等长征史实中，认识错误路线造成的危害以及确立毛泽东正确路线之后"革命磅礴向前进"的道理，从而思考坚持"坚定正确的政治方向"的深刻含义。

遵义研学活动是从贵阳开始的。大家一下火车，就进入了研学考察状态。在老师和家长的带领下，大家来到贵阳黔灵公园，瞻仰了解放贵州革命烈士纪念碑，望着那枚鲜红的五星，大家劲头十足，决心出色地完成研学考察任务，争取满载而归。

参观遵义会议旧址

深入了解发生在这座古色古香的大房子里的红色史实。同学们深有感触，每逢革命的紧要关头，必须坚持坚定正确的政治方向，要牢记历史，热爱党，相信党，听党的话，树立远大的理想信念，做合格的接班人。

---

① 本案例由北京市海淀区实验小学谷学军、李春梅两位老师提供。

参观红军山革命烈士陵园

红军山烈士陵园修建在遵义市内小龙山上。陵园纪念碑正面是邓小平手书的"红军烈士永垂不朽"八个金色大字。登红军山,看遵义全景,凤凰山麓郁郁葱葱、湘江河畔风景宜人。回望庄严肃穆的整个陵园,同学们心情格外沉重,缅怀红军先烈的英雄业绩,大家更加理解了红领巾是红旗一角的特殊含义,更加感受到传承长征精神的重要。

(五)生态文明教育

党的十八大报告对推进中国特色社会主义事业作出"五位一体"总体布局,即经济建设、政治建设、文化建设、社会建设、生态文明建设。生态文明是人类文明发展的一个新的阶段,即工业文明之后的文明形态。生态文明以尊重和维护生态环境为基本要求,以可持续发展为着眼点,以人与自然、人与人、人与社会和谐共生、良性循环、全面发展、持续繁荣为基本宗旨。

我国幅员辽阔,既有陆地,也有海洋,各种地貌类型齐全。山岳冰川、山地丘陵、平原、高原、河流、峡谷、盆地、草原等各种地形多样;喀斯特(石灰岩)地貌、丹霞地貌、雅丹地貌、黄土地貌等一应俱全;森林、草原、沙漠等多种植被景观并存。学生在研学旅行和欣赏自然风景过程中,对人与自然、人与社会的和谐状态有着切身的体验,也陶冶情操,融入自然。

(六)行为习惯养成教育

叶圣陶先生说:教育就是培养习惯。养成教育就是要着力培养学生养成良好的生活习惯和学习习惯及待人接物等方面的行为习惯,使学生养成良好的品质。生活习惯的好坏,不仅影响学生的身心健康,而且也是学生综合素质的体现。生活习惯包括饮食、起居、卫生等习惯,也包括文明礼貌习惯、道德习惯、学习习惯、交流习惯、集体观念、时间观念等。可以说,养成教育就是生活教育,是素质教育,是立德树人的教育。

《意见》界定的研学旅行,是"集体旅行""集中食宿",每天24小时与同学老师在一起，过一种完整的群体性生活，在生活中学习，同伴之间互相帮助、互相鼓励、互相欣赏，发现同学平时难以展现的另一种"可爱"。老师也可以发现学生除了学习以外的其他领域的才能。在研学旅行中，养成教育内容包括：举止文明、诚实守信、尊重他人、守时惜时、学会感恩、勤俭节约、遵守秩序、锻炼身体、讲究卫生等一日常规要求，也包括社会生活中的所有与他人相处、与自己相处、与自然相处的习惯。

中国矿业大学(北京)附属中学对学生研学旅行活动中提出的注意事项与要求有①：

1. 爱护山野一草一木，维护活动区的生态状况，不要随意丢弃垃圾。

2. 在活动过程中，禁止嚼口香糖，非用餐时间不得吃食品。

3. 爱惜粮食，不可丢弃食物，学会勤俭节约，不随意花零用钱。

4. 尊重他人、礼貌待人，如与他人发生纠纷，请班主任或其他老师协助处理。

5. 活动过程中，认清自己的队伍、队旗，跟随导游，认真听讲解，禁止打闹嬉戏。

6. 自由活动时间以小组为单位行动，记住上车地点，认清自己乘坐的车型、车号，以免跟错团。

7. 过马路时注意红绿灯。

此外，对于乘汽车、火车以及就餐、就寝，都有各自的习惯性要求。如在火车、汽车上，贵重物品随身携带、不在车厢内吃零食、不站立和随意走动、携带身份证乘车、避免热水烫伤等。在餐厅，要求就餐前洗手、文明就餐不大声喧哗、不随地吐痰、不泼洒剩饭菜汤，10人一桌，人员到齐之后方可开餐等。

---

① 本案例由中国矿业大学(北京)附属中学王文琦老师提供。

第二章

研学旅行课程
设计与实施

课程是学校育人的重要载体。狭义的"课程"是指"学科";广义的"课程"是指学校为实现培养目标而选择的教育内容及其进程的总和,包括教师所教授的各门学科和有目的、有计划的教育活动。《关于推进中小学生研学旅行的意见》(以下简称《意见》)要求学校根据学段特点和地域特色,逐步建立小学阶段以乡土乡情为主、初中阶段以县情市情为主、高中阶段以省情国情为主的研学旅行活动课程体系。

关于研学旅行课程的设计与实施,《意见》提出,各中小学要结合当地实际,把研学旅行纳入学校教育教学计划,与综合实践活动课程统筹考虑,促进研学旅行和学校课程有机融合,要精心设计研学旅行活动课程,做到立意高远、目的明确、活动生动、学习有效,避免"只旅不学"或"只学不旅"现象。这些要求鲜明地提出了学校推进研学旅行活动的基本要领,即构建一种实践活动形态的综合性课程,这类课程不仅是跨学科的,而且应该是横跨德、智、体、美、劳等综合素质培养的一类课程。因此,课程设计是推进中小学生研学旅行的关键,有了课程,就可以实施活动;没有课程,就难免陷入"只旅不学"的境地,即使"学"了,随意而学、随机而学,也难以保证活动的科学性和教育性,效果会大打折扣。

研学旅行课程设计应把握课程设计的基本要素,遵循课程设计的一般方法,还要兼顾活动类课程的特有要求,统筹考虑到三到五天或更长时间的主题学习、集中学习、综合学习的需求;既兼顾到学生的生活情境,又能引导学生关注人类社会和自然界的问题,为学生开展实践学习提供一整套体验活动和专题研究的指导方案。

一、研学旅行课程主题设计

《中小学综合实践活动课程指导纲要》指出:综合实践活动是从学生的真实生活和发展需要出发,从生活情境中发现问题,转化为活动主题,通过探究、服务、制作、体验等方式,培养学生综合素质的跨学科实践性课程。其中,按照活动方式分类,研学旅行被纳入考察探究类活动中。因此,研学旅行课程属于综合实践活动课程,它与综合实践活动课程的主题设计具有类似的特点。

(一)主题设计原则

1. 综合性原则

研学旅行的主题必须是包容的和综合性的。研学的过程发生在旅行中，发生在社会大课堂中，研究和体验不是孤立开展的。研学旅行的整个过程是个体经验、社会生活和自然体验的融合过程。学生对课程主题的探究也应该是多层次的，充分体现着知识的累积、生活经验的累积和社会经验的累积。所以主题的设计应该强调课程的综合性。

2. 实践性原则

研学旅行需要行走，在行走中发现想要研究的问题，进而去解决问题。所以，主题的设计必须有可操作的内容。如研学的主题是徽州的历史文化，可以在参观宏村的古村落中探寻徽州的历史变迁、徽州人的文化特色；可以在结构严谨、雕镂精湛的徽州建筑中探寻徽商的辉煌历史以及儒家文化对徽商的影响等。

3. 开放性原则

作为考察探究类的活动，研学旅行的主题应该是开放的、可生成的，应该是让学生能够充分参与的。

4. 跨学科原则

研学旅行课程应该模糊学科的界限，因为在社会大课堂中学习，学习的内容一定是多元的、整合的，会联系到多个学科的知识，也会应用到多个学科。如怀柔野外生存之旅，既会涉及地理学科中的地形地貌、地质灾害的认识与考察，也会涉及生物学科的植物、动物、生态环境的研究，还会涉及语文、历史、美术等学科范畴的相关问题。

研学旅行必须有明确的主题。由于研学旅行没有课程标准和教材，因此活动主题显得更为重要。活动主题决定了整个活动的内容和方向，研学课程设计的第一步就是活动主题的设计。按照主题的类型，可以分为单一主题、综合主题和分类主题三大类。

(二)主题设计类型

1.单一主题设计

研学旅行中以某个明确的主题作为学习的核心目标或内容展开活动,该主题称之为单一主题。这个单一主题可以针对某方面特定内容,如关于中草药主题的研学旅行。无论是对医学研究院所、药用植物园、制药厂的参观,还是对药用植物的栽培试验,抑或是对药用植物生长环境的考察,都是针对"中草药"这个明确的主题开展的研学。研学旅行也可以运用某种考察探究方法进行。比如说运用抽样调查法调查研究某一水域的不同鱼类的数量、不同种类滩涂上鸟类的多样性现状。单一主题的特点是主题突出,内容明确,目的性强,研究性学习的实践操作性强。由于研学内容或考察探究方式比较明确,学生在研学过程中研究问题的确定和调整也相对缺乏自主选择性。单一主题的研学旅行比较适合短期的科学探究类和自然考察类研学。

【案例】中草药传统文化研学旅行①

北京市海淀区青龙桥学区以学习"中草药传统文化"为主题,组织学区内中小学生开展了海南、贵州、东北三条线路的研学旅行活动。海南中草药传统文化研学旅行以"南药文化"为主题,借助中国医学科学院药用植物研究所海南分所的资源,使学生深入考察,通过聆听南药专家的讲座了解南药的概念和范围,能够辨认一些南药;通过参观香药种植园、南药荫生园和参观香药种植馆了解四大香药;通过参观海南省中药标本馆知道中药标本类型;通过参观沉香产业园,了解沉香这一名贵中药材及香料的种植技术和药用功效,体验沉香结香操作和香道香艺;通过探秘南药基因资源库,知道种植资源库的作用和意义,感受南药的神奇,提升学生对中草药的兴趣;通过游览走访当地的风景名胜和地质公园,了解当地的风土文化以及适宜南药培养的环境气候。一趟南药主题的研学旅行,让学生在自然课堂中,拓展书本上的植物学知识,扩充自己在生物、地理、历史等学

---

① 本案例由北京市海淀区青龙桥学区刘乐天老师提供。

科的知识，亲身触碰中草药、观察中草药、种植中草药。

2. 综合主题设计

综合主题，顾名思义，是多个单一主题的融合。一般情况下，会依托地域特色设置研学综合主题，如陕西研学。陕西省有中国地理南北的分界线秦岭，可以作为自然地理类的探究学习；陕西作为秦汉文明的发源地，有多彩的民俗艺术，可以作为艺术赏析的资源地；省会西安市作为十三朝古都，有丰富的历史人文考察资源。这种没有明确区分主次的，多角度、多方式、多内容的主题设计研学就是综合主题的研学旅行。综合主题的研学旅行内容是并列的、独立的，不存在逻辑和顺序先后的关系①，可根据开展活动的时间长短进行内容上的添加和删减，并不会影响整体研学旅行活动的开展。

一般情况下，主题是按照层次设计的，主题的层次越高，包括的范围越大，内容就越丰富。有时主题在前期并没有明显的层次划分，但在大主题被确定后，需要引导学生不断地将主题范围缩小，逐步确定学生真正具体学习和研究的内容②。可以说，研学旅行课程是通过体验性活动，让学生在主题下，不断地缩小关注点，最终确立自己的研究小课题，获得知识、提升能力、增强体验。

3. 分类主题设计

分类主题设在综合主题之下，是针对不同类别，侧重某方面内容的一种综合主题设计。从大的方向来看，可以分为历史文化类、科技创新类、自然教育类、艺术审美类、体育健康类、职业体验类和可持续发展类。不同类别的研学旅行主题需要运用的学科知识和能力不同。例如，历史文化类主题的红色文化研学旅行，需要学生亲临爱国主义教育基地，了解红色文化，体会革命先烈在战争年代经历的艰难困苦和峥嵘岁月，提升民族自信和爱国热情。在这样的主题中，主要涉及学生的历史知识、地理知识、文学知识等，通过参观展览、实地观察、交流

---

① 文可义.《综合实践活动》课程的主题设计[J]. 课程·教材·教法，2001(08)：1～3.
② 陈志敏. 综合实践活动课程的主题设计[J]. 教学与管理，2013(08)：24～26.

心得等学习形式完成活动。可持续发展类的环保主题设计，如要研究海滨旅游区的垃圾问题，可以通过多样化方法对沙滩上的垃圾进行估算统计，了解沙滩上的塑料垃圾对海洋生物和人类的危害，形成前期资料。通过专家指导，开展小组活动，设计出禁止塑料垃圾出现在海滩的方案，对方案加以汇总修正形成倡议书，呼吁游客妥善处理生活垃圾。

二、研学旅行课程分类设计

研学旅行课程分类没有权威的和固定的标准，一般来说，遵循一定的逻辑分类即可。主题设计通常与课程内容密切相关。符合教育目的、以课程内容或课程领域作为主题来分类，表述简洁易于理解。

(一)历史文化类课程设计

历史文化类研学旅行课程包括以重要历史事件发生地和著名文化遗产地作为研学目的地而构建的课程类型，主要目的是丰富学生的历史知识和文化素养，建立现代社会生活与历史事件、传统文化的勾连，培养学生的人文底蕴和文化理解能力。

1. 文化遗产类

党的十九大报告指出，要加强文物保护利用和文化遗产保护传承。文化遗产涵盖物质文化遗产和非物质文化遗产两大类。此类研学旅行课程设计应兼收并蓄，立足教育性、突出融合性、兼顾趣味性，结合研学目的地的文化特色，深度挖掘其独特的文化价值与传统特色。

文化遗产类研学课程的目的地通常是一些著名的古都或历史文化名城，如北京、徽州、曲阜、西安、南京、开封、洛阳、安阳等。在每一座古都或历史文化名城中，都会有一个或两个以上的主要"看点"是独一无二的，也是其他地方无法替代的。

文化遗产类研学课程设计的原则是主题突出文化体验、欣赏与传承，学习内容基于历史、语文、政治等学科知识。

　　文化遗产类研学课程一般适合于中学生。因为初中阶段才会系统学习历史学科。以历史、地理为基础，有利于理解相关的文化知识，因此，这类课程实施对象应以初高中学生为主。如果组织小学生参加此类研学课程学习，可以多安排体验性的、动手操作性的学习内容，学习定位以感受氛围、形成印象为主，避免全部安排参观建筑、考察博物馆等难度相对较大的活动。因为博物馆基本是按照成年人和具有专业知识的人的参观学习需求而设计的。在博物馆中，馆藏物品解释会涉及很多古代的生僻字，有些物品远离了现代生活，没有一定的专业知识储备，将不易理解。如果进行非物质文化遗产体验，应当尽量选择易学、易动手的工艺，如剪纸、风筝制作、陶瓷彩绘等。

【案例】徽州研学课程设计的基本要素①

课程资源分析

　　徽州是一部厚重的书，徽州文化、藏文化和敦煌文化并称中国三大地域文化。徽州文化广博深邃，有整体系列性的特点。既有物质上的，如徽州建筑、徽菜、徽派篆刻、徽派版画、徽州三雕、徽州盆景、徽州漆器、文房四宝等，也有精神上的，如徽州方言、徽剧、新安理学、徽派朴学、徽州民俗、新安画派、新安医学等，涉及经济、社会、教育、学术、文学、艺术、工艺、建筑、医学等诸学科，被誉为是后期中国封建社会的典型标本。

研学课程特色

　　本条研学路线以徽派文化为中心的自然景观和人文特色融合。一品程朱理学、徽商文化，感受中国传统文化；二看徽派建筑，领悟珍贵家风文脉；三览民俗文化，体验地域风俗；四习文房四宝，探究工匠技艺。丰富的文化遗产将带给学生视觉和心灵上巨大的冲击，使学生从中感受历史之美、民族之美。

研学课程内容

　　1. 主题设计：欣赏徽州古建筑，体验精湛工艺

---

　　① 本案例素材来源于学知苑国际教育科技（北京）有限公司，由北京市海淀实验中学于戈老师提供，收入本书时有改编。

2. 内容设计

(1)**考察与探究**

游画中乡村，访徽派建筑，欣赏徽州古建工艺之精湛，体悟历史悠久的东方美学"道法自然"的文化底蕴，探究徽派建筑蕴含的玄机，了解各种建筑形态的基本结构及其中所涉及的力学与建筑学原理，解读楹联碑刻文化内涵，小组协力共同搭建徽派古民居。

(2)**活动与体验**

笔墨纸砚动手体验、名碑拓印、古村定向、草木蓝染、竹编学艺、田园采摘、烧火做饭，各式各样的活动设计，让学生在快乐中学习，无形中汲取了皖南这片文化故土的营养。

徽州山水人文俱胜，孕育了徽州灿烂的文化工艺，赋予这里的人们以安定幸福的生活。徽茶徽墨歙砚，亲身观摩造纸工艺，徽墨描金，歙砚雕刻，徽笔制作，追寻传承千年的工匠精神。

(3)**品读与领悟**

徽州当地人深受程朱理学影响，重文重教，"十户之村，不费诵读书"。宋以后书院林立，并在宗法社会下形成严格的族规乡约、家风家教。古往今来，徽州人才辈出，诗书传家，徽商亦为儒商。这些思想特质渗透徽州人生活的方方面面，值得探究领悟。

(4)**内化与传承**

徽商讲究商业道德，提倡以诚待人，以信接物，义利兼顾。徽商以勤奋和吃苦耐劳而著称。在外经营，三年一归；新婚离别，习以故常。徽商商而兼士，贾而好儒，在中国历史"三大商帮"中占据着重要地位。开展徽州研学"我是小徽商"活动，有助于将传统的商业文化传承发扬。

上述案例是教育机构设计的具有普适性的课程产品的初级阶段，呈现了课程主题、资源特色、课程内容和学习方式，为中小学校提供了一种课程概念或内容结构。徽州研学课程设计距离可操作的课程方案还有一定的差距。学校选择此类研学主题，需要在此基础上进一步细化，并确定每日课程内容和学习方式。实践活动类的课程设计是一个由宏观到中观再到微观的过程，设计的课程是以基地资源为基础，从活动主题出发，将课程内容、指导策略、学习方式、评价方法等一系列要素组合搭建的过程。课程设计文本完成之后，在实施过程中要不断评估实施效果并调整实施策略。

【案例】传承中华优秀传统文化——走进徽州研学之旅①

2018 年 7 月，北京市海淀区甘家口青少年活动中心组织梧桐艺术团、国画社团、微电影社团的 40 名小学生开启了徽州研学之旅。同学们跟随歙砚非遗传承大师曹阶铭、徽笔非遗传承大师杨文、竹雕非遗传承大师洪建华，一起研究书法传统技艺和雕刻手工技艺，体会传统技艺的文化内涵。学生以徽派建筑为对象进行摄影活动，采茶姑娘身穿汉服体验采茶，开展水墨徽州写生活动。

本次研学活动以体验传统文化为主题，通过各种动手实践活动，让孩子们真正受到了传统文化的熏陶。远离都市的喧嚣，享受心灵的宁静。游学效果从孩子们的感言中可见一斑。

"通过实践，我深深地体会到中华优秀文化的传承需要世世代代的坚持不懈。笔、墨、纸、砚是文房四宝，是中国古代传统文化中的文书工具，作为国画社团的一员，我愿将中华优秀的传统文化传承下去，让更多的人了解中华五千年的悠久文明。"（刘欢逸）

"镜头下古徽州建筑外部轮廓比例和谐、青瓦白墙、着重采用马头墙的造型吸引着微电影社团师生的目光。虽然炎炎烈日下我们个个汗流浃背，但对拍摄的执着与热爱也渐入佳境。扛起沉重的脚架，摆好机位，调整好相机参数，一幅幅精彩的照片、一段段精美的视频就这样诞生了。"（海雯）

"身临徽派建筑环境之中，被清新飘逸、淡雅明快的美景所吸引，让我感受到其独有的神情风味。笔、墨、纸、砚的完美交融，把湖畔倒影、阡陌小巷、漏

---

① 本案例由北京市海淀区甘家口活动中心张士新老师提供。

窗小景在荷塘的映衬下演绎得美妙绝伦。"（莫易晨风）

"通过几天的活动我们都满载而归。我学到了关于毛笔、牌坊的知识，还亲身体验了做毛笔、徽墨描金、雕刻歙砚、现场采茶，深刻领悟了徽州传统文化的博大精深。"（李奕凝）

2. 红色教育类

红色教育一直是学校爱国主义教育中的一项重要内容。将爱国主义教育和革命传统教育转化为学生感兴趣的研学主题，让学生通过亲历感悟、实践体验、行动反思等方式，在红色教育基地缅怀历史、致敬先烈、坚定信仰，是德育教育的一种有效途径。让青少年通过了解老一辈革命者的英雄事迹，树立正确的人生观和价值观。截至 2017 年 4 月，全国共有 428 个爱国主义教育基地，如天安门广场、中国人民抗日战争纪念馆、中国人民革命军事博物馆、侵华日军南京大屠杀遇难同胞纪念馆、中国共产党第一次全国代表大会会址等，基本覆盖了从中国共产党成立到解放战争胜利各个历史时期的重大历史事件、重要人物和重要革命纪念地，是发扬红色传统、传承红色基因，培育和践行社会主义核心价值观的生动课堂。

【案例】"西柏坡寻根"研学之旅①

北京市育英中学诞生于革命圣地西柏坡，是一所有着红色历史传统的学校。2018 年，育英中学组织了"西柏坡寻根"研学之旅，回到学校的诞生地河北省平山县西柏坡，寻史、寻友、寻根。

研学目标

1. 寻访学校发源地，了解学校的发展历史，理解学校校训意义，做一名合格的育中学生。

2. 参观西柏坡纪念馆和中央机关旧址，了解中国共产党历史上在西柏坡发

---

① 本案例来自北京市育英中学研学手册，有改编。

生的重大事件，能够与教科书的知识点结合并有序地整理出来。能够说出西柏坡精神并思考在今天如何将其继续发扬。

3. 关注革命老区同龄人的学习生活环境，增强学生的生活体验，培养学生吃苦耐劳、艰苦奋斗的精神。

研学内容

(一)参观考察

重温历史，牢记西柏坡精神；深入了解学校，做一名不忘初心的育中学子。

1. 寻访育英中学旧址，走近校史课堂，重温学校成长的历程。

2. 参观西柏坡纪念馆、中央机关旧址，感悟革命英烈创建新中国的艰辛。在纪念碑前开展主题纪念活动。

(二)体验与制作

与友好学校交流，结识一位友好学校的同学，体验友好学校的校园生活。

1. 在西柏坡中学的班级参加主题班会，与友好学校学生一起上一节美术课，共同制作手提袋。

2. 进入西柏坡中学同学家中，体验农村生活。

课程特色

本次寻根之旅，适逢学校 70 周年华诞。为了探访育英中学旧址，来到革命老区西柏坡，感悟了革命者创建新中国的艰辛，对革命英烈们表达了敬意，与西柏坡的学生建立了友谊。时间很短，但友谊情长。探寻历史，学生振奋精神，积极面向未来。

3. 历史考察类

历史考察类的研学重在通过对历史古迹、博物馆、展览馆的参观考察，重温历史，梳理历史，感悟历史，发现历史。学生可以结合历史课上的知识和课外知识，在研学地点针对感兴趣的文物和历史事件的起源等，从时间、地点、背景、过程、结果、影响等方面进行分析。也可以对历史文化遗迹背后的故事进行挖掘，或者图解一些重大的历史事件等。这类研学旅行无疑是对校内历史教育的有效补充。

【案例】北京师范大学第三附属中学西安历史研学之旅[①]

西安历史悠久，底蕴深厚。西安与世界名城雅典、开罗、罗马齐名，同被誉为世界四大文明古都。西安距今已有 3100 多年未间断的城市发展史，是联合国教科文组织最早确定的"世界历史名城"和国务院最早公布的国家历史文化名城之一，是世界著名的旅游胜地，被誉为"天然历史博物馆"。

研学目标

1. 通过实地勘察、专家讲授、导游讲解、现场提问、调查问卷、每日课题等多种手段，将各学科知识融入研学课程中，将书本知识应用到现实场景中，提高对知识的理解和应用能力。

2. 在课题研究过程中通过角色扮演、服务小组等多种方式培养学生的团队意识和合作精神，完成小组共同目标。

3. 让学生走出校园，在与平日所处不同的地域、气候、经济、社会环境中认知世界、探索世界，促进正确的世界观、人生观、价值观的养成。

4. 通过实践，让学生面对问题能辩证分析、独立思考，做出理性判断，提升学生的思辨能力和综合能力。

研学内容

1. 登上西安城墙，了解西安城墙的修建历史和城墙构造。

2. 参观华清池。在飞霜殿前诵读《少年中国说》，筑梦少年中国。观看情景演出《12.12》，感悟现实版的革命历史。

3. 参观秦始皇兵马俑博物馆，感受大秦帝国的军事与工艺。

4. 参观陕西历史博物馆，了解中华文明的发源以及中国古代历史文化，欣赏国宝文物。通过实物史料了解文物对史学研究的重大意义。

5. 游览大慈恩寺—大雁塔广场。回顾玄奘西行取真经的历史，了解大雁塔

---

① 本案例素材来自北京师范大学第三附属中学研学旅行手册，有改编。

的建筑特色。

课程特色

本次研学以课题的形式，让学生带着问题去研学，在西安这座历史文化名城中且思且悟。通过实践考察，尝试运用已有的知识和科学的方法解决学习、生活中的问题，做到学用结合。让学生在行走中合作研究，在历史中感受文化。

(二)科技创新类课程设计

在中国学生发展核心素养框架中，培养学生的科学精神和实践创新素养被作为重要的文化基础和社会参与方面的支撑。科学精神要求具有理性思维、批判质疑和勇于探究的精神；实践创新素养要求学生具有解决问题和技术应用能力。科技创新类研学课程整体指向科学精神和实践创新能力的培养，对发展学生的探索精神、热爱科学的情感、严谨认真的态度都具有积极的促进作用。科技创新类研学实践课程按照内容，可以大致划分为航天科技、海洋科技、生物科技、地学科技、天文科技等类别。在研学过程中，尤其是旅行前课程的学习中，应该安排一定的创新思维与方法训练、科技知识讲解或讲座、科技类课题选题、科技企业或场馆参观考察等，并且研学返校后，对科技创新类小课题研究的指导也要持续跟进。

1. 航天科技类

中国航天事业的发展距今已有 60 余载，随着"神舟"系列载人飞船的发射、北斗卫星导航系统的运行、"嫦娥工程"的顺利开展，中国的航天科技事业发展迅猛。习近平总书记指出，探索浩瀚宇宙，发展航天事业，建设航天强国，是我们不懈追求的航天梦。党的十九大也明确提出了建设航天强国的宏伟目标。

航天领域有许多高新技术，但无论从动力学角度还是从材料能源的角度都可以与中学物理、化学等学科产生联系，作为课堂知识的补充。如果条件允许，可以带领学生进入实验室参观，甚至可以让学生动手体验。对于每一位航天人来说，"航天精神"是社会主义核心价值观在航天领域的实践成果和生动体现，是我国航天事业实现跨越式发展的动力源泉。爱国奋斗是航天精神的核心和精髓；祖国的需要高于一切，祖国的荣誉高于一切，是航天人心中高扬的旗帜。因此了解中国航天的发展史，听航天员讲一段故事，可以让学生感受到一代代航天人对航天精神的传承和践行。

【案例】"中国梦·航天情"海南研学活动①

北京市海淀实验中学"中国梦·航天情"——钱学森班海南科研实践活动，带领钱学森班的学生前往海南文昌，参观中国航天卫星发射中心。

资源价值分析

中国文昌卫星发射中心位于海南省文昌市龙楼镇附近，是继四川西昌、甘肃酒泉、山西太原之外，我国的第四个航天发射场，是中国首个滨海发射基地，也是世界上为数不多的低纬度发射场之一。文昌航天发射场可以发射"长征五号"系列火箭与"长征七号"运载火箭，主要承担地球同步轨道卫星、大质量极轨卫星、大吨位空间站和深空探测卫星等航天器的发射任务。海南文昌航天科普馆距文昌卫星发射中心约24千米，主要分为三大展区和一个航天育种园区，是全国青少年优秀传统文化教育基地，也是海南省科普教育基地。

研学目标

1. 了解中国航天发展史，知道一些基本的太空知识，了解中国航天技术的发展过程。

2. 了解人民科学家钱学森，感受我国科研人员的不懈奋斗精神和爱国情怀。

3. 通过一系列航天体验活动和制作活动，进一步拓宽视野，提升动手能力，感受航天科技的魅力。

研学内容

1. 参观文昌航天发射中心。

2. 参观文昌航天科普馆。

---

① 本案例由北京市海淀实验中学于戈老师提供。

①参观科普馆一至三层展厅。

②体验航天员 360 度旋转。

③观看有关钱学森的影片。

④太空授课视频播放。

⑤航天动手做——水火箭制作与发射。

3. 参观航天育种园以及开展互动活动。

4. 航空知识大讲堂——初识航模。

5. 模拟飞行演示。

6. 动手做橡皮筋飞机并放飞。

航天科技类研学课程以激发学生科学探索欲望和学习科学研究方法为主，也可以兼顾人文历史类问题的探究。北京市海淀实验中学在海南文昌科研实践活动前，师生共同建构课题库，拟订了 40 余个不同的小课题，在此选取部分呈现。

1. 请观察南方植物常见的形态特征及其与北方植物的差异，能尝试解释吗？

2. 大海对生物的分布、形态等特征有什么影响？（可选择海洋、海滩或邻近海边的陆地等范围作为观察研究对象）

3. 为什么要建立文昌发射中心？为何发射"长征五号"火箭选择在文昌，而不是西昌？

4. 要将 1 千克物品送入太空中，就要消耗成百上千千克的燃料。要发射更大质量的物体，为什么必须选择低纬度？你了解关于同步卫星、极地卫星的知识吗？

5. 卫星如何实现变轨。

6. 多级火箭工作原理。

7. 你知道七仙岭温泉国家森林公园吗？你知道温泉的形成过程吗？

8. "天涯海角"的文化意韵：中国之大，自古称为"天涯""地角""海角"的地方并不止三亚一处，为什么今天被大众所共识、所向往的"天涯海角"独指三亚？三亚天涯海角具有怎样的文化内涵？

9. 分析所观察火山的成因、分类（外貌、活动情况、喷发类型）等，并与其他地方的火山进行对比。

10. 与我国其他三个卫星发射基地(山西太原、甘肃酒泉、四川西昌)相比,海南文昌建火箭发射基地的优势条件是什么?

11. 请介绍一下红树林名称的由来、生活习性、环境效益等。

12. 本次发射的火箭具有怎样的特点?其搭载的卫星具有哪些功能和作用?

13. 火箭升空的工作原理是什么?请自选材料制作火箭模拟发射过程(记录制作过程,并拍照留存)。

14. 火箭的返回舱是怎样返回地面的?请详细说明各个阶段。

15. 宋庆龄本人回过她的祖籍文昌吗?你能说出宋庆龄对中国近代社会变革做出的贡献吗?

16. 红色娘子军的故事发生在什么背景下?今天的我们应该学习她们什么品质与精神?

17. 通过博鳌亚洲论坛看中国对世界和平发展的贡献。

18. 海南岛的原住民是哪个民族?请介绍一下该少数民族的情况。

19. 受本次研学活动的启发,你有什么想法要和航天专家交流呢?(至少提出三项,并适当展开说明。)

2. 海洋科技类

海洋科技类研学旅行是中学生非常喜爱的主题。与我们每天脚踏的土地不同,海洋并不是每一个人天天都触手可及的,即使对于生活在海边的人来说,对海洋的未知也很多,这些都深深地吸引着人类去探索海洋的秘密。此外,对于学生来说,不少海洋生物的形态是亲和友好、憨萌有趣的,这也是海洋的魅力之一。海洋科技类的研学旅行设计一般关注于观察海洋生物,了解海洋探测技术以及开展一些科考活动,感受海洋文化,感受扑面而来的海风。

【案例】北京市第一〇一中学海洋生物科学考察活动①

研学目标

1. 了解海洋知识，通过标本认识深海生物。

2. 了解科研人员研究海洋生物、观测气象的过程。学习一些观测仪器的使用，学习影像数据。

研学内容

1. 在中国科学院南海海洋研究所参观千奇百态的海洋标本。

2. 参观深圳大亚湾海洋生物综合实验站。在山顶气象站学习各种仪器的用途，观看实施检测影像数据。

3. 乘坐渔船出海打鱼，采集水样标本和海洋生物标本。尝试进行水文实验、制作海洋生物标本。

4. 体验当地渔民生活，体验渔排钓鱼。

研学总结

科考性质的研学活动对于热爱科学、喜欢钻研的学生来说是一次难忘的经历。这种研学的体系比较封闭，从相关知识的学习，到参观、了解、体验，再到动手去做实验，直至完成考察报告。这里很多环节离开当地的环境或实验条件是无法开展的，但这也恰恰说明了这种研学旅行的必要性和独特性。在这样的研学活动中，学生可能是第一次把自己当作一位科研人员来做研究，切身经历科学研究的一般过程，使用一些高精度的仪器，完成自己或自己团队的科研小课题。

【案例】"海山之间"广西研学活动②

北京市海淀科普协会与北京市第一〇一中学合作设计并实施了"海山之间"广西研学旅行活动。活动主题跨越陆海两大部分，以"喀斯特地貌生态特点及旗舰

---

① 本案例由北京市第一〇一中学史艺老师提供。
② 本案例由北京市海淀科普协会魏然老师提供。

物种白头叶猴"和"海洋生态及海洋生活体验及课题探究"两大主题，实现山海之间的巧妙链接。

主题阐释

在"喀斯特地貌生态特点及旗舰物种白头叶猴"课程主题下，走进白头叶猴保护区，体验桂南典型喀斯特地貌的地理及生态特点，考察珍稀代表物种白头叶猴的行为特点及与整体生态的关系，了解当地的生态保护现状和模式。

在"海洋生态及海洋生活体验及课题探究"主题下，考察红树林保护区，并结合红树林生态环境考察、滩涂生物调查、出海拉网捕鱼、出海观察中华白海豚等活动，结合"京岛滩涂鸟类与栖息地考察""京岛近岸海洋鱼类多样性调查""京岛底栖生物调查""滩涂海漂垃圾品种数量调查"四大课题，深入理解、体验海洋生态环境的特点。

设计思路

从喀斯特地貌环境下对白头叶猴的初步观察探究，逐步过渡到海洋生态的深入体验，进而按照海洋主题的四大课题分组进行实际探究考察。按主题分组编写考察报告并汇报，在这一逐步深入的过程中，锻炼学生对野外科学考察方法的基本理解，初步掌握课题驱动的考察活动的思维模式和工作模式，及整个考察的完整步骤和过程。

活动内容

1. 和动物学专家一起，走进国家级自然保护区，与濒危保护动物白头叶猴近距离接触，找洞穴、观行为、听鸣叫、拾粪便，完成白头叶猴生活习性调研课题。从寒冷的北方大地走进植被繁茂的典型喀斯特地貌，从水泥城市走进自然奇观。

2. 和专家一起，深入保护区内喀斯特地貌峰林中，考察地质地貌成因，探究生态环境与动物种群构成。从陌生到相识，从了解到喜欢，从关注到关心，从成长到成熟，感受生命与自然的美好。

3. 和自然科学专家一起进入国家级红树林保护区，对红树林生态系统进行全方位考察。分组设置科考课题，深入研究保护红树林对海洋生物多样性和可持续发展的意义。从未知到探索，从关注到行动，亲身参与生态恢复行动，通过保护海洋生态的行动，理解生态科学工作的艰辛与快乐。

4. 考察千年古榕树的典型生态环境，在专家指导下进行红树林的生物量测量实验；走近中越边界，感受大国崛起，从大清界碑踏上海上丝绸之路。从简单到复杂，从浅显到深入，全面探索、感受海洋生态系统典型形态与变化发展。

5. 与海洋生物专家一起，乘船出海，到白海豚活动区对海豚进行观测，完成科研任务。从内陆到边疆，从江河到海洋，尽情地投入大海的怀抱，深入理解海洋与生态、海洋与人类生活的和谐共生关系，建立与海洋的情感联结。

6. 与当地居民一起，赶小海，观日出，共赏海天一色。在祖国的最南方，探究与体验、学习与成长、交流与合作，拓宽胸怀、放飞梦想，不忘初心，砥砺前行。

3. 生物科学类

生物科学类的研学旅行主要关注动物和植物的种类、形状、生活和生长习性，了解生物圈，了解大自然，是一次真正的回归大自然之旅。

【案例】认识珍稀植物，感受南方植被特色[①]

北京二十一世纪国际学校组织学生赴上海研学，主题为"认识珍稀植物，感受南方植被特色"。

研学目标

1. 了解辰山地区独特地质环境下的植物类群。

2. 识别欧洲、非洲、美洲和大洋洲的几种代表性植物。

3. 识别几种常见的药用植物、油料植物或染料植物。

4. 识别几种主要的水生植物和旱生植物。

5. 识别几种主要的珍稀植物。

---

① 本案例来自北京市二十一世纪国际学校研学手册，有改编。

研学内容

1. 分组参观上海辰山植物园。

2. 体验。

①对比观察几种欧洲、非洲、美洲和大洋洲的代表性适生植物异同点。

②对比观察几种药用植物(油料植物、染料植物)的异同点。

③对比观察几种浮水植物或沉水植物的异同点。

3. 探究。

①观察几种孢子植物与环境相适应的特点。

②选择几种植物,观察描述其形态特点及其与环境相适应的特点。

4. 思考与探究。

①识别几种珍稀植物,观察描述七星台特点及其与环境相适应的特点。

②举例说明辰山植物园的植物主要包括哪几大类群。

③选择你最感兴趣的植物,撰写小论文或制作PPT。

4. 地球科学类

地球科学类研学也可以简称地学,主要关注与地理课堂教学内容的结合,在大自然中运用所学的地理知识,例如,对地图信息的读取,在户外对方向的识别,对地形地貌简单的分析,对一些自然现象简单的解释判断等。这类课题的探究,要体现出与现阶段课堂学习内容的结合,要有学生可以拓展的知识空间和可以实地探究的内容。

【案例】北京市八一学校雾灵山综合地理实践考察①

学生情况分析

本次参与研学旅行活动的对象为高二年级学生,学生的认知特点以理性认识为主。经过高中一年地理科的学习,学生对地理已经产生浓厚的兴趣。现阶段学

① 本案例由北京市八一学校杨崇广、蒋立红、徐亚辉和王小丽老师提供。

生具备一定的地理基础知识和读图识图的能力，但由于多数时间都是在教室获取知识，因此学生地理实践力，特别是野外直观学习地理知识能力比较欠缺，在生活中发现地理问题并解决地理问题的能力较弱。此外，从学生的心理特征来看，高二学生好奇心比较强，本次实践活动与生活联系紧密，学生的学习积极性比较高。

活动目标

1. 通过野外考察直观认识自然、了解自然，拓宽自然地理学知识。

2. 通过野外考察和土样采集，绘制雾灵山植物土壤垂直坡面图。

3. 借助简单仪器和设备，了解土壤含水量、pH、质地等指标的野外速测方法。

4. 培养学生地理学观察能力、分析问题能力与综合研究方法，增强学生实践能力，培养学生创新意识。

5. 锻炼学生吃苦耐劳、勇于攀登、团结互助精神，培养学生的团队意识。

6. 培养学生献身于野外地理学研究、自然保护区建设与环境治理的兴趣。

活动行程

时间	地点	活动
7:00	学校西门	集合、介绍雾灵山自然地理概况
10:00	考察点1	观察褐土土壤剖面层
11:00	驻地	下车、集合、清点人员、照相、休息
11:30	驻地	午餐
13:30	考察点2	雾灵山落叶阔叶林植被及棕壤
14:30	考察点3	暗棕壤特征及成土因素
15:10	考察点4	草甸土，雾灵山垂直地带性
16:10	驻地	集合、绘图总结
17:00	驻地	登车、返校

活动内容和活动形式

1. 考察地点介绍

雾灵山位于河北省承德市兴隆县西北部，地处东经117°，北纬40°。东西长

24 千米，南北宽 17 千米，边界总长 318 千米，面积 14264.2 平方千米，与北京市的密云区、河北省的滦平县、滦县、承德县相邻，为燕山山脉主峰，海拔2118 米，气候变化多样。雾灵山地区动植物资源很丰富，有高等植物 168 科 665属 1870 种，有国家一类保护植物人参等，列入中国植物红皮书《中国珍稀濒危保护植物》的物种 10 个，有国家一、二级保护动物和其他级别的保护动物 112 种。雾灵山是国家级自然保护区，保护对象为"温带森林生态系统和猕猴分布北限"。温带森林生态系统是指雾灵山位于内蒙古、东北、华北三大植物区系交汇处，各种植物成分兼而有之，生态系统复杂多样，成为温带生物多样性的保留地和生物资源宝库。

雾灵山素有"京东之首"的盛名。山势雄伟，景观奇秀，古树参天，花草艳丽，土壤肥沃，林草繁茂，气候宜人，空气清新，云海入仙，风景迷人。自然地理本身是研究自然地理环境的学科，土壤地理和植物地理充分体现了地域分布规律与特征。在这里你可以感受到自然地域分异的巨大力量，亲身体验苏联学者Ⅱ.С.马克耶夫所描述的垂直带理想图式的含义。应该说，雾灵山地区是一部硕大的自然地理教科书，和它接触的距离越近，得到的收获也越大。

2. 各考察点的考察内容

考察点 1

位置：曹家路。

内容：

①理解土壤形成的基本要素。

②掌握土壤野外观察的基本方法。

③绘制土壤剖面的简单示意图。

考察时间：60 分钟。

考察地实景图：如图 2-1。

图 2-1　褐土自然剖面

考察点 2

位置：雾灵山海拔 1400 米处。

内容：

①了解雾灵山植被垂直分布情况。

②掌握棕壤垂直地带性分布特点和剖面特征。

③绘制棕壤的简单剖面图。

考察时间：40 分钟。

考察地实景图：如图 2-2。

考察点 3

位置：雾灵山海拔 1800 米处。

内容：

①考察此海拔分布的植被情况。

②了解此海拔分布的土壤类型及特点。

③理解植被对土壤形成的影响。

考察时间：20 分钟。

考察地实景图：如图 2-3。

图 2-2 棕壤的落叶阔叶林植被

图 2-3 暗棕壤及针叶林植被

考察点 4

位置：雾灵山山顶。

内容：

①观察雾灵山植被垂直分布状况。

②观察草甸土植被及土壤剖面特点。

③绘制草甸土剖面草图。

考察时间：30分钟。

(3)总结及绘图

位置：驻地。

内容：总结比较雾灵山植被、土壤垂直地带性分布特点，绘制综合剖面图。

活动总结：本次研学活动从行前专家讲座，到野外实地考察，再到多样结果呈现，已经形成一个相对完整的高中地理研学旅行活动体系，可以对后续地理学科研学旅行活动的开展，提供具有理论和实践的创新。

本次雾灵山研学旅行聘请首都师范大学王学东副教授做主讲，并且启用首都师范大学在雾灵山自然保护区的实习基地，使此次活动质量和品质得到了大幅度提升。基础教育与高校资源的融合可以让研学旅行更加专业，也更加完善。在新课改的大背景下，真正由基础教育一线地理老师牵头，组织学生进行研学旅行活动可以有效落实地理学科核心素养，特别是地理实践力，对地理学科的研学旅行活动提供可以参照的样本。

区别于传统考察实习报告，雾灵山植被土壤垂直地带性分布图、各类土壤剖面适宜图、研学旅行公众号推送、研学活动海报等成果展示，使得雾灵山研学旅行活动产品更加多元化，也更加突出地理学科特色。作为学生则不再把研学旅行只当成"旅行"，更加关注"研学"部分，如果不关注活动中知识的获得，地理专题地图是很难完成的。

5. 天文科技类

天文科技类研学一般比较高端，在现有的国家课程中很难找到与之相对应的课程，天文设备多精密昂贵，学校鲜有购买的。但是人类对浩瀚宇宙的探索却一直在继续，神秘的星空下到底隐藏着怎样的秘密，一直是学生的好奇心所在。天文类的研学多是观星，也有参观一些天文高科技新设备的。在科学技术飞速发展的时代，为学生提供一些高端的科技类研学活动是十分必要的。

【案例】北京理工大学附属中学发现之旅阅历课程——"天眼"①

2018年5月以来，北京理工大学附属中学组织高一学生共计80人深入中国天眼所在地，围绕全球领先的黑科技，开展了一次阅历课程。在课程实施中，学校根据不同年级学生心理特点确定研学旅行主题，设计不同的旅行线路和学习内容，特别是在阅历课程主题策划与职业生涯教育相结合方面进行了有益探索。

"中国天眼"是我国建造的500米口径球面射电望远镜（Five-hundred-meter Aperture Spherical radio Telescope，简称FAST）。它是由国家科教领导小组审议确定的国家九大科技基础设施之一，采用中国科学家独创设计，利用我国贵州南部喀斯特洼地的独特地形条件建设的一个约30个足球场大小的高灵敏度巨型射电望远镜。

FAST的天线口径为500米，是国际上最大的单口径望远镜，与号称"地面最大的机器"德国波恩100米望远镜相比，其灵敏度提高约10倍。如果天体在宇宙空间均匀分布，FAST可观测目标的数目将增加约30倍。为了把FAST建造起来，为了让我国天文学发展有一个好的窗口，让中国多一次领先世界的机会，FAST工程首席科学家兼总工程师南仁东把自己的一切都献给了FAST。为做好每一个项目，在这23年时间里，他从壮年走到暮年，把一个朴素的想法变成了国之重器，成就了中国在世界上独一无二的项目。南仁东一生只做一件事，这件事就是建造FAST。

根据南老的事迹，学校的阅历课程以"培养学生具有永不满足、追求卓越的态度，培养学生发现问题、提出问题、从而解决问题的能力"为基本目标；让学生从学习生活、互联网和社会生活中获得的南老和FAST的各种素材为基本的学习载体；以在提出问题和解决问题的全过程中学习到的科学家们是对人类社会贡献最大的人，也是全人类历史进程最强大的推动力量，以及FAST先进的科学研究方法，从而获得的丰富且多方面的体验科学文化知识为基本内容；在国家天文

---

① 本案例由北京理工大学附属中学关健老师提供。

台专家的指导下，以学生自主采用研究性学习方式开展研究为基本的教学形式的课程。

具体方法如下：

1. 澄清或识别问题。通过讨论和提问，让学生了解 FAST 的建设历程，并全面了解南老为了我国的射电天文事业，即使到了生命垂危之际，仍然坚守初心，燃尽自己最后的光和热。

2. 针对 FAST 的建设和脉冲星的观察提出问题，或者提出解决问题的想法或思路。

3. 围绕问题的解决，制订一个初步的研究计划。一般来讲，学生可以根据以下几个问题来制订研究计划："脉冲星是什么？""你对脉冲星已经了解多少？""为了找到脉冲星你还需要了解什么？"当然，这个研究计划还会随着后来新想法、新信息的出现，而加以适时调整与修订。

4. 按 FAST 探索计划采取行动，通过诸如课程、观察、访谈、查阅文献资料、收集事物作品等形式，去获取解决问题所需要的资料信息。

5. 对收集到的脉冲星信息进行组织和加工处理，或者对原有假设进行检验、得出结论，或者提出解决问题的初步方案，或者对各种可能的问题解决方案进行比较，选择一个最佳的答案。

通过天眼的阅历课程，学校希望学生能够体会到，人生的真正价值在于对社会的奉献，一位优秀的科学家，最基本的品格有两条：对科学的热爱和难以满足的好奇心。要想成为一名科学家，就要有远大志向，立足实际，潜心学术，甘于寂寞，老老实实做学问，不能急功近利。搞学问需要一种淡泊、宁静的心态，只有一步一步、一点一点地下功夫钻研，才能有所成就。急功近利、浅尝辄止是不可能有所作为的。

(三)自然教育类课程设计

中国幅员辽阔，南北气候特征差异明显，地形地貌丰富，自然植被和野生动物种类繁多，适合学生进行考察和探究活动。自然教育类的研学课程主要是让学生了解所处的户外环境，了解一般性的户外地质考察的方法。此类研学课程使学生在真实环境中考察的情况与课堂所学的内容相互联系、相互验证，有助于加深学生的理解和认识，促进学生的思考。通过研究性学习，探究有意义的自然地理类小课题，有助于学生深入思考问题、研究问题。这些小课题可能是环保类的，也可能是自然灾害类的，甚至可能仅仅是对一块岩石形成的好奇。每一个小课题都包含着对家、国、世界和大自然的热爱和责任。

【案例】北京市二十一世纪国际学校杭州湖泊湿地考察之旅①

杭州地处江南，水系发达，有国家 5A 级景区、江南三大名湖之一的西湖景区，国内唯一的集城市湿地、农耕湿地、文化湿地于一体的国家湿地公园，西溪国家湿地公园。

研学目标

1. 了解中国湖泊的分布概况。认识外流湖和内流湖的差异以及亚热带季风气候的特点。

2. 知道湿地的基本知识，了解湿地与人类的关系，了解中国湿地的概况。

3. 清楚知道西溪湿地的生态组成部分，能够列举西溪国家湿地公园的食物链和食物网。认识人类活动对西溪湿地生态系统的影响。

研学内容

(一)杭州西湖

1. 乘船参观游览景区，听专家讲解西湖的知识。

2. 考察亚热带季风气候下的农作物、民居、饮食的特点。

3. 小组讨论有关西湖的诗词、文章、电影。

4. 小组讨论我国湖泊分布和名称。

(二)中国湿地博物馆

---

① 本案例由北京市二十一世纪国际学校阳文孜老师提供。

1.分组参观中国湿地博物馆。

2.考察湿地与人类厅、中国湿地厅，了解城市湿地、次生湿地、人工湿地和人文湿地的特点。

3.考察西溪湿地的历史变迁及其文化、西溪湿地资源状况。

（三）杭州西溪湿地

1.分组考察西溪国家湿地公园中的生物类群。

2.探究西溪湿地被称为"杭州之肾"的原因，考察水域对西溪湿地植被的影响。

3.分组考察西溪国家湿地公园中的食物链和食物网。

4.探讨人类活动对西溪湿地生态系统的影响。

研学总结

通过杭州西湖和西溪湿地的考察游览，学生近距离接触大自然，了解大自然。从水文、气候、地质、生态环境等多维度的探究，学生可以将南方地区的特点与学生日常生活的北方地区的特点进行对比，形成区域地理差异的概念。

（四）艺术审美类课程设计

2018年9月10日，习近平总书记在全国教育大会上提出，要全面加强和改进学校美育，坚持以美育人，以文化人，提高学生审美和人文素养。

艺术类课程作为学生全面发展的基础课程，此类课程的设计注重体验，注重身体的协调和鉴赏能力的提升。艺术类的研学多关注自然风光的描绘、人物与景物的拍摄、建筑结构和风景园林的赏析等。体育类的研学可以在登山、野营、攀岩等户外运动和户外技能方面进行课程设计。

艺术研学课程可以是戏剧欣赏或体验活动，可以是美术工艺制作类实践活动，还可以组织学生在户外写生、摄影、制片，用画笔或镜头记录美好的生活，也可以带领学生开展行为艺术活动等，内容十分丰富。如很多学校组织学生去西安研学，碑林博物馆几乎是必去的学习目的地，在西安碑林博物馆制作拓片就是一种艺术研学课程。同样，在景德镇陶瓷体验基地学习拉坯、制模、施釉、彩绘等一系列传统陶瓷工艺的制作过程，亲手创制属于自己的餐具或杯子等陶瓷作品，也一定会为生活留下难忘的回忆。北京的艺术研学资源也很丰富，可以在京城百工坊欣赏精美的手工艺品，并与技艺传承人交流，了解各种手工艺品的文化背景和制作过程，参与制作，提高动手实践能力，激发对传统手工艺的热爱，提高艺术鉴赏能力。

【案例】走进戏曲博物馆，探究体验戏曲文化①

北京戏曲博物馆于 1997 年 9 月 6 日正式建成并对外开放，位于北京市虎坊路 3—1 号，是北京市建成开放的第一百座博物馆。这里当年曾是湖南、湖北两省赴京学子们和同乡商贾聚居之地，有着悠久的历史和深厚的文化内涵，同时具备优良的京剧文化传统，堪称人文荟萃之地。这里每晚均有北京京剧院的名家进行精彩的戏曲演出。戏曲博物馆基本陈列为"北京戏曲史略"，以翔实珍贵的戏曲文献、文物、图片和音像资料，向观众展示了以京剧艺术为主的北京戏曲发展史，其中有京剧名家王瑶卿、梅兰芳的拜师图，武生泰斗杨小楼演出用的戏装等珍贵藏品。未来大世界研学，梳理北京艺术教育研学资源，设计了北京戏曲博物馆活动课程。

研学内容

1. 了解京剧的发展历史，感受中国传统戏曲文化的博大精深。

2. 走上戏台，体会"台上一分钟，台下十年功"。

3. 探究京剧的特点，提高民族文化自信心，增强保护和传承传统文化的意识。

课程时长：约 3 小时。

活动方式

1. 专家讲座，了解京剧发展的历史。

---

① 本案例来自未来大世界(北京)文化旅游开发有限公司。

2．在专业导师的指导下，学习京剧里的身段和动作。

3．制作京剧脸谱。

4．小组合作，选择一部喜欢的京剧，研究其价值与特色，向同学介绍。

（五）体育健康类课程设计

体育健康类课程与国防教育、心理教育密切相关，常见于青少年营地课程，既可以侧重于体能训练和拓展，也可以侧重于团队合作和心理游戏。体能拓展类课程，如野外生存训练、营地军事训练以及学校入学教育的军训等，都可以很好地弥补城市学生生活空间的不足，让孩子们暂时放飞身心，在广阔的大自然中和集体活动中陶冶情操、锻炼意志。这类课程通常与其他课程整合设计，可以在一次持续数日的营地研学实践中，加入体育健康类活动内容，实现营地课程的综合教育目的。

【案例】野外徒步行走活动①

研学目标

1．增强青少年的体质，应对城市孩子出门多搭乘交通工具、活动量少造成的体质下降等问题。

2．磨炼青少年的意志，培养坚持不放弃的良好品质。

3．让青少年学会行走的技巧，开拓思维，增强智力。

4．培养青少年的责任感和自信心，增强团队合作意识。

适用对象

青少年，40～80人，分成小队（8～10人）行走。

活动设计

组织青少年在辽阔草原或者山间小路等适合徒步的地方行走，以18千米路

---

① 本案例参考中国少年儿童发展服务中心"赢在未来"新时代青少年研学项目研发中心相关课程资料。

程为宜，往返的路程尽量不要重复。在徒步的路程中可设置3~4个休息点，也可以提前设置相应的游戏，如森林探宝、战地宣传、传口令等，以增强徒步的趣味性。

1. 前期准备

(1)提前考察路线，设置休息游戏节点的位置，确保徒步的安全性和可行性。

(2)对青少年进行必要的行走前培训，做好徒步的心理准备和物质准备，如运动服、运动鞋、饮用水等必备品，告知徒步行走的过程和规则。

(3)强调行走的技巧以及行走过程中的自我保护。

(4)可提前利用游戏进行分队，指定相应的队长以及各队编号。

(5)安排车辆，统一出发时间。

2. 开展活动

(1)乘车前往目的地(起点)，在此过程中重复强调徒步行走需要注意的事项。如活动中按照要求传递口令，遵守组织纪律，听从指挥，不单独行动；活动过程中不得乱扔垃圾、采摘花草、践踏草坪，使用文明用语。

(2)到达起点，分队站好，依照各队伍的编号从小到大按顺序开始徒步活动。在此过程中不可超队、不掉队。

(3)各队每到达相应的游戏节点，按照游戏规则完成游戏，获得游戏奖励。

(4)队伍到达终点，清点人数，乘车返回。

3. 徒步行走的基本原理及要领(略)

4. 活动分享

(1)走完全程是什么感受？

(2)如果与父母一起徒步，自己的表现是怎样的？

(3)从徒步中学到了什么？

(4)在今后的学习生活中遇到困难挫折会怎么做？

5. 注意事项

(1)提前做好相关工作人员的培训，分配好任务，保证徒步顺利进行。

(2)安排专业保护人员和随队医生，及时处理突发事件。

(3)随时清点人数,保证队员的人身安全。

(4)做好徒步前的培训工作,尽量预防和减少突发事件的发生。

(5)维持徒步中的秩序,让青少年集中精力完成徒步。

(六)职业体验类课程设计

随着课程改革的深化、2017年版普通高中课程方案和课程标准的出台,素质教育的脚步日益加快,进程日渐深入。以北京为例,2018年新中考选考科目"五选三",2020年新高考统考科目语数外之外"六选三",无疑将学生自主选择未来人生的时间大大提前。与之匹配的职业生涯规划教育也正在逐步走进各个学校,大多数中学已经配有专职或兼职的学习指导和生涯规划导师。当前的中高考科目,考生有了更多的选择性,而做选择的依据是学生自己的体验,因此学生需要更多的职业体验类的课程。研学旅行兼具研究性、体验性和实践性,恰恰是一个非常好的载体——让学生体验不同的职业,思考自己的职业兴趣和未来发展的方向。

【案例】北京市十一学校一分校蓝天城研学活动①

研学目标

了解成人世界,体验工作辛苦。

研学内容

关卡一

1. 参观蓝天城职业体验馆,了解馆里的基本设施以及有多少种职业体验。

2. 选择自己想体验的职业进行体验。

3. 交换体验职业,自由参观完成活动任务。

活动任务

1. 写一写今天了解了几种职业。

---

① 本案例来自北京市十一学校一分校研学手册,有改编。

2. 说一说自己体验了哪些职业。想一想这些职业都是做什么的。

3. 在蓝天城的体验中，你最喜欢哪种职业？画一画自己喜欢的职业中的人物形象。

4. 学唱歌曲《大梦想家》。

5. 和同伴说一说你长大了想成为什么样的人物。

6. 演一演你最喜欢的职业角色。

7. What do you want to do in the future? Choose one from the picture or write down your ideal job if there is your ideal job in these pictures. (farmer、priest、doctor、artist、manager、football player、fireman、waiter、footballer、engineer、office worker、policeman、singer、pilot、swimmer)

关卡二

1. Please find out the occupations you experienced here? (fireman、policeman、dentist、nurse、teacher、lawyer、photographer、doctor、pilot、chef、mailman、flight attendant)

2. 在职业体验过程中，根据你的 E 币的收入与支出情况，在相应的地方打"√"。

职业体验	我的职业体验 （去过画√）	收入	支出	金额
警察				
医生				
教师				
军人				
空乘服务员				
消防员				
加油站工作人员				

3. 职业体验过后，你手中剩余多少 E 币？

4. 你用剩余的 E 币在礼物区买了哪些礼物？

5. 在蓝天城的职业体验活动中，给你印象最深刻的职业是什么？为什么？

研学总结

蓝天城作为职业体验类的场馆，非常适合低年级的孩子进行职业认知教育。通过情景模拟体验，学生可以对常见的一些职业名词有真实直观的感受，了解这种职业到底是做什么的，有怎样的一些要求，可以说是学生的职业初体验。

三、研学旅行课程设计策略与方法

研学旅行课程设计与实施是从主题出发，确定目标，设计内容，选择适当的教与学方式，完成活动过程，并对学习效果施以恰当评价的过程。研学旅行课程设计与实施是密不可分的，课程设计与实施具有高度的校本化特点，很难照抄或照搬。因为研学旅行本来就是属于校本课程的一部分，可以利用综合实践活动课时，也可以使用校本课程课时，在课程设计、实施与评价方面，是高度自主化的。前文以案例的形式，介绍了多种课程设计的具体目标和内容。我们需要掌握研学旅行课程设计的一些基本的思想、方法、策略、原则，跳出具体事物，以达到抓住规律、掌握方法、"万变不离其宗"的境界。

(一)研学旅行目标设计

研学旅行目标设计受制于主题，要紧紧围绕主题，突出内容重点，不能与主题疏离。主题与资源基地密切相关，应选择特点鲜明、价值突出的研学目的地，根据研学主题确定研学总目标；再根据具体的研学地点资源条件，确定每日研学的目标。当然，研学旅行的总目标的实现，有一部分还要延续到行后阶段，通过回校后对研学成果的交流分享，在总结活动中才能最终完满实现。

1. 研学旅行课程总目标设计

研学旅行作为综合实践活动的一部分，它的课程目标的设计离不开综合实践活动的课程总目标，即学生能从个体生活、社会生活及与大自然的接触中获得丰富的实践经验，形成并逐步提升对自然、社会和自我的内在联系的整体认识，具有价值体认、责任担当、问题解决、创意物化等方面的意识和能力。就研学旅行课程而言，它的总目标设计主要围绕学生能够通过在大自然、社会、团体进行的参观游览，在探究中，让学生了解祖国各地的风土人情、文化历史，领略祖国的大好河山，增强对家乡、对祖国的认同感，提升爱国爱党的热情；感受集体的学习生活，在学习生活中与不同的人进行交流，在集体中发挥自己的所长，培养学生的独立生活能力和团队合作意识，增强语言表达能力；观察自然现象和社会现象，能够提出问题并进行探究考察，培养学生信息收集能力和解决问题的能力，提高对自然科学的热爱，提升社会责任感，形成积极正确的价值观念。

2. 目的地课程目标设计

研学旅行课程不同于传统意义上的学术类课程，它是在课外学习的课程、行走中的课程。因此，其课程目标的设计不是以学科学理来构建的，而是以地点和资源样态来构建的。研学目的地可以是自然风景区，可以是文化遗产地，也可以是工矿企业、科研院所，还可以是青少年户外拓展营地。因此，各校研学旅行课程目标要根据研学旅行目的地的不同，结合目的地的自然风光、人文特色、科技力量，有针对性地设置目的地的课程目标。

设计好目的地课程目标，是实现研学旅行总目标的一个重要途径和落脚点。其一，目的地课程目标的设计要了解清楚目的地的特色，这就需要学校的老师进行前期的踩点和一些相关资料的收集。其二，对收集的资料进行归类和分析，明确该目的地可以进行哪些主题的研学，有一个大致的框架。其三，结合本校学生的特点设计每个主题的研学目标，确定每个主题的研学任务，让学生进行选择。其四，根据学生的选择情况对研学目标进行微调。这就是研学旅行课程目标设计的基本步骤，由此可以形成一个循环模式并不断完善。

3."三维目标"设计

新课程改革提出了"知识与能力""过程与方法""情感态度与价值观"的三维目标。核心素养的概念提出以后，有人说，"三维目标"落后了，应该提素养目标。但是，素养的形成并非一日之功，不可能在一节课上形成，只能是课程设计和教学目标指向核心素养的形成。素养的形成是以"三维目标"为基础的。因此，要将研学旅行活动的目标细化分解、走到实施的层面，"三维目标"仍然是一个重要的抓手和落脚点。"三维目标"和研学旅行是什么关系？我们认为，学科类课程首先是知识目标，其次是能力目标，再次是方法目标，最后是情感态度价值观目标。而研学旅行作为实践活动类课程，则未必遵循这样的逻辑，是研究性学习与体验性学习相结合，用学生发展的"知、情、意、行"的逻辑来衡量，"情"的目标应该在先，方法目标和能力目标在其次，知识目标应该在最后。研学旅行的定位和价值是打通课堂内学习和校园外学习，最重要的是运用学科知识，运用课堂所学知识，而不是到研学目的地去学习知识。

(1)情感、态度、价值观目标设计

研学旅行关注学生对自我、对他人、对自然和社会的认知，关注学生对祖国和家乡的热爱，关注学生对社会和自然的热爱。通过在研学旅行过程中的集中学习、研究、生活、体验和实践，感受人与人之间相处交流的温馨，感受人与自然交流的和谐，感受不同地域的文化、艺术、科技的特色。例如，在传统文化的研学中，感受祖国文化的源远流长；在山川湖泊的考察中，感受祖国山河的雄浑壮阔；在江南文化的思考中，品味中国南方的灵动柔美；在徽派建筑的研究中，体会粉墙黛瓦的艺术智慧。

研学旅行中，情感、态度、价值观的形成是随处可以发生、随时可以实现的。在学生心灵受到触动的一刹那，在学生对自然敬畏和感慨的一瞬间，学习就在潜移默化地发生。学生在集体生活中，也要学习生活技能，学会独立，学会相处，养成良好的生活习惯。这样的学习每天都在发生。因此，切不可以急功近利的心态生硬地评估研学旅行的目标。情感、态度和价值观的形成过程也是自我成长教育过程，这正是活动课程这种开放式教育的魅力。

(2)能力、方法目标设计

研学旅行重在对学生学习能力、发现问题能力、研究能力、交流合作能力、动手实践能力以及基本生活能力的培养。通过相关课程和讲座的学习、资料的查阅，让学生寻找自己的小课题，培养学生的学习能力和发现问题的能力；通过对小课题的研究，让学生从简单的小调查和科考中，接触社会科学研究与自然科学研究，感受和体验相应的研究方法，提升学生的研究能力。要让学生理解研究性学习的过程，能够自主发现和探究一些问题，能够以小论文的形式汇报展示，在发现问题、提出课题、研究课题、得出结论的整个过程中，指导学生做好小课题的基本方法。

研学旅行活动中能力的培养还体现在生活技能、交往能力及与人合作的能力上。通过研学过程中的活动体验、生活体验、社会体验，增进同学之间、师生之间的交流合作，增强学生的动手实践能力。在集中食宿的过程中，形成基本的生活常识，锻炼基本的生活能力。

(3)知识目标设计

学习知识是人们认识世界的基本途径，也是一个人从无知走向博学的必由之路。研学旅行离不开"学"，也是一个学习知识、增长见识的过程。在研学过程中，学生可以实地了解目的地的自然地理知识、文化历史知识以及其他多方面知识。这些知识的学习，不是在目的地现场完成，而是应该提前做好知识准备。可以通过在学校听讲座、阅读专题资料来完成，也可以作为家庭作业，上网查阅提前完成。在研学目的地现场，主要是通过观察亲眼所见，了解书本上无法呈现的知识或过于抽象难以理解的知识。因此，在研学目的地的知识学习，是印证书本上学到的理论知识，获取完成自己小课题研究所需要的知识，或者加深对知识的理解、扩展知识的范畴和深度，建构自己的知识体系。在研学旅行中学习掌握的知识不应该是静态的知识，即使在同一个资源基地和场景之中，每个学生捕获到的信息和发现的问题也会不同。因此，研学中学到的知识是一种"活的知识"，这种"活"还体现在学生研学结束后能够和家人、和同学分享自己的见闻和收获。

(二)研学旅行学习内容设计

1. 寻找学科关联性知识

研学旅行的学科边界非常模糊，因为是在真实的环境下，在自然社会中进行游学考察，所以课程的综合性非常突出。因此，研学旅行课程中学科关联性知识的学习内容设计非常重要。一般来说，学校在设计研学旅行课程时，通常由各学科教师一起参与，将学生要完成的学习任务进行整合。各学科教师在一起设计课程时，应该充分考虑目的地的资源与国家课程的结合，特别是语文、历史、地理、生物、化学、物理、美术等学科，会有许多相关的资源便于学生将课堂中学到的知识加以应用，学生也会有许多机会发现和探寻新的问题。

2. 注重思维方法的学习和指导

研学旅行的环境真实复杂，对于复杂的问题，我们在处理的过程中通常会将其抽象化、简单化、模型化。这种处理复杂问题的能力是在设计研学课程的时候需要考虑的。具体地说，对复杂的问题进行分解，突出重点，使问题细化，以便学生掌握学习方法，提高思维能力。

3. 专题研究要有针对性

对于主题明确的研学旅行，应该设计系统的、全面的专题知识的学习，既可以有对前期学校课堂知识的回顾，也可以有对研学旅行中即将遇到的知识的概述，以及在做小课题过程中可能会遇到的知识的提示。研学旅行通常安排三到五天的时间。研学课程设计有针对性，学生学习知识的积极性和切身的研究体验才会更强烈。

4. 野外生活技能学习

研学旅行的学习内容设计不仅应该包含知识的学习，还应该根据研学的主题和形式，设置一些专业技能的学习。在自然科考类的研学旅行中，应该设置一些常见的药用植物的辨认方法，学习一些简单的急救措施，了解植物标本的采集等。如果是野外露营的话，还需要设计野营地点的选择，野营帐篷的搭建，防虫措施，野营食物的制作等生活技能。这些技能学习都需要通过亲身实践甚至反复操练才能掌握，仅凭听讲座和阅读课本是无法完成的。

(三)研学旅行学习方式设计

1. 自主学习与合作学习

研学旅行是在旅行中学习和探究，强调自我发现和自我探索。自主学习是研学旅行的主要学习方式。学生在专家老师的带领下，带着预定课题去观察、去体验、去提问、去访谈、去思考，得出一定的结论，表达一定的观点。自主学习贯穿在整个研学旅行的过程当中，老师主要是组织者和引导者。

作为集中食宿的教育活动，研学旅行过程中的合作学习是必不可少的。因为大多数时间学生都会和自己的同学在一起，共同欣赏风光、聆听讲座、体验生活、开展课题研究活动，相互交流，相互帮助。除此之外，与专家的学习和讨论，和老师的分享与交流也是合作学习的重要内容。

2. 体验学习与探究学习

研学旅行综合了学校的春游、秋游、社会实践活动和研究性学习，强调学生的体验学习和探究学习。体验学习在研学旅行中主要表现为认知体验式学习、情感体验式学习和行动体验式学习①。认知体验式学习是伴随着一定情境下的探究性学习活动。它的设计多在于通过直接感知世界获得新知识。比如，在研学旅行中设计让学生观察身边土壤的颜色、干湿程度，观察植物的形状，了解植物的名称和生长习性，观察动物的生活习性，欣赏建筑的结构特点和艺术特色并记录。在研学旅行中为了让学生完成小课题或探究性学习任务，认知体验性学习是必须经历的过程。情感体验式学习，如学生间的分组活动、探讨研究，主要是激发学生之间的团队精神，增进学生之间的合作意识。当然，体验式学习的最终目的是改变思维，落实行动。在研学旅行中通过行动体验式学习，让学生有一些过程性的亲身经历，如做一些小手工，体验一次茶艺课等，让新获得的知识能够更加具象化。最后，再通过思考提炼抽象，内化为自己的收获。

3. 听讲与讨论相结合

研学旅行就是在游中学，在学中思。研学一直在路上，在行走中。将理论知识从课本中剥离出来带入真实的环境中，通过倾听专家和老师的讲解，获得对新事物的认知，通过进一步的讨论丰富自己的认知，形成一个螺旋上升的过程，加深对事物的理解。

4. 创意设计与动手制作

由于研学旅行有着丰富的体验学习和探究学习的内容，因此创意设计和动手制作也是研学旅行重要的学习方式。动手制作主要是设计完成一件作品，创意设计会更加注重创新点的表达。考虑到创意设计的即时性强，所以这里的创新点不

---

① 庞维国. 论体验式学习[J]. 全球教育展望，2011(06)：9～15.

一定是独创的，只要是能够体现学生深思熟虑的、合理的，学生能够通过设计表达出自己的想法的就可以。

四、研学旅行课程实施策略

课程实施是通过教学活动将编制好的课程付诸实践。课程实施不仅是教师教的过程，也是学生学的过程。学校研学旅行课程建设是教育部专门文件要求开展的教育内容，需要真正找到研学旅行融入整体课程体系之中的切入点。上级教育部门颁发的文件是一种外部因素，课程建设还必须基于学校特定的内在需求，将外部要求和内部需要有机统一，使研学课程在学校课程框架中找到合适的位置。这是研学旅行课程建设的逻辑起点，也关乎课程实施是否科学有序。

（一）在学校课程体系中加入研学旅行

在学校课程方案制定、实施与管理等工作过程中，国家、地方、校本三类课程是一整套的解决方案，即每个学校都已经有一套自成一体的课程体系。每所学校的课程体系特色是不一样的，课程框架、门类和实施方式都要契合学校的育人目标和教育理念。这就需要将研学旅行这一新的课程形态嵌入学校原有的整体课程框架中，促进研学旅行与学校课程的有机融合，没有"一劳永逸"和"放之四海而皆准"的研学旅行课程。

例如，北京市第一〇一中学课程建设整合为八大领域（如下页表2-1所示），研学旅行属于"实践与创新"领域中的内容，单独列出"研学与社会实践"的一个系列。这样也能保证研学旅行课程与学校整体课程目标的一致性，保证学校各种教育活动均能明确地指向育人目标。这是学校课程体系中整体与部分的关系。

（二）基于学生实际需求实施研学旅行

研学旅行课程的价值因学生的需求而存在，由于各校学生发展起点不同，学习基础存在差异，即使去同一个研学目的地、使用相似的研学旅行课程方案，在课程实施上也需要制订不同的实施策略。因此，对学生研学需求及接受能力进行分析，是研学旅行课程有效实施的必要环节。

表 2-1 北京市第一○一中学研学旅行课程表

领域	数学与逻辑				语言与文学			科学与技术			人文与社会			
系列	数学与统计科学	逻辑与思维科学	信息与网络科学		汉语与传统文化	外语与多元文化	写作与文学创作	物理与空间科学	化学与生命科学	环境与地球科学	技术与工程科学	哲学与宗教信仰	历史与民族精神	政治与社会管理	经济与金融科学
领域	艺术与审美				道德与伦理				生命与健康			实践与创新			
系列	美学与艺术修养	美术与美术鉴赏	音乐与音乐鉴赏	戏剧与表演艺术	装饰与服饰艺术	礼仪与人际交往	人格与公民素养	道德与社会伦理	信仰与理想信念	情怀与家国天下	职业与生涯规划	体育与休闲健身	情感与心理健康	饮食与医疗卫生	拓展与社团活动	体验与社区服务	研学与社会实践	探索与科技创新

【案例】根据学生发展起点提高普通初中学校学生的人文素养①

北京市清河中学是一所普通初中学校,学生主要来自周边社区电脑派位生源。从入学调研情况看,学生已有的学业水平居海淀区整体中等偏下水平,特长不明显。从家长问卷中可以看出,家长对学生学业知识、个人发展能力等综合素养的提高有较迫切的期待,但大多数家长自身的文化程度、能力水平等方面的积淀皆不足以支持其满足此期望;更多的家长寄希望于学校,希望学校在学生的身心健康、人文修养、能力提升、实践创新等方面加强培养。因此,学校近几年来,除努力通过整体规划、按照四个领域设置多样化可选择的课程满足学生发展需求外,着力"人文与社会"领域的课程建设。

学校结合培养目标和学生实际需求,构建形成了学生核心素养发展指标体系,并在此基础上建立了"三类思维"学校课程体系(如下图所示)。学校选择西安作为研学旅行目的地,纳入学校课程中的人文与社会主题。基于学生实情考虑,开启了"品秦风古韵 寻汉唐文化"之西安研学之旅,在学校课程体系中属于

---

① 本案例由北京市清河中学潘艳萍老师提供。

综合实践类课程。

　　课程实施前，要做好研学任务前期准备。给学生布置的任务是：让学生收集与这座老城相关的古诗词，最后由语文老师挑选，作为研学手册内容之一。查找有关西安文化古迹的介绍。

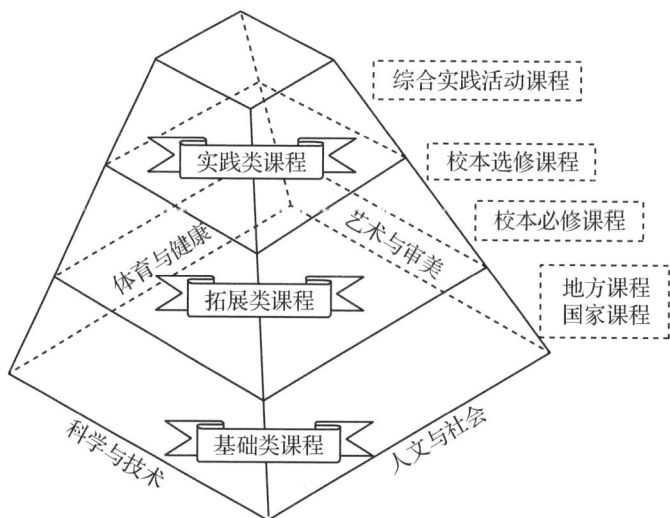

图 2-4　北京市清河中学课程体系结构图

　　语文备课组用集体备课时间讨论研学任务，既不能让学生觉得负担很重，有畏难情绪，又能让所有学生动起来，挖掘他们的潜力，为此设计了个人作业和小组合作的作业，小组合作的作业难度相对较大，需要集体的智慧和力量。

　　教师指导学生提前学习一些西安文化古迹方面的背景知识。去西安研学的前一天，语文老师专门用两节课，以研学手册为教材，向学生介绍了西安这座城市，介绍了将要参观的景点，补充相关的文化知识，对手册中的相关诗词做了朗读指导和内容解析。结合书法教学，对碑林中重要的书法作品做了相关介绍。对陕西小吃的做法、吃法以及相关文化内涵做了生动有趣的介绍。对黄帝陵的价值、每年的祭奠仪式以及仓颉造字等做了相关介绍。另外，把陕北地区的地形地貌、黄土高原的风土人情、黄土地对陕西戏曲以及对陕西人性格形成与自然条件的关系做了分析。之后，对小组作业和个人作业的呈现方式和上交统计情况提出要求：这次研学作业的完成情况作为平时八次成绩中的一项，根据同学们的作业完成情况给出相应分数。

(三)划分"三阶段"实施研学旅行

研学旅行的课程设计只是研学旅行活动的一部分，重要的是将课程方案文本和手册导引付诸实施。虽说研学旅行活动重在实施，最艰巨的任务和具有风险的环节也在实施阶段，但出行之前的准备和研学返校后的总结分享也是整个研学活动的有机组成部分。因此，从时间序列上来划分，研学旅行一般分为行前课程、实践课程和行后课程三部分。

【案例】南京研学实施过程①

北京市育英中学组织学生去南京研学，在整个研学旅行课程设计与实施过程中(如下图所示)，分为相对独立的三个阶段：准备课程、实践课程、反馈课程三个主要方面。下面结合南京研学分别就这三个方面进行课程实施的相关说明。

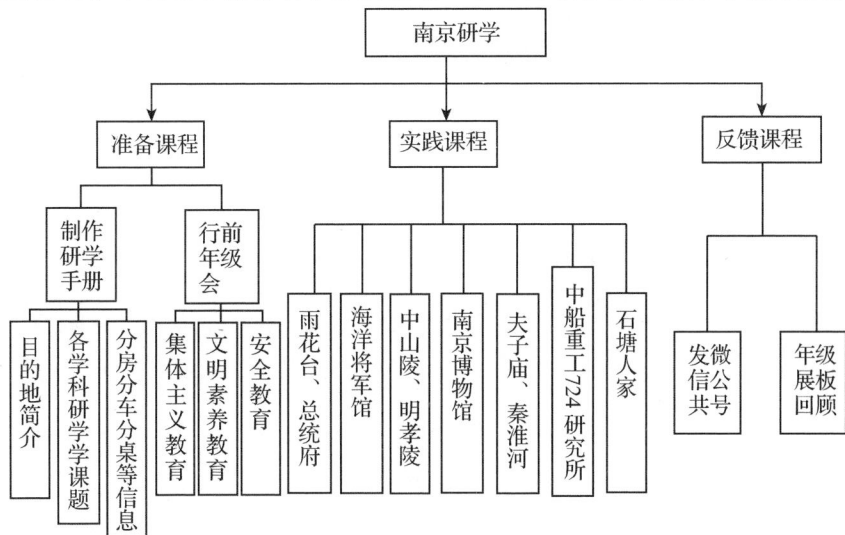

图 2-5　南京研学课程"三阶段"实施过程结构图

①　本案例由北京市育英中学养德宗老师提供。

一、准备课程

前期：学校课程中心与年级组共同确定研学目的地，课程中心与旅行社、教委等部门签署责任书，课程中心准备下发家长信。班主任则要结合旅行社的要求做好信息统计、报名、交费等事宜。然后进入后面环节。

(一)研学手册制定

1. 对学生的要求

(1)周末在家通过网络收集南京当地概况和游览景点的相关信息。

(2)班长做好人员乘车、住宿、吃饭等事项的安排统计。

(3)学生会相关同学负责收集、排版、整理、制作手册。

2. 对教师的要求

结合相关目的地制定相应的学科任务。例如，地理学科老师布置学生记录火车的到站时间、发车时间，并计算高铁的平均速度；语文老师以"金陵"为题让学生找两首小诗，为后来"飞花令"活动做好铺垫；英语、历史老师也需要安排学生每一天的任务。

(二)行前年级会

1. 介绍研学目的地及课程要求

2. 安全教育

3. 文明素养教育

4. 集体主义教育

二、实施课程——南京研学

活动主题：寻访六朝古都，传承中华文明，领略科技魅力，弘扬爱国热情。

第一天：雨花台——开营仪式。

总统府——丰厚的历史文化，演绎的是凝固的影像。

海洋将军馆——爱国主义教育的"活教材"。

第二天：中山陵——"中国近代建筑史上的第一陵"。

明孝陵、南京博物馆。

夫子庙 秦淮河——十里秦淮，六朝金粉。

第三天：中船重工724研究所——感受现代科技魅力，感受科研人员严谨的工作态度。

石塘人家——寻宝活动增加了团队凝聚力，并且提升了合作精神。

第四天：南京大学。

侵华日军南京大屠杀遇难同胞纪念馆——勿忘国耻，爱国主义教育。

在课程的实施中，感受到研学课具有以下特色：不断游走的学习，无处不在的课堂，各学科的高度融合，全方位感悟中成长。介绍部分照片故事，例如，韩老师为学生挡车灯，燕子老师和同学们一起查找资料等。

研学旅行实施中提倡"自主、探究、合作、体验"等多样化学习方式，让学生成为学习的主人。实践类课程应促进学生的主体性、能动性和创造性的不断发挥，培养学生的创新精神、实践能力和社会责任感。

本次南京研学，高二(5)班如意同学写道：

"过去，灯火阑珊，舞榭歌台，风流情愁总在秦淮桨声中寻觅；

曾经，一腔热血，山盟海誓，血泪共筑中华辉煌；

从前，惨绝人寰，万古深仇，生命和尊严在血泊中化作灰烟；

如今，莺歌燕舞，绿草如茵，松柏守护着这一方平静的土地；

未来，吾辈当珍爱和平，砥砺前行！"

三、反馈课程

研学后反馈课程，主要任务是对研学实践活动进行集中反馈，帮助学生梳理游学过程中的收获。路途分享、小组研讨、个人完成研学手册，然后小组归纳研究成果汇报演讲。在班级汇报演讲中，学生的题目五花八门，经过筛选能够在班级分享的只是一小部分，如"民国建筑风格与当代建筑关系""南京咸水鸭与北京烤鸭的对比""秦淮诗词""南京公祭日"等，涉及研学过程中各个方面。李老师从立意、写作、演讲等方面做了精彩点评。以班级为单位收集影像、照片、总结等信息发布微信公共号，制作班级展板等。

研学旅行实施作为课程设计之后、课程评价之前的一个中间环节，是最重要的核心工作。实施效果在很大程度上决定了活动的成败，而安全完成活动计划是教师研学团队首要的目标。研学旅行虽然只有几天时间，但出发前、旅行中、旅行结束后，都有大量的工作要做，需要多方合作。例如，实地踩点、招标比选、合作机构考察、切磋磨合、安全教育、家校签约等；学习评价、展示交流、总结反思等。一次研学旅行活动的工作往往贯穿一个学期。

研学旅行课程设计与实施中还有一些值得注意的问题，如怎样平衡"学"与"玩"的时间，怎样科学合理地设计学习内容和方式，怎样在研学旅行过程中配备师资对学生进行指导等。要认识研学旅行实施过程的复杂性，研学旅行是时间成本较高的一类课程，也是综合教育成效显著的一种课程。因此，即使研学旅行课程初建期困难重重，也值得学校干部、教师为之倾注心血。

五、研学旅行课程资源分析

根据 2016 年 11 月 30 日教育部等 11 部门印发的《关于推进中小学生研学旅行的意见》，学校结合学段特点和地域特色，逐步建立小学阶段以乡土乡情为主、初中阶段以县情市情为主、高中阶段以省情国情为主的研学旅行活动课程体系。这凸显了要培养学生爱家乡、爱祖国的情怀，情怀的培养离不开教育载体，离不开教育资源。祖国的一草一木、家乡的一砖一瓦都是丰富的课程资源，承载着家国情怀，蕴藏着文化之根。以下主要从自然资源、文化资源和社会资源来分析。

(一)自然资源

我国幅员辽阔，自然资源丰富，土地资源、水资源总量均位居世界前列，矿产资源丰富，生物种类多样。根据中华人民共和国自然资源部 2018 年 5 月发布的《2017 中国土地矿产海洋资源统计公报》，2016 年年末，全国"共有园地 1426.63 万公顷，林地 25290.81 万公顷，牧草地 21935.92 万公顷"。2017 年全年调查新增省级以上重要地质遗迹 6228 处。2017 年年末，经联合国教科文组织批准的我国世界地质公园 35 处，我国批准的国家地质公园 207 处，国家矿山公园 33 处。这些地质公园是开展地质考察类研学的基础资源，地质公园内会呈现当地地形地貌的精华部分和特色部分，适合学生去了解和考察当地的地质结构。

例如，内蒙古阿尔山国家森林公园内有各种火山遗迹，如火山熔岩台地、火山渣堆、喷气碟和绳状熔岩等，还有火山喷发后火山口积水形成的火山口湖——阿尔山天池。在这个公园内的石塘林景点可以沿着栈道观察学习原生植物的演变过程，看到植物在火山石上生长覆盖的过程。在这样的地质公园中，学生呼吸着新鲜空气，欣赏着自然风光，在专家的带领下学习火山地质知识，研究自己的小课题、小项目。

2017 年 12 月，国家海洋局发布的《2016 海岛统计调查公报》显示，我国共有海岛 11000 余个。海岛及其周边海域生物资源和旅游资源丰富，海岛淡水资源匮乏。截至 2016 年年底，海岛及其周边海域发现国家一级保护野生动物 24 种，主要有黑鹳、白鹳、白尾海雕、白鹤、白头鹤、丹顶鹤、中华秋沙鸭、中华鲟、中华白海豚等；国家一级保护植物 5 种，有普陀鹅耳枥、红豆杉、银杏、苏铁和水杉。部分地区海岛及其周边海域生物资源独特，如辽宁省的黑脸琵鹭、斑海豹，山东省千里岩的耐冬，河北省的河北杨，浙江省普陀山岛的鹅耳枥，广西壮族自治区的红树林，海南省的珊瑚礁、中国鲎等。截至 2016 年年底，全国海岛上已发现自然景观 1082 处，人文景观 774 处。已建成各类海水浴场 90 个。已建成 5A 级涉岛旅游区 6 个，共涉及海岛 7 个。在海岛开展研学，一方面可以开展海洋知识教育；另一方面也可以对海岛的生物多样性等开展研究调查。

表 2-2　5A 级涉岛旅游区情况

序号	旅游区名称	所在海岛名称	所在省份
1	威海市刘公岛景区	刘公岛	山东省
2	舟山市普陀山风景名胜区	普陀山岛、洛迦山岛	浙江省
3	厦门市鼓浪屿风景名胜区	鼓浪屿	福建省
4	阳江市海陵岛大角湾海上丝路旅游区	海陵岛	广东省
5	三亚市分界洲岛旅游区	分界洲	海南省
6	三亚市蜈支洲岛旅游区	蜈支洲岛	海南省

（二）文化资源

中华文化博大精深，研学旅行之路，也是文化传承之路。比如在北京研学旅行可以感受皇家文化，欣赏中国的"国粹"——京剧，穿梭于老北京的胡同之中，领略特色鲜明的建筑文化。北京有多处宗教建筑或遗迹，宗教文化资源丰富。除此之外，还有大学校园文化、军事文化、长城文化等众多的文化资源。

当然，除了像北京这样历史厚重、民俗多样、风景优美的城市，还有一些地域文化鲜明的地方。如提起儒家文化发源地，一定会想到山东曲阜；提到草原文化，内蒙古一定是首选之地；提到江南文化，苏州、杭州、绍兴、扬州等都是江南特色明显的地区。江南的诗画、建筑、民俗手工、饮食等都凸显了江南小巧、雅致、灵动的文化特点。因此，在设计研学旅行课程的时候，应该借助当地的文化资源，低年级的学生以文化感受和熏陶为主，高年级学生可以给予引导，让学生充分了解旅游目的地的文化资源并加以应用，能够进行分析和比较，从而提升思维能力。

（三）社会资源

研学旅行课程的开展不是由学校单方完成的，而是需要社会力量多方推进。从目前的研学旅行的开展情况来看，学校主要是带领学生去一些知名景点，这些景点多为旅游热点，开发时间长，对公众开放时间长，很大程度上展示了中华文化和当地的风土人情。与这些景点有关的研究资料丰富，能够很好地与课堂教学相联系，成为课堂教学的有益补充。

此外，学校还应当重视与博物馆、民俗馆、公园、科研机构等有公益文化传播能力和科普能力的单位合作，为学生提供参加科普讲座和参观考察的机会。还可以带领学生进入一些大型企业参观和实践，开阔学生的视野，体验未来的生活。

研学旅行按照活动课程的模式构建，除了具备传统的课程目标、课程内容、课程实施、课程评价等基本要素以外，还需要将实施前后和实施过程中的各种因素考虑在内。再好的研学旅行课程设计也不应该当作一成不变的范本，因为研学旅行并不是一个封闭的系统，而是一个半结构化的过程，其实施策略也应该不拘一格，有预设的达成，也有生成的精彩。学校要做的，就是尽可能给学生创设适合研学旅行的外部环境，激发他们积极向上的学习热情。

第三章

研学旅行
学习评价

一般语境下的课程评价有两方面含义，一是对该课程学生学习情况的评价，二是教师、学生、专家对该课程整体实施效果的评价。前者是针对学生学习效果的评价，以评价促进学生学习，将评价作为学生学习的有机组成部分；后者是对课程本身的评价，同时也是对课程开发与建设工作成效的反馈。本章所谈的内容是对课程学习情况的评价，关于对研学旅行课程实施效果的评价，放在第九章加以阐述。

学习评价对课程实施过程和效果都有深刻影响，是研学旅行课程的重要组成部分。首先，评价指标和课程目标呼应，能够帮助教师进一步反思课程目标的适切性，当课程目标无法通过学习评价验证时，应对目标进行及时修正。其次，评价标准和课程学习过程结合，能够帮助学生在评价过程中检测学习效果，指引学生完成学习任务。另外，评价能力属于高阶思维能力，在学习过程中不论是反思性的自我评价，还是对他人或外界做出第三方评价，对培养学生的高阶思维能力都具有促进作用，从这个意义上来说，学习评价本身就是课程的重要部分，除课程保障作用外，还具有不可替代的教育价值。

《关于推进中小学生研学旅行的意见》要求，学校要在充分尊重个性差异、鼓励多元发展的前提下，对学生参加研学旅行的情况和成效进行科学评价，并将评价结果逐步纳入学生学分管理体系和学生综合素质评价体系。

研学旅行课程属于综合实践活动课程，对学生学习效果的评价应着眼于促进学生核心素养的发展，贯彻我国促进学生德、智、体、美、劳全面发展的教育方针。研学旅行课程需要全面性的、全过程的、多主体的评价，兼顾过程性评价与结果性评价，核心在于促进学生全面发展。

一、全过程评价

全过程评价是研学旅行课程评价的重要特点。研学旅行课程是一门在行走中学习、以体验和研究为主要形式的主题式综合实践活动课程。跨学科、重体验是研学旅行课程的重要特点，课程实施过程中突出学生的自主性、生成性、参与性，强调提高学生的合作意识、责任意识、动手能力、创新能力等意识养成和高阶思维能力培养。

（一）过程性评价

伴随学生活动进行的评价活动，也可以称之为过程性评价，这是相对于终结性评价而言，是依据评价实施的时机对评价行为进行的划分。如果在研学旅行课程中仅仅采用终结性评价，则会出现以下问题：首先，无法实现一次评价对综合课程目标全覆盖；其次，不能关注到学生发展变化过程，活动过程的丰富体验不能与学生的元认知产生关联，从而影响意识的自我修正和能力的主动建构，影响课程目标的实现。因此，研学旅行课程的学习评价必然是过程性的。

就评价方法来说，在学生学习过程中进行的评价行为可以是多样性的。为了了解学生的知识理解情况，可以采取测验法、调查法等，在研学活动过程中可以相应地采取问答、小测验、小调查等，在形式上可以是抢答、竞赛、反馈等。为了了解学生的态度、意识，可以采用访谈法、表现性评价等，可以采取座谈、演讲、作品展示等活动形式。为了了解学生的关键能力发展，可以采取档案袋评价、表现性评价、测量法等，在形式上也是灵活多样。

评价行为也是学习活动的重要组成部分。伴随学习过程的评价行为，不仅可以帮助教师了解学生的发展状况，了解学情和教学效果，更重要的是，评价标准和教学目标具有高度一致性，能够帮助学生建立清晰的学习规划；评价结果具体、细致，能够帮助学生形成自我发展元认知，提升学生的自我认知和反思能力。这些都是普通学习活动很难触及的高阶思维能力，对学生发展具有非常重要的意义。

【案例】"一二三四五"过程性评价模式①

学校实施"五个维度、三个层次"评价，可以把每个学生的研学旅行过程比较准确、合理地评价出来。

---

① 本案例由北京市海淀实验中学卢明老师提供。

五个维度：包括时间观念、纪律意识、文明礼仪、专注研学、团队意识，其中包含了明德、求智、仁爱、合作等新时代的学习品质。

四个角度：每个评价标准有四个关键性的评价要点。

三个主体：从学生角度（研学旅行组长）、辅导员角度（外聘的辅导员）、自己的教师三个角度去评价。组长在学生面前没有权威，从心理的角度，他们是平等地交流与交往，这样学生表现出来的语言、行动、情感、东西是比较真实的；而在外聘的辅导员面前，由于是一位陌生人，一般来说，学生的表现可能相对比较放松，也是内心真实的反映；面对教师，学生从心理上有一些落差，无论如何，他们也不可能感觉完全平等，这种心理上的落差造成了语言、行为、状态都不可能绝对真实，所以，如果只是教师一个主体去评价，很难准确合理。

两种用法：每张量表有两个用法，一是评价某个学生，二是评价某个小组。

一张量表：五个维度可以放在一个量表中进行评价，也可以分成五张单独量表。如果是观察了解整体情况，就可以放在一张量表中；如果重点观察了解一个或几个方面，就可以灵活使用。

所以，采取多评价主体、分维度评价，对于同一个学生可能表现出来的行为就不同。这样对于同一个维度，可以从不同主题去观察、记录，就能得出比较全面的、合理的过程性评价。

如何操作呢？如对一个学生的评价，有组长对他的评价、有辅导员对他的评价、有任课教师对他的评价。一个学生，某一个维度有三张评价量表。

同一张量表，教师也可以用作对某一个小组进行量化评价。

指标一：时间观念（略）

指标二：纪律意识

评价项目		评价标准	评价结果		
纪律意识	服从管理	能否服从组长管理（自主、自觉、暗示、提醒）	能自我管理	一次不服从	二次不服从
			优秀	良好	一般
	听从指挥	能否服从辅导员指挥（自觉、暗示、提醒、多次提醒）	能够自我约束	一次不服从	二次不服从
			优秀	良好	一般
	规范参观	能否按照安排有序规范地参观（自觉、暗示、提醒、反复）	能规范参观	一次不规范	二次不规范

指标三：文明礼仪

评价项目		评价标准	评价结果		
文明礼仪	乘车	能否文明乘车（就座、谈吐、零食、卫生）	文明乘车	一次不文明行为	二次不文明行为
			优秀	良好	一般
	参观	能否文明参观（聆听、规范、认真、安静）	文明参观	一次不文明行为	二次不文明行为
			优秀	良好	一般
	就餐	能否文明就餐（照顾、安静、有序、卫生）	文明就餐	一次不文明行为	二次不文明行为
			优秀	良好	一般
	活动	能否有序礼让（有序、随队、用语、交往文明）	文明活动	一次不文明行为	二次不文明行为
			优秀	良好	一般

指标四：专注研学

评价项目		评价标准		评价结果					
专注研学	研学态度	学习态度是否端正（积极、认真、勤奋、谦虚）	态度端正		一项缺失		二项缺失		
			优秀		良好		一般		
	研学准备	学习准备是否充分（知识、用具、材料、心理）	充分准备		一项缺失		二项缺失		
			优秀		良好		一般		
	研学过程	学习过程能否记录（清晰、认真、全面、准确）	过程记录		一项缺失		二项缺失		
			优秀		良好		一般		
	研学合作	能否组内合作学习（分工、担当、合作、完成）	组内合作		一项缺失		二项缺失		
			优秀		良好		一般		
	研学交流	能否与人交流分享（发言、讨论、提供智慧）	交流分享		一项缺失		二项缺失		
			优秀		良好		一般		
	研学收获	成果呈现是否精准（作业、作品、感悟、总结、论文）	成果呈现		一项缺失		二项缺失		
			优秀		良好		一般		

指标五：团队意识（略）

（二）表现性评价

表现性评价能较准确评价学生在真实情景中的问题解决能力及相关素质，非常适合研学旅行这种综合活动课程。表现性评价通常要求学生在某种特定的真实或模拟情境中运用先前所获得的知识完成某项任务或解决某个问题，以考查学生知识与技能的掌握程度，或者问题解决、交流合作和批判性思考等多种复杂能力的发展状况。[①]

表现性评价的效果依赖于任务设计、实施与评分，对教师提出了更高的要求。尤其要求评价内容清晰、评分细则合理，必要时还需要提供高分样例和低分样例，以提高评价信度。就研学旅行课程来说，由于考察学习任务具有真实性，影响评价效果的主要方面就是评价标准的清晰性，评价指标与任务的匹配性，评分细节的可操作性等，这些也是教师在应用表现性评价时需要加强的方面。

研学旅行课程的评价目标和评分规则设计必须和课程目标一致。评价目标不应过多，一般选取课程目标中的主要内容，专注于学生的主要知识和重点能力设计评价目标。考虑到研学旅行课程的时长差异较大，有半天、一天的短期课程，也有一周、两周的长期课程，因此，研学旅行的表现性评价目标也可以分为过程性的阶段性目标和终结性的总结性目标，以对应不同的评价活动。在目标内容上可以重点关注学生对知识的理解和高阶能力的养成情况。例如表达交流能力、合作能力、解决问题能力、反思批判能力等。

评分规则可以根据课程教学要求和学生可能的表现设计。评价细则是一套用来评价学生的反应和表现的标准。典型的评分细则是对学生表现的言语描述，包括学生在高级的、熟练的、半熟练和初始水平上的所有表现，即描述各评估标准（指标）在不同质量上的标准。如果需要可以赋予每一水平的表现一个分数或等级。教师在制定评价细则时，对于每一条评估标准，学生表现的质量区别到底有哪些，评价细则中都要有具体的描述，至于这种描述要细致到什么程度，则取决于教师自己的需要。

表现性评价结果依赖于评价者对学生表现的判断，具有较强的主观性，为了提升评价结果效度，可以采取以下方法：第一，全体评价者共同参与，提前试评，统一对评价标准的理解和对评价细则的执行。第二，评分细则尽量采用可明确分辨的行为或表现。尽量规避评价者对学生主观意愿的判断。例如，考查学生合作能力时，评分细则中如果出现"学生愿意倾听他人的意见和建议"，则教师就

---

① 赵德成，卢慕稚．新课程与学生评价[M]．北京：高等教育出版社，2004.69.

需要对学生的主观意愿进行判断，增加了评价者个人因素对评价结果影响的风险。不如改成"学生认真倾听他人的意见和建议，并且给予反馈"，教师可以直接根据学生的行为做出评价。第三，采取多种评价结合的方式，合理使用核查表、等级量表等评价工具。行为核查表和等级量表能够帮助评价者通过少数行为表现及其程度做出相应判断，提高评价准确度。

表 3-1　学习习惯核查表

题号	学习习惯核查内容	是	否
1	只会做老师指定的作业		
2	遇到不会写的作业，就自己乱写		
3	作业簿经常保持整洁		
4	我常常在最后一分钟，才完成老师指定的作业		
5	常常忘记带作业或上课要用的用品		

表 3-2　行为习惯等级量表

等级	行为习惯表现	非常不符合	比较不符合	比较符合	非常符合
1	他/她对老师很有礼貌，见面主动问候	1	2	3	4
2	他/她经常给老师、同学起讽刺性绰号	1	2	3	4
3	他/她常常故意顶撞老师	1	2	3	4
4	他/她经常在教室、走廊和办公室等要求安静的场所大声喧哗、打闹	1	2	3	4
5	他/她经常乱踹公共设施（如墙壁、门、栏杆等）	1	2	3	4

研学旅行的表现性评价活动，具有可以和研学活动无缝衔接的优势。首先，在研学活动中，学生需要完成一个个的学习任务，那么每一个学习任务都可以作为一个表现性评价活动。例如，研学旅行准备阶段，学生可以参与设计研学路线、行程、任务等，学生的设计过程和最终成果都可以作为表现性评价的对象，对学生的知识掌握情况、计划规划能力、信息收集和处理能力等做出判断。再如，研学过程中经常进行小组交流和展示，这本身就是很好的表现性评价活动，

可以对学生的教育目标达成情况、交流表达能力等做出判断。

其次，研学旅行课程会产生丰富的学习成果，这些成果可以作为表现性评价的对象。例如，学生制作的作品、事后完成的报告和作文、绘画作品、摄影纪录等，教师都可以通过对这些成果的表现性评价，判断学生知识掌握情况和能力发展水平，从而为后续教学提供依据。

下表为北京市海淀实验中学为指导、规范、评价学生在研学旅行过程中的文明行为制定的评价指标。当采用表现性评价时，可以根据需要制定行为核检表或等级量表，采用相应的赋分方式，对学生的文明行为表现进行量化评价。

表3-3　学生研学旅行中行为习惯评价指标①

一级指标	说明		二级指标	说明
1	行前		1—1	身体状况不适合研学，告知家长和老师
			1—2	不携带危险品和易燃易爆物品
			1—3	按时到指定地点集合，不迟到
2	交通工具	在汽车上	2—1—1	认真聆听要求和相关活动安排
			2—1—2	车辆行驶途中不要站立、不来回走动、头手不伸出窗外
			2—1—3	在允许的情况下，在车上吃东西，不乱扔垃圾，保持车内外卫生
			2—1—4	车上不大声喧哗、玩闹
		在火车上	2—2—1	不擅自换座位，不聚众玩闹
			2—2—2	火车站候车期间不擅自离开队伍
			2—2—3	火车中途停驶期间不私自下车
			2—2—4	公共场所注意礼仪规范
		在船上	2—3—1	不随意跑动，严禁船内外嬉戏玩闹
			2—3—2	不随意丢弃垃圾，保持船内外卫生
		在飞机上	2—4—1	不喧哗吵闹，不聚众玩闹
			2—4—2	按乘务要求，不触碰安全设施
			2—4—3	听从乘务人员指示，无违规行为
			2—4—4	注意文明礼仪

① 本表格由北京市海淀实验中学于戈老师提供。

续表

一级指标	说明	二级指标	说明
3	住宿	3—1	不私自离开宾馆，不擅自外出
		3—2	不叫外卖或留宿外人
		3—3	宾馆内娱乐不影响他人休息
		3—4	不串房间，不私自调换宿舍
		3—5	按作息要求熄灯就寝
		3—6	不破坏宾馆设备设施
4	用餐	4—1	不擅自离队，不私自外出就餐
		4—2	不在就餐期间喧哗、打闹
		4—3	节约粮食，自助餐多次少取
		4—4	不饮酒
5	活动场所	5—1	不擅自离队
		5—2	不做威胁自己或他人安全的行为
		5—3	参与研学活动，不玩游戏或离队购物
		5—4	按时完成研学手册等相关学习任务
		5—5	集合整队期间有序行动
		5—6	不破坏环境物品
		5—7	维护参观体验场所的环境卫生

北京市海淀区图强第二小学在研学活动中通过设置团结协作奖、积极探索奖、助人为乐奖等多种奖项对学生进行表现性评价。各奖项评选标准如下。[①]

1. 团结协作奖评价标准

(1)团队成员相互提醒，不出现丢东西现象。

(2)团队成员全体准时参加各项活动，不迟到。

(3)团队成员做到活动后离开某地时收拾干净，不留垃圾。

(4)团队成员服从集体安排，不脱离团队单独行动。

---

① 本案例由北京市海淀区图强第二小学肖丽平老师提供。

(5)团队内部遇到问题积极想办法，不抱怨、争吵等。

表 3-4　团结协作奖评价表

标　准	1组	2组	3组	4组	5组	6组
不出现丢东西现象						
准时参加各项活动，不迟到						
活动后离开时不留垃圾						
组员服从集体安排，不脱离团队单独行动						
遇到问题积极想办法，不抱怨、争吵等						
总得分						

（说明：每项10分，共50分）

2. 积极探索奖评价标准

(1)团队成员认真完成各项活动。

(2)团队成员有主动探究意识，积极主动进行探究活动。

(3)团队成员积极向专家提出问题。

(4)团队成员自主进行探究活动，认真进行探究记录。

表 3-5　积极探索奖评价表

标　准	1组	2组	3组	4组	5组	6组
认真完成各项活动						
有主动探究意识，积极主动进行探究活动						
积极向专家提出问题						
自主进行探究活动，认真进行探究记录						
总成绩						

（说明：每项10分，共40分）

3. 助人为乐奖评价标准

(1)团队成员能主动帮助本团队及其他团队成员，照顾有困难的成员。

(2)团队成员能主动帮助其他团队，有大局观念。

(3)团队成员能协助老师工作，承担推动活动进行的服务性工作。

表 3-6　助人为乐奖评价表

标　准	1组	2组	3组	4组	5组	6组
团队成员能主动帮助本团队及其他团队成员，照管有困难的成员						
团队成员能主动帮助其他团队，有大局观念						
团队成员能协助老师工作，承担推动活动进行的服务性工作						
总成绩						

（说明：每项 10 分，共 30 分）

(三)档案袋评价

研学旅行课程的档案袋评价是指通过对研学旅行档案袋的形成过程和最终结果进行分析，对学生发展状况做出价值判断。

按照操作主体划分，档案袋可以分为文件型档案袋和展示型档案袋。文件型档案袋记载的是学生在一段时间内的学习情况，采用的方法是教师观察、逸事记录、访谈以及学生活动，材料一般由教师选择并放进记录袋。教师和家长是文件型记录袋的主要使用者，相互了解学生成长的全面信息，帮助学生设定今后的目标，制订教学及家庭支持计划。

展示型档案袋，又可以分为展示最高成果的成果展示档案袋，展示发展过程的变化展示档案袋，展示最终水平的结果展示档案袋等。以展示为目的的评价档案袋突出特点是增加学生的自信心和积极性。当评价内容多元化、评价标准无法逐一确定时，可以选用展示型评价档案袋。展示型成长记录袋里的内容完全由学生自主选择，一般都是入选学生认为最能反映自身水平和能力的作品。

当档案袋以评价为目的时，还要求学生写出自己的陈述，讲解他们为什么认为这些文件反映出了他们的学习效果。评价型档案袋兼有目标性和评估性，这是在展示型档案袋基础上的延伸。

按照评价目的分，档案袋评价又可以分为过程型评价档案袋和结果型评价档案袋。过程型评价档案袋反映学生的成长过程。收集的内容为记录过程的文件，包括学生学习的草稿，对学习过程的反思，学习过程中所遇到的问题等。这些文件可以按技能分类，也可以按关注点分类。每一类都含有学生在学习的开始阶段、学习过程中间以及学习结束时的记录。这些文件可以作为学生技能提高的证据。在不同的阶段，学生都可以反思自己的学习过程，确定技能的提高和改进，祝贺自己的进步，并对进一步的学习设立新的挑战。

以结果为考核目的的结果型评价档案袋收集学生自己认为最能反映他们学习效果的文件。其目的是为了记录和反映学生所取得的成绩的质量，而不是取得这些成绩的过程。学生可以完全由自己决定选取哪些材料放入档案袋。教师也可以建立起收集文件的标准来告诉学生档案袋里应包含什么样的文件以及需要具备什么样的质量。

档案袋的公众展示是档案袋评价的重要活动。学生向老师、同学、家长或其他人员介绍自己的档案袋是评价活动的重要一环。档案袋的公众展示必须是有计划的、有设计的活动。根据考核情况需要，可以要求学生对自己提供的所有材料进行辩护陈述，也可以把公众展示作为一种庆祝活动，用以鼓励和表扬学生的学习。

设计档案袋评价时要回答的第一个问题是："评价的目的是什么?"清晰明确的评价目的是档案袋的基础。只有目的明确，才能确定档案袋的内容、收集方式以及怎样对其进行评价。对档案袋的内容选择的指导必须非常明确、具体，要让学生知道档案袋创建的时间期限、内容和数量。也可以引导学生使用电子档案袋，或者档案袋中的部分内容用电子版的形式来处理和保存。

设计档案袋评价还需要明确评价标准和方法。当学生、教师和家长有统一的评价标准时，学生学习的焦虑会减少，学习也会变得直接和有目的性。评价档案袋使用过程和结果的方法主要是评分细则。应该注意：①档案袋的基本成分是学生的作品；②作品的收集是有目标的，不是随意的；③档案袋应留有学生发表意见与反省的空间；④教师要对档案袋里的内容进行合理的分析与解释；⑤明确学生在选择内容和自我评价中的作用。

为了更好地发挥档案袋评价的作用，教师应该在研学旅行的准备阶段就向学生明确介绍什么是学习档案袋，怎样使用档案袋；同时，还应该为学生提供统一的档案袋。档案袋应该足够大以便可以放入不同的文件。可以更细致分类，以对应不用的评价专题。根据课程需要和评价目的明确告知学生可以选择什么作品放入档案袋，以及这些作品和评价结果的关系。通常，教师可以指导学生收集过程性档案袋，帮助学生反思学习过程，也能帮助学生感受学习过程中的进步。以评价为目的的档案材料可以从过程性档案袋中抽选，从而减少学生整理档案材料的负担，并且最大化地发挥档案袋评价的教育作用。

二、多元主体评价

研学旅行的多元评价主体可以包括学生、同学、老师和家长等参与课程的相关人员，根据不同评价内容的需要，各主体在不同评价项目参与评价。通过对多元主体的评价数据进行关联性的综合分析，可以更全面准确地描述学生的学习状况，从而对课程实施和学生发展形成较全面的反馈。多元主体评价能够较好地避免单一主体评价可能产生的片面性，同时，还可以调动研学旅行课程各利益相关主体的参与积极性，提高教育目标的一致性，更有利于促进学生发展。

进行多元主体评价是研学旅行课程促进学生发展、教学提高和课程改进的需要。任何单一主体的评价都不利于课程评价的发展，只有当课程各参与方都参与到学习评价之中并且能够交互活动时，评价结果才能最大限度地被各方接受和利用。学生重视评价结果，才能利用评价结果促进自身发展；教师重视评价结果，才能利用评价结果促进教学改进；教育公司或旅行社等课程实施协助方重视评价结果，才能利用评价结果改进课程实施；家长重视评价结果，才能利用评价结果改进家庭教育支持，更好地和学校教育一致，促进学生全面发展。

多元主体评价的实施需要多元评价方案与之配合。需要注意的是各主体的评价行为并不是完全独立的，在课程实施过程中有重合、交叉也有可能相互独立。

在同一评价行为中，有可能同时存在学生评价、导师评价、家长评价等。

(一)学生评价

学生评价包括个人自评和同伴互评。《基础教育课程改革纲要(试行)》指出，"评价不仅要关注学生的学业成绩，而且要发现和发展学生多方面的潜能，了解学生发展中的需求，帮助学生认识自我，建立自信。"学生自评和互评的根本目的是帮助学生反思，通过反思促进学生的自我认知。

学生评价可以采取测验、问卷、报告、论文、表现性评价、档案袋评价等方式。学生自评和同学互评可以配合实施，采用相同的评价框架和评分细则，相同维度的评价工具。这样，自评和互评的结果可以对比结合使用，能够帮助学生更客观地了解自己。学生自评还可以使用适切的量表作为工具，相对于自编工具更能保证评价信度和效度。

学生评价在内容上应该突出发展性，以促进学生的全面发展为目的，既注重考查学生对知识和技能的掌握，也重视学生在情感、态度和价值观方面的发展与变化；既关注学生学习的结果，也重视学生学习的过程；既考查学生个体在同伴中的相对水平，也应关注学生自我感受和自我发展的意向与趋势。

例如，北京市十一学校龙樾实验中学在研学旅行活动结束后设计了如下评价工具。

1. 我在此次游学活动中的表现评价：

方面	守时☆	纪律☆	手册☆	就寝☆	特殊备注
等级(5☆为满分)					
文字总结					

2. 我对此次游学活动的评价与建议：

3. 我在此次游学活动中的收获：

这次行程你收获了哪些知识或者感悟？请你对本次游学进行总结，可以散文、诗歌等形式，也可以用图画形式，形式不限。

　　这样的评价行为在促进学生反思的同时，还可以收集学生对研学旅行的态度，考查研学旅行对学生的教育作用。对评价数据的收集可以作为教师检验课程效果、改进课程设计的重要依据。

(二)导师评价

　　导师评价包括学校教师评价和研学专业机构的导师评价。导师评价的根本目的是从教学目标的角度对学生的发展状况做出判断，并在此基础上对教学方案、课程资源和课程实施进行反思和改进。研学旅行课程的导师评价，核心价值在于促进学生发展和课程发展，需要注意避免以往学业评价的甄别导向。

　　导师评价可以采取观察、访谈、表现性评价、档案袋评价等多种方式。不论采取哪种方式，评价框架都应该首先注意和教学目标匹配，评分细则的描述都应该明确、有区分度且可观测，评价工具都应该尽量简便，以保证评价的信度和效度。

　　在评价内容上，导师评价可以涉及以下方面：①学生客观行为可以显示出来的关键能力；②学生群体行为表现出来的课程适切性；③课程实施过程中暴露的课程资源适切性等。还可以和学生综合素质评价结合，下表是北京市海淀实验中学的导师对学生的评价指标。

表 3-7　导师评价参考表①

评价内容	综合评价维度	效果不明显	有某方面的效果	有积极效果	有某方面的突出效果	有明显的效果
		1—4	5—8	9—12	13—16	17—20
评分说明		基本保持了原有状态。	在某些方面有可喜的变化且具有潜力。	整体感觉有积极的变化效果和持续性的影响。	在某些方面变化较大或进步较快。	在很多方面有显著的进步或积极的变化。

_____

① 本表格由北京市海淀实验中学于戈老师提供。

评价内容	综合评价维度	效果不明显	有某方面的效果	有积极效果	有某方面的突出效果	有明显的效果
		1—4	5—8	9—12	13—16	17—20
能配合完成研学旅行阶段的相关事务性工作。	3					
能合理规划时间，做到守时，没有无故缺勤或迟到等现象。	1					
能和同伴有效交流开展合作，并有策略地解决问题。	4					
能适时适度地使用电子产品和互联网进行学习。	1					
严于律己，能服从团队管理。出现分歧后，能在尊重的前提下协商解决。	3					
对个人或同伴具有较好的安全意识。	5					
在公共场合能够注重礼仪规范，行为得体。	6					
体验实践过程中，态度认真，实现知识积累和技能水平提升。	2					
能按时且保质保量地完成个人或团队相关的学习任务(研学手册、汇报等)。	2					

综合评价维度说明：1. 道德品质与公民素养；2. 学习能力；3. 交流与合作；4. 实践与创新；5. 运动与健康；6. 审美与表现。

(三)家长评价

家长和家庭背景是影响学生学习效果的重要因素。学校和家长要在学生发展方面达成一致认识和判断，学校要依靠和发挥学生家长对子女的教育作用，发动他们关心和参与学校的教学评价活动，提出建设性的改进意见，协同教师帮助学生选择课程，确定未来的专业发展方向。由于家长并不直接参与学生研学旅行课程，因此家长参与评价前，评价设计者需要首先向家长解释课程目的和评价的意义。邀请家长参与评价是为了更好地促进学生的发展。父母应成为评价的积极参与者和重要的评价资源，和教师、学生评价共同合作来改进学生学习。

家长评价可以采取问卷调查、访谈等方式，开放式地收集学生能力表现和背景信息，并与其他主体评价结果配合，分析学生学习的影响因素，用以指导学生学习改进。评价结果应对家长进行细致反馈，以指导家长改进家庭教育和家庭学习支持。学校和教师也可以利用评价结果丰富学生学情信息，设计家校合作主题和相应的教育活动等。

三、成果展示与交流

无论表现性评价还是档案袋评价，成果展示与交流都是重要的评价活动。一方面，展示与交流的内容本身可以作为评价对象，评价者可以依据展示的水平或成果的水平判断出学生知识掌握情况和能力发展水平；另一方面，展示与交流活动也具有多重教育意义，既可以作为学生之间互相学习的内容，也可以作为对学生进行鼓励和表扬的契机，有助于帮助学生建立客观、积极的自我认识，发展沟通、表达、元认知等多方面能力。

(一)面对面展示与交流

面对面展示与交流是指评价者和被评价者在同一时空、同一地点，由被评价者(学生)通过语言、行为、实物、多媒体等多种形式对学习的成果、收获和感受等进行的说明。按照展示与交流的主体可以分为个人展示和团队展示。按照团队在集体中的位置又可以分为小组为单位在班级交流、班级为单位在年级交流、以年级为单位在学校交流等。

作为评价活动的展示与交流活动不能是完全开放式的，应该满足评价活动收集信息的需要。因此，在展示活动开始之前，教师就应该对学生明确解释展示活动须重点展示的方面，以及这些方面的不同表现对应的评价等级（或分值）。学生可以在评价标准的要求之下进行半开放式的展示，展示内容可以多于评价标准的要求内容，但是不能缺项，否则将影响评价结果。

作为鼓励与表扬的展示与交流活动，展示主体之间的竞争性很小，学生只需要把自己最优秀的方面展示出来即可。这种展示活动中教师应该准备的评价框架和细则就应该是多元化的，可以从不同的知识或能力的方面发现学生的长处或进步。例如，教师可以同时关注学生的语言表达、思维深度、思维广度、信息收集能力、信息处理能力、图示化表现能力、形体表达能力、艺术表现力、操作能力、创造性解决问题能力、合作能力、组织能力、执行能力等多方面能力。反馈时只选择学生表现优秀的方面，进行细节化的全面反馈。这种评价和反馈建立在多元智能的基础上，能够帮助每个学生发现长处，建立自信。

(二)书面展示与交流

书面展示与交流专注于学生的书面表达能力，可以作为研学旅行课程的重要学习环节，也可以作为学生学习评价的重要对象。一般来说，研学旅行的书面展示与交流可以分为学习过程中产生的文字材料和学习结束后完成的反思性、总结性的研究报告和文章等。

学习过程中产生的文字材料一般来说具有比较一致的内容和表达要素，可以采用表现性评价中的作品分析工具进行分析。教师需要根据学习内容制定具体的评价框架和评分细则。对学生在学习过程产生的书面材料进行分析，可以发现学生知识和能力的发展水平。对不同学习阶段学生的书面材料进行分析，还可以发现学生知识和能力的发展变化路径。对全体学生书面材料进行分析，可以揭示学生在研学旅行课程学习中的发展规律，对活动改进和学习指导都有积极意义。

学生学习结束后产生的研究报告和文章具有内容分散的特点，可以采用内容分析法进行分析。通过对学生文章中涉及的核心内容进行提取、编码和归类，发现学生的主要收获和核心问题。分析结果可以作为课程实施效果的检验或课程改进的依据。

（三）多媒体展示与交流

随着互联网和大数据技术的发展，一方面多媒体展示越来越方便，不少学校都建立了门户网站或学校微信公众号，用以宣传学校的课程和教学成果。另一方面，教学过程中产生的多媒体数据的教育价值也越来越被学校重视，教育大数据对教学的作用也正在由"辅助"变成"诊断""引领"和"指导"。

通过多个途径收集的多媒体数据可能包括以下方面：第一，声音数据。包括师生对话、生生对话、关键陈述、作为成果的声音信息等；第二，图像数据。包括第三方拍摄的学生研学过程照片、学生自己拍摄的过程照片、作为教学资源的图像数据、作为成果的图像等；第三，影像信息。包括研学课程实施影像、研学资源影像、作为成果的影像等；第四，可穿戴设备和第三方设备收集的信息。例如，运动手环收集的学生运动信息、身体信息；智能终端收集的录入信息，包括内容、时间、修订等。

对这些信息通过多媒体的形式保存，可以帮助我们对学生学习全过程进行全面描述，借助大数据或影像分析技术对学生学习过程进行多方面评价。这些资料的评价价值远远大于展示价值，应该引起学校和教师的广泛重视。

四、纳入综合素质评价

研学旅行课程是综合实践活动课程的一部分，承担着综合实践活动课程的教育目标与核心任务。研学旅行课程把旅行体验和研究性学习结合，课程内容具有综合性、跨学科的特点，能够综合体现学生多方面素质发展状况。在课程实施中，教师还可以亲自或指导学生从多个侧面、多个角度、全面地收集相关评价信息，关注学生个体间发展的差异性和个体内发展的不均衡性，重在寻找和发现学生身上的闪光点，发现并发展其潜能。在学习评价的同时，充实学生综合素质评价档案，在学生综合素质评价大框架下助力学生全面发展。

（一）道德品质与公民素养

学生的思想品德水平是学生综合素质评价的重点。在不同的学段，品德发展的重点有所不同，小学阶段的重点在行为习惯，初中阶段的重点在人格品质，高中阶段的重点在理想信念，而公民素养在每个学段有不同层次的要求。考虑到品德的特殊性，在具体的测查方式上，可以测查知识和行为表现为主，以此来反映学生的素养、品行。品德关键行为的测查可采用核查表的方式，学生自评或他评，例如，可以让每个学生评价自己或小组成员在研学旅行过程中是否存在某一行为。观察法、成长记录袋等质性方法也是很好的评价品德发展水平的方法。

（二）学习能力

学习能力是指学生运用科学的学习方法独立获取信息、加工和利用信息、分析和解决实际问题的一种个性特征。对学习能力数据的收集，可以丰富学生综合素质评价中对学业发展水平的说明。学习能力具有结构复杂、多维度、多层次的特点。对中小学生而言，制订计划能力、获取知识能力、问题解决能力、独立学习能力是最重要的几种学习能力。而这些都是研学旅行中不可或缺的能力。

在研学旅行中，学习能力评价主要是针对研究性学习的过程和成果而进行评价。例如，北京市十一学校一分校探索了驱动研学的研究性学习指导模式，在研学中，教师针对学生的选题、规划、实施、反思等学习过程，制定了科学详细的评价指标，如下表所示。

表 3-8　研学评价指标①

阶段	示范型	良好型	合格型	走在路上
研究准备	1. 项目选题：基于研讨优化成题，选题契合 a. 在研学过程中会实际遇到的课题（真实性）；b. 多学科交叉且没有简单答案的课题（探究性）；c. 需要团队持续努力探究的课题（挑战性）；d. 前期发散、后期聚焦、最终形成产品的课题（成果性）。20% 2. 资料收集：a. 合作研讨足量的文献资料，提炼并汇总有助于本组项目研究的观点、论据；b. 带着已有课题及整理观点咨询研学指导老师或专家及有经验的家长，对参考资料和部分观点进行补充或修订。40% 3. 研究规划：a. 合作制订完整的项目申请表，项目设计部分完整、明确，具有可操作；b. 制订研学研究计划，能够明确具体研究的地点和时间、预期收集的证据、合作研讨的观点、获取指导老师指导的途径。40%	1. 项目选题：合作研讨后的项目选题在真实性、探究性、挑战性和成果性方面大部分符合，具有中学水平研究价值。 2. 资料收集：a. 小组文献资料收集基本充分，能研读并提炼对于项目研究有帮助的观点；b. 能带着初步观点咨询指导老师，并针对建议和意见完善项目不足。 3. 研究规划：a. 研学项目申请表较为完整、明确；b. 制订的研学研究计划设计合理、研究方案具体明确、实地论证有所依据。	1. 基本通过小组交流讨论确定选题，选题部分符合要求的真实性、探究性、挑战性和成果性。 2. 小组文献资料收集不足，观点、论据大多来源于百度等搜索引擎；没有参考指导老师修改意见。 3. 研学项目申请表基本完整，计划基本合理；制订的研学研究计划只能落实研究的基本点。	1. 项目选题缺乏合作交流，偏离项目研究的真实性、探究性、挑战性和成果性。 2. 缺乏文献资料收集和提炼；未能沟通指导老师等进行项目研究指导，观点不尽合理。 3. 项目申请表表述模糊不清，研究内容价值性不大；缺乏研学研究计划。

① 本案例由北京市十一学校一分校徐希阳老师提供。

续表

阶段	示范型	良好型	合格型	走在路上
研究论证	1. 研学实地研究：在合理分工的前提下，研究小组使用设计的研究工具或调查方法落实项目第一手资料的广泛收集和合理筛选。40% 2. 研讨论证观点：能够利用路途行车及研学点参观等时间，开展观点讨论、论证及完善工作，及时有质量地记录交流心得。20% 3. 规划预期成果：研学结束时，提交指导老师高质量的成果规划并获指导（规划涵盖清晰精准的研究背景，充分的过程性资料，恰当的研究方法，有理有据的观点讨论，中肯或适当的成果表达）。40%	1. 研学实地研究：在研学点组员较有序地落实第一手资料的收集，资料收集较为完整且有侧重。 2. 研讨论证观点：研学过程中多次开展项目研究深化讨论，讨论切实推进了项目研究(讨论需详细记录)。 3. 规划预期成果：研学结束时，提交指导老师有质量的成果规划并获得指导。	1. 组员在研学点收集资料过程中分工混乱，有遗漏重要证据或信息。 2. 研学过程零星开展项目讨论，讨论要点缺乏记录。 3. 研学结束时，只提交带队老师口头或粗略的成果规划草稿。	1. 没有合理分工，研究小组几乎没有收集到实地的一手资料。 2. 缺乏项目观点交流和论证。 3. 没有提交指导老师成果规划，或成果规划太过粗糙。
成果呈现	1. 项目成果评价：本组成果按项目评价标准自评为优秀水平，并获得指导老师、家长或指导专家、相似研究项目小组良好一优秀的综合评价。40% 2. 项目成果答辩：成果评价后，项目小组在年级项目答辩过程中能准确且系统条理地展示小组研究历程和最终成果。40% 3. 成果交流改进：以微信或其他方式将本组项目成果进行宣传，获得好评；并能结合评价对项目进行反思和改进。20%	1. 项目成果评价：本组成果自评水平良好，指导老师、家长及其他项目小组给予的综合评价整体为良好。 2. 项目成果答辩：成果评价后的项目答辩过程，能较准确且相对有条理地介绍小组研究过程和成果特色。 3. 成果交流改进：能有效宣传交流研究成果，基本完成项目成果的反思和完善。	1. 本组成果标准评定为及格，指导老师等他评的综合评价总体结果也为及格。 2. 项目成果答辩表述基本清楚，研究过程基本完整，观点基本合理。 3. 项目成果宣传交流不足，只完成表面的反思和修改。	1. 项目成果缺乏评价或评价处于合格以下。 2. 项目成果没有达到申请项目答辩的要求。 3. 成果没有推出交流，或交流好评缺乏，没有反思修改。

(三)社会实践

主要指学生在社会生活中动手操作、体验经历等情况。综合素质评价记录的重点是学生参加实践活动的次数、持续时间、形成的作品、调查报告等，如与技术课程等有关的实习、相关的农业劳动、勤工俭学、参观学习、社会调查、军训等。研学旅行课程的实践性突出，可以提供大量生动案例，丰富学生的综合素质评价档案。

(四)运动与健康

学生参加户外拓展和定向活动的效果、应对困难和挫折的表现等，都应该是研学旅行课程在综合素质评价中的重要表现。《国家学生体质健康标准》将身体形态机能细化为形态、机能和体能，各方面指标明确，数据收集需要采用仪器设备或场地设施进行现场实测。如果研学旅行课程中有相关内容，可以采取科学方法对上述数据进行记录。

(五)审美与表现

对应学生综合素质评价中的艺术素养项目，审美与表现能力既可采用测验法考察知识素养，同时也可采用表现性评价收集学生审美表现的情况。与研学课程结合时，可以采取问卷法，了解学生对欣赏对象内容与形式的理解，以及相应的情绪与情感反应；也可以通过模仿与创作任务，采取表现性评价方法，判断学生的艺术表现能力。

还可以与档案袋评价法结合，通过在研学课程中建立专项档案袋，记录作品从一开始到最后完成的过程，提供学生在艺术修养方面成长和变化的证据，鼓励学生反思和自我评价。

一般来说，档案袋创建的时间期限是一个课程周期。档案内容和数量，可以是一个最重要的作品，以及创作这幅作品整个过程的心理历程和反思，可以是一件最满意的作品和一件最不满意的作品，附上对这两个作品进行比较与分析，也可以自由选择一幅作品，说明选择收录这幅作品的原因。

表 3-9　某学校对学生艺术修养的评价标准

艺术修养的发展与进步	不令人满意的进步	不太满意的进步	一般性的进步	较好的进步	突出的进步
艺术作品创作的能力	1	2	3	4	5
艺术作品鉴赏的能力	1	2	3	4	5
艺术活动中的表现能力	1	2	3	4	5
……	1	2	3	4	5

总之,对学生在研学旅行过程中表现情况的评价有很多,上述评价方式要和一定的评价工具和手段相结合。研学旅行中的评价既包括知识学习、能力形成方面的评价,也包括合作精神、情感发展、意志锤炼、习惯养成等方面的评价。研学旅行评价既可以运用传统的评价方式,也可以创造新的评价方式,只要评价目的始终坚持"促进学生综合素质发展"这一原则,就会发挥综合实践课程特有的育人价值。

第四章

制订研学旅行
行程计划

每一所中小学每年都要组织很多次学生活动，有校内活动，有校外活动；有体育活动，有艺术活动等。近年来兴起的研学旅行活动，是一种综合性的、涵盖德智体美劳全面素质的一类学生活动。从提出研学旅行的想法和动议开始，就走上了一条探索的道路，接下来有一系列的工作要做。可以说，研学旅行活动是一次复杂的学习历程，学习地点转场，学习形式多样，学习内容丰富，学习机会多多。"凡事预则立，不预则废"，这样复杂的一次活动，需要首先制订计划，"纸上谈兵"，要预设一个周密完整的行程。

一、确定研学旅行目的地

（一）选择目的地原则

在研学旅行活动中，目的地是最重要的课程资源。目的地决定着学习目标、学习内容以及学习方式，目的地选择的合理性，是实现研学目的重要因素之一。

教育部等 11 部门《关于推进中小学生研学旅行的意见》（以下简称《意见》）中指出，各中小学要将研学旅行作为理想信念教育、爱国主义教育、革命传统教育、国情教育的重要载体，突出祖国大好风光、民族悠久历史、优良革命传统和现代化建设成就，根据小学、初中、高中不同学段的研学旅行目标，有针对性地开发自然类、历史类、地理类、科技类、人文类、体验类等多种类型的活动课程。

在确定研学旅行目的地时，既要体现出研学旅行的教育价值，也要满足学生的发展需求，同时，更要保障学生的人身安全。因此，应坚持以下目的地选址原则。

1. 安全性原则

安全是研学旅行最重要的前提。《意见》明确指出："研学旅行要坚持安全第一，建立安全保障机制，明确安全保障责任，落实安全保障措施，确保学生安全。"在选择目的地时，要把安全性作为首要原则，确保目的地无自然危险和社会危险，提前做好安全隐患排除措施，万一发生意外，能够及时采取有效应对措施，确保学生的人身安全。

因中小学生是未成年人，带队教师起着临时监护人的作用，不安排刺激性和挑战极限的项目，如游乐场、蹦极、攀岩基地等，排除危桥、过于险峻的盘山道、陡坡山崖等路段。

2. 教育性原则

研学旅行是综合实践育人的有效途径，在选择目的地时，能够体现出自然类、历史类、地理类、科技类、人文类、体验类等单一学习类型或多种学习类型，并将理想信念教育、爱国主义教育、革命传统教育、国情教育融入其中，促进学生培育和践行社会主义核心价值观，促进学生核心素养的发展。

例如，北京市十一学校一分校李岳老师带领团队组织九年级学生到北京市门头沟区爨底下村开展研学活动，其研学内容以地理资源为基础，通过这个古村落的"存在"，分析影响聚落形成的自然因素，此地自然地理环境良好，适宜人类居住，同时分析该村落发展、衰败的原因，认识爨底下村的兴衰与交通、旅游业发展的关系，理解掌握地理规律。通过对中国历史文化名村爨底下村的多角度认识，联系到其他古村落的发展和现状，如丽江古城、平遥古城，进而延伸到如何保护古城的讨论，达到学以致用的目的。除了对爨底下古村落形成的地理规律和历史影响因素的学习，线路上的目的地设计还可以增加平西抗日纪念馆、百花山、妙峰山等自然风景区考察，这样，一个完整的研学课程设计就涵盖了地理、历史、自然、人文等多个领域学习内容的研学类型，能够渗透爱国主义教育、革命传统教育、理想信念教育、传统文化教育等多方面主题，具有综合教育性，真正实现研学的价值。

3. 便捷性原则

目的地的选择还应该具有便捷性，最好可以有直达列车或飞机抵达。如果交通方式为公路，最好是选择有高速和路途平坦的地方。没有保障和建设管理标准的路段风险较大。目前，北京铁路总公司特批了部分研学旅行专属专列火车，一是费用更经济，二是便于学校统一组织管理，三是尽量避免旅途疲劳和舟车劳顿，以便充分在旅行中开展研究性学习。

(二)目的地踩点考察

教师可以利用寒暑假外出考察游学地点，根据现场资源和学科教学内容设计研学旅行课程。在学生集体出发开展研学旅行之前，应安排至少包括一位副校级以上领导(外出带队领导)的多位教师团队，前往目的地做好考察踩点工作，做到对活动地各方面情况心中有数，包括：地形地貌、空间(面积)、逃生通道、天气状况、消防设施、就餐地点、疏散集合地点、就近的医疗机构位置及联系方式、派出所等，并详细填写踩点考察记录表，以便课程实施中，对学生进行有针对性的指导。以中国矿业大学(北京)附属中学"游锦绣三秦·学延安精神"的主题研学活动为例，对"延安—西安"研学旅行线路和基地的踩点记录如下。

表 4-1 "延安—西安"研学旅行线路和基地踩点记录表

出发地	目的地	目的地安全隐患	路况	交通工具	安全细则
学校	北京西站	北京西站乘客较多，须跟随队伍妥善保管好个人物品。	城市道路	汽车	1. 乘坐大巴车时禁止在车内走动、打闹。2. 上下车时先注意道路两侧是否有行人及车辆经过，下车前将个人物品收拾完整。3. 下车后看好、拿好个人行李物品。
北京西站	延安站	延安站乘客较多，须跟随队伍妥善保管好个人物品。	硬卧	火车	1. 乘坐火车时禁止在车内串位、嬉戏打闹。2. 将个人贵重物品放在身边。3. 途经站时禁止离开自己的床位，禁止学生途经站下车或到车门处停留。
延安站	宾馆	查找安全通道，禁止夜晚出行。	城市道路	汽车	1. 入住宾馆先寻找安全通道再检查房间内设施是否齐全、完整。2. 入住宾馆后禁止外出。3. 晚上教师进行查房。
宾馆	杨家岭	会址面积有限，游客较多，注意人身财产安全。	城市道路	汽车	1. 景区内禁止大声喧哗，跟随队伍仔细聆听工作员讲解。2. 景区内游客较多，注意人身财产安全。3. 禁止在景区建筑上乱写乱画，文明研学。4. 教育学生不要乱扔垃圾。
杨家岭	枣园	景区需要安静参观，保管好个人随身物品。	城市道路	汽车	1. 禁止大声喧哗，跟随队伍，仔细聆听工作人员讲解。2. 注意安全，禁止嬉戏打闹，避免发生意外。3. 教育学生不要乱扔垃圾，保持环境卫生。

出发地	目的地	目的地安全隐患	路况	交通工具	安全细则
枣园	延安革命纪念馆	景区需要安静参观，保管好个人随身物品。	城市道路	汽车	1. 禁止大声喧哗，跟随队伍，仔细聆听工作人员讲解。2. 注意安全，禁止嬉戏打闹，避免发生意外。3. 教育学生不要乱扔垃圾，保持环境卫生。
延安革命纪念馆	宝塔山	景区面积比较大，禁止单独行动。	高速、城市道路	汽车	1. 景区内禁止大声喧哗，跟随队伍仔细聆听工作员讲解。2. 门票人手一张，保管好个人门票，不得与其他人或者同学换票（有个人信息）。3. 景区内游客较多，跟紧本组队伍，禁止个人单独行动，以免跟错队伍，耽误行程。4. 禁止在景区建筑上乱写乱画，文明研学。
宝塔山	宾馆	查找安全通道，禁止夜晚出行。	城市道路	汽车	1. 入住宾馆先寻找安全通道再检查房间内设施是否齐全、完整。2. 入住宾馆后禁止外出。3. 晚上教师进行查房。
宾馆	壶口瀑布	景区面积比较大，禁止单独行动。	高速、城市道路	汽车	1. 景区内有序参观，跟进导游，请勿随意脱离队伍。2. 景区内有序活动，请勿接近瀑布。3. 景区内游客较多，跟紧本组队伍，禁止个人单独行动，以免跟错队伍，耽误行程。
壶口瀑布	黄帝陵	景区需要安静参观，保管好个人随身物品。	城市道路	汽车	1. 禁止大声喧哗，跟随队伍，仔细聆听工作人员讲解。2. 注意安全，禁止嬉戏打闹，避免发生意外。3. 教育学生不要乱扔垃圾，保持环境卫生。
黄帝陵	宾馆	查找安全通道，禁止夜晚出行。	城市道路	汽车	1. 入住宾馆先寻找安全通道再检查房间内设施是否齐全、完整。2. 入住宾馆后禁止外出。3. 晚上教师进行查房。
宾馆	华清宫（华清池、骊山）	景区面积比较大，禁止单独行动，游客较多，注意人身财产安全。	城市道路	汽车	1. 参观时，学生紧随队伍走，防止走散。2. 参观过程中，不要大声喧哗、随意奔跑。3. 教育学生保护文物、公共环境，不要乱扔垃圾，保持环境卫生。
华清宫（华清池、骊山）	秦始皇兵马俑博物馆	景区需要安静参观，保管好个人随身物品。	城市道路	汽车	1. 禁止大声喧哗，跟随队伍，仔细聆听工作人员讲解。2. 注意安全，禁止嬉戏打闹，避免发生意外。3. 教育学生不要乱扔垃圾，保持环境卫生。

出发地	目的地	目的地安全隐患	路况	交通工具	安全细则
秦始皇兵马俑博物馆	宾馆	查找安全通道，禁止夜晚出行。	城市道路	汽车	1. 入住宾馆先寻找安全通道再检查房间内设施是否齐全、完整。2. 入住宾馆后禁止外出。3. 晚上教师进行查房。
宾馆	陕西历史博物馆	景区面积比较大，禁止单独行动，游客较多，注意人身财产安全。	城市道路	汽车	1. 博物馆内禁止大声喧哗，跟随队伍，仔细聆听工作人员讲解。2. 注意安全，禁止嬉戏打闹，避免发生意外。3. 不要乱写乱画，教育学生保护文物、公共环境。
陕西历史博物馆	何家村	景区需要安静参观，保管好个人随身物品。	城市道路	汽车	1. 禁止大声喧哗，跟随队伍，仔细聆听工作人员讲解。2. 注意安全，禁止嬉戏打闹，避免发生意外。3. 教育学生不要乱扔垃圾，保持环境卫生。
何家村	西安北高铁站	火车站乘客较多，须跟随队伍，妥善保管好个人物品。	城市道路	汽车	1. 乘坐大巴车时禁止在车内走动、打闹。2. 上下车时先注意道路两侧是否有行人及车辆经过，下车前将个人物品收拾完整。3. 下车后看好、拿好个人行李物品。
西安北高铁站	北京南火车站	火车站乘客较多，须跟随队伍妥善保管好个人物品。	高铁二等座	高铁	1. 乘坐高铁时禁止在车内串位、嬉戏打闹。2. 将个人贵重物品放在身边。3. 途经站时禁止离开座位，禁止学生途经站下车或到车门处停留。
北京南火车站	学校	学校门口家长车辆多，下车及取行李时注意安全。	城市道路	汽车	1. 乘坐大巴车时禁止在车内走动、打闹。2. 上下车时先注意道路两侧是否有行人及车辆经过，下车前将个人物品收拾完整。3. 下车后看好、拿好个人行李物品。

(三)最优化线路设计

在确定目的地后，应进行最优化的线路设计，并根据踩点考察进行调整。路线的优化设计上，要综合考虑课程安排、交通状况、天气状况，一般采取由近及远的路线，这样，去时路途时间较短，能够使学生保存体力，有更多的精力去开展研究学习。如"延安—西安"线路，延安离北京较近，按照"北京—延安—西安—北京"的行程，既节约时间，又有利于研学活动的开展。

(四)目的地课程安排

研学旅行活动出发前，需要根据在目的地下榻的具体地点设置学习安排，编写本次研学旅行活动的课程指导手册。一般按照一个落足点一次课程活动进行安排。各班级、各小组可以根据自身实际情况和兴趣点进行适当调整。

如中国矿业大学(北京)附属中学高一年级的"延安—西安"研学线路，安排杨家岭、枣园、延安革命纪念馆、宝塔山、壶口瀑布、黄帝陵、华清宫(华清池、骊山)、秦始皇兵马俑博物馆、陕西历史博物馆、何家村共 10 个具体地点，每个地点均设计课程活动，并在研学课程指导手册中做好安排。

表 4-2 "延安—西安"研学课程学习内容安排表

研学地点：杨家岭 ▶▶活动对应学科：历史、语文 ▶▶学习主题： 了解杨家岭的革命背景和当时在此地发生的重大事件；学习杨家岭作为中共中央驻地的原因；学习革命精神。 ▶▶学习目标： 认知目标——实地考察杨家岭的历史革命背景。 情感培养目标——学习延安革命的价值观和精神内涵。 ▶▶学习准备： 1. 活动前按 5～6 人分组，自行推选小组长。 2. 提前上网查找有关景点发生的重大时间的背景以及意义，在脑海中对景点有初步的认识。 3. 查找相关历史事件，并思考历史通过什么样的过程进行关联。 ▶▶活动服务： 1. 下车前解说注意事项、联系电话、纪律等要求。 2. 在车上向学生预先介绍活动内容及学习目标。 3. 带领学生进行活动，注意维持秩序，事先安排好用餐地点，保证用餐卫生安全。	▶▶课程环境： 杨家岭是中共中央领导在 1938 年 11 月至 1947 年 3 月期间的住处。当年这里还曾进行过轰轰烈烈的大生产运动、整风运动，现在主要有中共中央"七大"会址、延安文艺座谈会会址两处可供参观。在会址后面的小山坡上，散落着一排窑洞，这就是毛泽东、周恩来、刘少奇、朱德等领导同志当年的住所，中共中央继续指挥抗日战争敌后战场并领导了解放战争，领导了大生产运动和整风运动，召开了党的"七大"和延安文艺座谈会的地方。 活动时间：1 小时 ▶▶课程实施： 参观景区，听讲解员对景点进行介绍讲解，了解当年在这里发生的重大事件，体会革命道路的艰辛与不易，激发爱国主义情怀。 ▶▶活动组织： 每车配备 1～2 名教师和 1 名研学辅导员，组织学生分组活动。

研学地点：枣园 ▶▶活动对应学科：历史、思想品德 ▶▶学习主题： 感受民族优秀传统文化，提高思想品德和文化素质。 ▶▶学习目标： 认知目标——了解枣园的革命历史背景。 情感培养目标——体会革命的文化底蕴和正确的价值观。 ▶▶学习准备： 1. 活动前按5～6人分组，自行推选小组长。 2. 提前查找和枣园相关的资料以及历史背景，对枣园有初步的了解。 ▶▶活动服务： 1. 下车前解说注意事项、联系电话、纪律等要求。 2. 在车上向学生预先介绍活动内容及学习目标。 3. 带领学生进行活动，注意维持秩序，事先安排好用餐地点，保证用餐卫生安全。	▶▶课程环境： 枣园曾经是中共中央书记处所在地，位于陕西省延安市城西北8千米处。枣园原是一家地主的庄园，中共中央进驻延安后，为中央社会部驻地，遂改名为"延园"，现旧址大门石柱两侧尚有康生所书"延园"二字。1944年至1947年3月，中共中央书记处由杨家岭迁驻此地。园内原有几排窑洞和一些果树，1942年后陆续修建了几栋"品"字形小洋房，还在山上修了几十孔土窑洞，栽种了一些果树和花草。景区现开放了中央书记处小礼堂，毛泽东、周恩来、刘少奇、朱德、任弼时、张闻天、彭德怀旧居，"为人民服务"讲话台、中央医务所、幸福渠等景点。 活动时间：1小时 ▶▶课程实施： 在专业讲解员的带领下，参观中央领导同志生活的地方，在参观的同时，学习革命传统精神。 ▶▶活动组织： 每车配备1～2名教师和1名研学辅导员，组织学生分组活动。
研学地点：延安革命纪念馆 ▶▶活动对应学科：历史、思想品德 ▶▶学习主题： 了解延安革命的艰辛与不易，学习红色爱国精神，培养学生爱国精神，扩大红色教育所产生的积极影响。 ▶▶学习目标： 认知目标——参观纪念馆文物等展示，了解革命时期的情形。 情感培养目标——学习延安革命的价值观和精神内涵。 ▶▶学习准备： 1. 活动前按5～6人分组，自行推选小组长。 2. 提前查找和延安革命纪念馆相关的资料以及历史背景，对延安革命纪念馆有初步的	▶▶课程环境： 延安革命纪念馆始建于1950年1月，原馆址在南关交际处，是中华人民共和国成立后最早建立的革命纪念馆之一。1954年迁往杨家岭中共中央机关旧址，定名为"延安博物馆"。1955年迁至城内凤凰山麓革命旧址院内，改名为"延安革命纪念馆"，1973年6月迁往王家坪现址。展馆正门上方悬挂着红色匾牌，上有郭沫若1971年来延参观时题写的馆名。 馆内分6个展厅，展出面积3240平方米。馆内展出大量珍贵的革命文物，再现了毛泽东、刘少奇、周恩来、朱德等人当年在延安的光辉业绩，是一座陈列展出革命文物、反映在中国共产党领导下延安地区革

了解。 ▶▶活动服务： 1. 下车前解说注意事项、联系电话、纪律等要求。 2. 在车上向学生预先介绍活动内容及学习目标。 3. 带领学生进行活动，注意维持秩序，事先安排好用餐地点，保证用餐卫生安全。	命斗争史的纪念馆。 活动时间：1.5 小时 ▶▶课程实施： 参观纪念馆陈列展厅，听讲解员对展厅进行介绍讲解，了解革命时期的故事和发生的重大事件和相关人物，学习延安精神，培养爱国主义精神。 ▶▶活动组织： 每车配备 1～2 名教师和 1 名研学辅导员，组织学生分组活动。
研学地点：宝塔山 ▶▶活动对应学科：历史、地理 ▶▶学习主题： 了解宝塔山所建之时的背景知识，了解它是革命圣地标志的原因，认识古塔的建筑风格。 学习目标： 认知目标——了解宝塔山历史背景。 情感培养目标——感受民族优秀传统文化，提高思想品德和文化素质。 ▶▶学习准备： 1. 活动前按 5～6 人分组，自行推选小组长。 2. 提前查找和博物院相关的资料以及历史背景，对博物院有初步的了解。 ▶▶活动服务： 1. 下车前解说注意事项、联系电话、纪律等要求。 2. 在车上向学生预先介绍活动内容及学习目标。 3. 带领学生进行活动，注意维持秩序，事先安排好用餐地点，保证用餐卫生安全。	▶▶课程环境： 宝塔山古称嘉岭山，位于延安城东南、延河之滨，在山上可鸟瞰延安整个城区。因山上有宝塔，故称作宝塔山。宝塔山高1135.5 米，宝塔始建于唐代，现为明代建筑，平面八角形，九层，高约 44 米，楼阁式砖塔。 宝塔山是革命圣地延安的重要标志和象征。中共中央进驻延安后，这座古塔成为革命圣地的标志和象征。新中国成立后，国务院将延安宝塔归入第一批全国重点文物保护单位延安革命旧址之中。中华人民共和国 1955 年颁授的独立自由勋章，核心图案就是宝塔山。 活动时间：2.5 小时 ▶▶课程实施： 参观景区，了解宝塔山的建筑风格，参观的过程中观看历史文物和现代文物，欣赏山上的石刻艺术。 ▶▶活动组织： 每车配备 1～2 名教师和 1 名研学辅导员，组织学生分组活动。

研学地点：壶口瀑布

▶▶活动对应学科：地理

▶▶学习主题：

观看壶口瀑布的壮观景象，了解壶口瀑布的水文特征和形态特征，以及所象征的中华民族精神。

▶▶学习目标：

认知目标——实地考察，了解壶口瀑布的水文特征。

情感培养目标——学习中华民族精神的内涵。

▶▶学习准备：

1. 活动前按5～6人分组，自行推选小组长。

2. 提前查找和壶口瀑布相关的资料以及历史背景，对壶口瀑布有初步的了解。

▶▶活动服务：

1. 下车前解说注意事项、联系电话、纪律等要求。

2. 在车上向学生预先介绍活动内容及学习目标。

3. 带领学生进行活动，注意维持秩序，事先安排好用餐地点，保证用餐卫生安全。

▶▶课程环境：

壶口瀑布，国家级风景名胜区，位于延安市宜川县县城东北47千米处的黄河干流上。

黄河一路奔腾咆哮至秦晋峡谷，河面由400多米宽骤然收缩为50米，遽尔倾泻在落差为50米的巨大石槽中，因其形似茶壶注水，故得名"壶口"。景区属于河流侵蚀沉积岩系河床构成的自然风景区。这里黄河黄土交相辉映、峡谷高山相互衬托，体现出了南秀北雄的地域特色。黄河是华夏文明的发祥地，中华民族的母亲河，壶口因其独特的地理位置被国人誉为"黄河之心，民族之魂"，她将雄奇壮观的自然景观和悠久厚重的人文历史融为一体，成为中华民族勤劳勇敢、自强不息、百折不挠、勇往直前的精神象征。

活动时间：1.5小时

▶▶课程实施：

观察欣赏壶口瀑布的壮观景象，探讨壶口瀑布形成的原因，运用地理知识解释黄河的水文特征，理解黄河作为中华民族精神象征的意义。

▶▶活动组织：

每车配备1～2名教师和1名研学辅导员，组织学生分组活动。

研学地点：黄帝陵

▶▶活动对应学科：历史

▶▶学习主题：

了解中华民族始祖轩辕帝的历史故事，了解中华文明知识，培养爱国精神。

▶▶学习目标：

认知目标——了解黄帝陵历史背景。

情感培养目标——了解中华民族始祖轩辕帝的历史故事，了解中华文明知识，培养爱国精神。

▶▶学习准备：

1. 活动前按5～6人分组，自行推选小组长。

2. 提前查找和黄帝陵相关的资料以及历史背景，对黄帝陵有初步的了解。

▶▶课程环境：

黄帝陵，是中华民族始祖轩辕黄帝的陵寝，是《史记》记载的唯一一座黄帝陵，第一批全国重点文物保护单位，第一批国家AAAAA级旅游景区，国家级风景名胜区，第一批全国爱国主义教育示范基地，黄帝陵古称"桥陵"，是历代帝王和名人祭祀黄帝的场所。陕西是民族之根，延安是民族之魂，黄帝陵是中华文明的精神标识。

黄帝陵风水轴线就是桥山主脊至黄帝墓冢，并与印台山山峰之间构成的一条连线，黄帝陵区的各种建筑都是以此为轴线而建造，墓冢方向正好在这条线上。这条连线是西北至东南走向，也就是说，黄帝陵陵冢的坐向不同于后世帝王的正北正南(坐北朝南)或正西

▶▶活动服务：

1. 下车前解说注意事项、联系电话、纪律等要求。

2. 车上向学生预先介绍活动内容及学习目标。

3. 带领学生进行活动，注意维持秩序，事先安排好用餐地点，保证用餐卫生安全。

正东(坐西朝东)，而是依据地理，背向西北，面朝东南，同桥山、子午岭和号称龙脉的昆仑山走向完全吻合，即中国地理的基本形态——"天倾西北，地不满东南"。

活动时间：2小时

▶▶课程实施：

参观考察，了解中华民族始祖轩辕帝的历史故事，了解中华文明知识，培养爱国精神。

▶▶活动组织：

每车配备1～2名教师和1名研学辅导员，组织学生分组活动。

研学地点：华清池、骊山

▶▶活动对应学科：地理

▶▶学习主题：

学习中国繁盛时期的历史，感受中国古代盛唐时期的文化。

▶▶学习目标：

认知目标——实地考察华清池、骊山，重温历史重大事件。

情感培养目标——体会历史转折兴衰的因素。

▶▶学习准备：

1. 活动前按5～6人分组，自行推选小组长。

2. 提前查找和华清宫相关的资料以及历史背景，对华清宫有初步的了解。

▶▶活动服务：

1. 下车前解说注意事项、联系电话、纪律等要求。

2. 车上向学生预先介绍活动内容及学习目标。

3. 带领学生进行活动，注意维持秩序，事先安排好用餐地点，保证用餐卫生安全。

▶▶课程环境：

华清池，是位于唐华清宫遗址之上的一座皇家宫苑，周、秦、汉、隋、唐等历代帝王都在这里修建过行宫别苑。唐玄宗时大兴土木，治汤井为池，环山列宫殿，称华清宫，因宫在温泉上面，所以也称华清池。每年他都会携带杨贵妃到此过冬沐浴，欣赏美景。华清池东面，有一座颇具江南园林特色的雅致小院——环园。据了解，光绪年间，临潼知县沈家桢采用"以工代赈"的办法，重新修建。1900年，慈禧太后和光绪皇帝西巡西安，往返就寝于此。1936年，蒋介石亲临西安，将环园辟为临时行辕，震惊中外的"西安事变"就发生在此。现在，五间厅的玻璃窗、墙壁上，还保留有西安事变"兵谏"发生激战时的弹痕。

骊山，秦岭北侧的一个支脉，东西绵延20余千米，最高海拔1256米，远望山势如一匹骏马，故名骊山。沿台阶路到半山腰"斑虎石"处，便见兵谏亭，是为纪念西安事变而建。

再向上攀登由"老君殿"往东，就到西绣岭第二峰上的"老母殿"，再往东便到西绣岭第一峰上的烽火台。历史上"烽火戏诸侯，一笑失天下"的史实就发生在这里。

活动时间：3小时

▶▶课程实施：

参观景区，听专家对景点进行介绍讲解，体会唐朝的强大并思考其逐渐衰败的原因。

续表

	▶▶活动组织： 每车配备1~2名教师和1名研学辅导员，组织学生分组活动。
研学地点：秦始皇兵马俑博物馆 ▶▶活动对应学科：地理 ▶▶学习主题： 感受先秦的军事、文化，体会秦始皇陵兵马俑气吞山河的气势和我国劳动人民的智慧及艺术创造力。 ▶▶学习目标： 认知目标——了解秦始皇陵兵马俑历史背景。 情感培养目标——体会秦始皇陵兵马俑气吞山河的气势和我国劳动人民的智慧及艺术创造力。 ▶▶学习准备： 1. 活动前按5~6人分组，自行推选小组长。 2. 提前查找和秦始皇帝陵博物院的资料以及历史背景，对博物院有初步的了解。 ▶▶活动服务： 1. 下车前解说注意事项、联系电话、纪律等要求。 2. 在车上向学生预先介绍活动内容及学习目标。 3. 带领学生进行活动，注意维持秩序，事先安排好用餐地点，保证用餐卫生安全。	▶▶课程环境： 兵马俑坑是秦始皇陵的陪葬坑，是世界最大的地下军事博物馆，位于陵园东侧。它们坐西向东，三坑呈品字形排列。最早发现的是一号俑坑，呈长方形，东西长230米，南北宽62米，深约5米，总面积14260平方米，四面有斜坡门道。左右两侧又各有一个秦始皇陵兵马俑坑，现称二号坑和三号坑。俑坑布局合理，结构奇特，在深5米左右的坑底，每隔3米架起一道东西向的承重墙，秦始皇陵兵马俑排列在过洞中。1961年，中华人民共和国国务院将秦始皇陵定为全国文物重点保护单位。1987年，秦始皇陵及秦始皇陵兵马俑坑被联合国教科文组织批准列入《世界遗产名录》，并被誉为"世界第八大奇迹"。 活动时间：2.5小时 ▶▶课程实施： 参观考察，了解秦始皇帝陵博物院的历史文化。 ▶▶活动组织： 每车配备1~2名教师和1名研学辅导员，组织学生分组活动。

"延安—西安"线路围绕西安、延安两地文化中的人文、地理、历史、自然、艺术、社会等因素，以项目整合形式呈现研学课程，对两地历史文化进行欣赏、探究。教师提前设定了四大研究主题，这四个主题方向所涉及的活动内容所有的班级都参与其中，但不同的班级有不同的侧重点。具体区别如下：

高一(1)班侧重于延安精神方面的学习研究，重点活动地点：杨家岭、枣园、延安革命纪念馆、宝塔山等；

高一（2）班侧重于西安古都文化、民俗方面的学习研究，重点活动地点：黄帝陵、兵马俑、华清池、骊山森林公园等；

高一（3）班侧重于民族精神方面的学习研究，重点活动地点：延安革命纪念馆、壶口瀑布、黄帝陵等；

高一（4）班侧重于华夏文明发展方面的学习研究，重点活动地点：黄帝陵、兵马俑、陕西历史博物馆。

没有"前奏"的知识，就难以很快进入"研学旅行"的学习状态，因此在出发前便要指导学生开展准备工作，如让学生收集与这座老城相关的古诗词，这样，提前几天就怀有一种实地考察和体验学习的期待；到了相关景点诵读时，学生们的感受特别深刻。这样的课程设计是确定性与不确定的统一，自成系统却不乏丰富和生动。

(五)目的地条件保障

目的地的后勤保障主要包括交通、食品、住宿三个方面，需提前与运输公司沟通好交通安排，并做好应急预案。食品方面以安全为基本原则，在安全的基础上考虑适合北京学生口味的食品，并照顾到少数民族、身体不适等特殊情况的学生，使学生能够吃得既安全又适口。住宿方面，选择安全安静的宾馆，提前预订宾馆，保证房间数量充足，卫生、交通、网络等各方面的条件合适，保障学生能够有良好的条件进行休息和学习。

二、确定交通工具

交通工具是人们生活中不可缺少的重要组成部分。衣食住行是每个人的安身立命之本。现代社会，没有交通工具就不可能实现在旅行中学习，研学旅行就是边走边学，旅行与体验结合，旅行与研究结合。因此，交通工具是实现研学旅行的前提和最重要的手段。在选择交通工具时，首要考虑的是安全因素，其次是合理性、舒适性等因素，在对多种因素进行综合考虑后择优确定。

(一)交通工具风险评估

没有绝对安全从来无事故的交通方式，各种交通工具都存在一定的风险性，需要进行风险评估。飞机受天气因素干扰很大，雷电天气、大雾天气、降雪天气，都有可能影响行程，而且要求出发地和到达地都为适宜天气才可正常起降和飞行。因此，受两地天气影响，飞机经常不能准点。最大的风险还在于，飞机高空失事后果会非常严重。如马来西亚航空公司的 MH370 航班至今下落不明，尚未找到飞机失事的确切原因。

火车有特定的轨道，比汽车安全性好，但受天气以及山体、桥梁、隧道等设施的影响，或罕见的调度指挥系统出现问题，仍然无法避免事故的发生和晚点的可能。如 2011 年 7 月 23 日甬温线发生的动车组列车追尾事故，共有六节车厢脱轨，造成 40 人死亡、172 人受伤，中断行车 32 小时 35 分。

船舶交通最怕遇到海上风浪，导致翻船或沉船事故。船舶在茫茫大海上如遇到事故救援很困难。大型河道轮船航行出现事故也偶有发生。如 2015 年 6 月 1 日的"东方之星"沉船事件，造成 442 人遇难，只有 12 人生还。因此，中小学最好不组织学生乘坐轮船的研学旅行活动。

公路交通受自然环境、天气状况、路面状况影响更大。大巴车可能会遇到公路堵车、遭遇交通事故、雨雪天气难以正常行驶等。由于受地形因素影响，越过路基冲下山崖的公路交通事故也偶有发生。

安全第一，研学旅行最大的问题是安全问题。学校组织活动前，必须高度重视交通安全，必须直接与政府定点采购资质的租赁公司签订租车（船）安全协议。因此，学校要对交通服务方的车型、车辆年限、司机资质、上路经验等提出明确要求。如果委托第三方组织活动，要与其签订安全责任书（旅行社、接待方）。

（二）交通工具优势评估

研学旅行活动如果从北京市海淀区出发，一般乘坐汽车、火车、飞机三种交通工具，可以根据学校的课程安排确定往返时间。距离较近的研学地点，选择大客车比较方便，时间上较为自由、快捷、灵活，空间上可容纳所有师生，且到达目的地后无须再租用大客车，减少程序，如前往天津、张家口、承德、白洋淀等北京周边地区。

火车的特点是经济、平稳、安全，受天气干扰小，适合跨省远距离运行，但是一次性大量订票不太容易，需要提前与铁路部门做好沟通。目前北京铁路总公司已经开通部分研学旅行专属专线列车，学校可以与相关旅行社合作，根据专列行程安排研学旅行活动。飞机的价格比较昂贵，安全性不是特别有保障，有时晚点。但飞机的速度快，若是研学地点远，如海南、广州甚至是海外国家，则需要选择飞机。

在同一个城市内前往不同的活动地点，一般需要乘坐大客车。海滨城市，如烟台、威海等地，也可以乘坐轮船，给学生多一些丰富的体验。特殊地点，如白洋淀的部分村庄，则必须乘坐轮船。学校应根据目的地的特点，结合天时地利因素，综合考虑选择交通工具。

(三)交通工具可行性评估

交通工具的可行性需要考虑天气、目的地和出发地的地理因素、交通运输公司的行车安排等因素。学校确定好出发的时间和目的地后，及时与交通运输公司联系，还需根据交通工具的可行性进行行程调整，如遇暴雪，铁路也可能取消或晚点。

三、确定时间表和行程

时间表是指从离开学校开始到返回学校的这段时间的全部安排，行程是指离开学校到回到学校的路途中，包括行车和停车的全部时段，人员驻留地点的总和。时间表和行程不可分割地关联在一起，必须同时考虑这两大问题。应以目的地抵离和停留所需时间为依据来安排时间表。每一个目的地的抵离和停留过程，就构成了完整的行程。

(一)确定合理的出发和抵离时间

一般来说，如果是离京研学旅行，则是周一出发，乘坐火车卧铺，周二抵达，周五返回。这样可以最大程度地节约路上时间，延长白天在目的地的活动时间，起到更好的研学旅行活动效果。

(二)行程安排张弛有度

研学旅行既要保证学生有丰富的研学体验和收获，又不能安排得过于紧张，致使学生缺乏足够的时间去深入考察，给学生造成压力和负担。应该既有统一的研究学习活动，又留有一定的自由活动时间。中国矿业大学(北京)附属中学的"延安—西安"线路在行程安排上就是一个典型案例。

表 4-3 "延安—西安"线路行程安排表

日 期	活动安排	交通工具	住宿地点
第一天 5月09日 星期一	18:00—19:00：学校指定地点集合，乘车赴北京西站； 20:12—06:30：北京西站乘火车 Z43 次(20:12—06:30)前往延安站(约 10 小时)；火车站晚餐自理。 (行程中火车车次仅供参考，以实际出票票面为准)	汽车 火车	火车上
第二天 5月10日 星期二	06:50—07:50：早达延安站，出站后赴餐厅早餐； 08:00—08:30：乘车前往杨家岭。 **课程活动一：回顾峥嵘岁月，传承革命精神** 08:30—09:30：参观具有伟大历史意义的"七大"会议旧址——杨家岭； 09:40—11:00：参观抗战时期中共中央书记处所在地、延安时期的"中南海"——枣园； 11:30—12:30：乘车前往餐厅，午餐； 12:00—13:00：乘车前延安革命纪念馆； 13:00—14:30：参观浓缩延安革命史 13 年的——延安革命纪念馆； 14:30—15:00：乘车前往宝塔山(宝塔山下，沿河边拍照留念)； 15:00—17:30：参观延安革命圣地的象征——宝塔山(不含登塔和环保车)，徒步上山，山顶尽览延安新城风貌(举行宣誓活动)； 17:30—18:00：乘车前往餐厅； 18:00—19:00：晚餐； 19:00—20:30：乘车前往酒店并办理入住手续，洗漱后休息。	汽车	延安

续表

日期	活动安排	交通工具	住宿地点
第三天 5月11日 星期三	06:00—07:00：早餐并办理退房手续。 **课程活动二：讴歌中华魂** 07:00—10:00：车赴黄河壶口，沿途欣赏黄土高原风光，学唱陕北民歌（信天游）； 10:00—11:30：观壶口瀑布，一览"黄河之水天上来，玉关九转一壶收"的神奇，听黄河的咆哮，合唱《黄河大合唱》，讴歌在抗战中献身的烈士，牢记中华魂； 11:30—12:30：午餐； 12:30—14:30：乘车前往黄帝陵。 **课程活动三：寻访民族之根** 14:30—16:30：拜祭黄帝陵，黄帝陵是中华民族始祖轩辕黄帝的陵寝，被誉为"天下第一陵"； 16:30—19:00：乘车前往西安，途中车上学习陕北文化，学"吼"秦腔； 19:00—19:30：晚餐； 19:30—20:00：乘车前往酒店并办理入住手续； 20:00—21:00：课题项目小组完成当日"课题记录"及"课题提升"。	汽车	西安
第四天 5月12日 星期四	07:00—07:30：早餐； 07:30—08:30：乘车赴临潼华清宫。 **课程活动四：穿越古今——梦回华清池** 08:30—11:30：观皇家园林华清池，"春寒赐浴华清池、温泉水滑洗凝脂"的贵妃池（海棠汤）、飞霜殿、观西安事变五间厅；登历史上"烽火戏诸侯，一笑失天下"的发生地骊山； 现场小课堂——连句吟诵《长恨歌》； 11:30—13:00：乘车前往餐厅，午餐。 **课程活动五：认知秦朝** 13:30—14:00：乘车赴秦始皇兵马俑博物馆； 14:00—16:30：参观秦始皇兵马俑博物馆，赏铜车马展厅，一号坑军阵厅，三号坑军阵展厅，二号坑军阵展厅，站在世界奇迹面前见证千百年前的人类文明； 16:30—17:30：乘车返回西安前往餐厅； 17:30—18:20：晚餐； 18:20—18:50：乘车返回酒店； 19:30—21:00：课题项目小组完成当日"课题记录"及"课题提升"，课题小组汇报工作，课题指导老师辅导（会议室）。	汽车	西安

续表

日期	活动安排	交通工具	住宿地点
第五天 5月13日 星期五	07:00—08:00：早餐，办理退房手续。 **课程活动六：回顾秦、汉、唐盛世华夏辉煌** 08:00—08:40：乘车赴陕西历史博物馆； 09:00—11:00：参观陕西历史博物馆，穿越六千年，走过周秦汉唐十三朝，寻找兽首玛瑙杯、皇后玉玺、鎏金竹节熏炉等镇馆之宝。参观何家村珍宝馆，了解盛世大唐； 11:00—12:00：乘车前往餐厅，午餐； 12:00—13:00：乘车前往西安火车北站； 14:33—20:25：乘坐高铁G664次(14:33—20:25)返回北京西站(火车上用餐自理)； 21:00—21:40：乘车返回学校，结束愉快研学活动。 (行程中火车车次仅供参考，以实际出票票面为准)	汽车 高铁	回到 家里

(三)做好行程调整预案

有时，鉴于天气、路况等情况，行程不得不临时调整。如在热带雨林内开展的实践活动，可能会因为天降暴雨取消，这就需要调整预案，先去其他活动地点或将热带雨林改为博物馆内研究。在研学旅行出发前需根据活动地点的天气、地理、人文等多方面的特点进行预设，安排相应的调整方案。

四、确定食宿安排

传统旅游的六大要素是"食、住、行、游、购、娱"，学生研学旅行不同于成人旅游，但食宿(餐厅、酒店)行，仍然是首要考虑的因素。当前我国中小学的研学旅行主要是入住宾馆酒店，少量情况是自己搭建帐篷，也有住在营地的，也有个别情况是住在异地学校或单位的集体宿舍等。用餐情况一般是早上、晚上在酒店用餐，中午在研学基地或目的地附近的商业区用餐。

(一)用餐兼顾民族因素

食品安全一直是中小学特别重视的一个安全领域，学生在外研学旅行也不能放松对食品安全的要求。应查看餐厅的工商营业执照、食品卫生安全许可证及其他餐饮单位的相关许可证明等资质，并保留复印件等资质，高度重视就餐安全，集体用餐必须在有资质的餐厅用餐，并留存就餐地点有效资质，如工商营业执照、餐饮单位的相关许可证明等。遇军训、集训、表演等情况，应签订供餐合同书，留存送餐公司的有效资质。

用餐除保证食品安全外，还需兼顾民族因素，如有少数民族同学有特殊需求，应确定餐厅能否为他们提供食物。

(二)选择安全安静的酒店

要重视住宿安全，必须在有资质的宾馆住宿，并留存有效资质。因研学旅行集体出行，人数较多，要考虑酒店的规模提前预订，将房间安排得紧凑一些，便于学生的组织和管理，也便于团队的活动交流。

总之，制订研学旅行行程计划要考虑的事情很多，可以说事无巨细。第一次组织活动的学校要把旅行的程序做好，尽量周密地规划和组织。有了第一次经验积累，后面再持续完善，形成固定的可调整的工作流程，这样就把复杂的研学旅行活动变成一套组织体系，有章可循，更好地促进学生在研学旅行活动中成长和发展。

第五章

编写研学旅行课程手册

　　研学旅行课程手册相当于研学旅行课程中的"教材"，使用过程贯穿整个研学旅行，包括出行前、出行中和出行后。研学旅行手册不同于传统分科教学的教科书，更应体现其综合性、实践性的特点，不仅包含学习目标、学习内容、学习评价等"研学"内容，还应考虑到"旅行"需求，提供出行与生活方面的基本信息与常识，是一本集教科书与旅行指南及行为规范为一体的综合性课程手册。

　　研学课程手册作为学生旅行过程中最重要的学习载体，不仅内容设计要科学，给学生提供学习的引领，还要让学习过程有趣味，激发学生研究探索的欲望。研学旅行是一种相对集中、独立和短周期的学习，因而其评价也不宜像学科课程那样，应该有一定的即时性，及时记录学生学习过程，让学生学习有成就感，有满足感。研学旅行手册还是学生的一本"口袋书"，因此在装帧设计上也要稍加用心，应该便于携带，风格古朴，又不乏时尚，形式活泼，给学生一种亲切感。

一、手册主体内容

　　研学旅行重在"研学"，"学什么""怎么学"是研学旅行的核心，旅行是促成学习的一种手段。因此，课程手册的主体内容应遵循中小学课程设计原则，需含有课程目标、课程安排、课程内容、课程实施、课程评价等基本内容。避免研学旅行成为漫无目的"随意玩"。

(一)课程主题与目标

　　课程主题与目标是研学旅行课程的"总指挥棒"，在手册中，应将主题与总目标放在最前面，使学生使用时首先明确自己的学习目标与方向。主题与总目标又是密切相关的，总目标是对主题的教育指向的一个诠释，主题是教育总目标的核心与灵魂。

1. 课程主题

　　研学旅行课程是围绕主题进行开展的，因此在研学手册中，首先应将课程主题呈现给使用者。课程的主题通常是比较宏观的表述和概括，往往依据手册封面的课程名称就可以看出来。例如，清华大学附属小学高年段的研学课程"红色圣地话成志　千年瓷都同修远"，从名称就可以知道此次的研学课程围绕"红色教育"与"陶瓷"主题展开，课程路线主要是庐山和景德镇，与主题紧密相关。再如，北京市海淀区民族小学以"齐鲁大地　儒学风范"作为研学课程名称，从中也可以明确研学课程的路线是山东，主题是学习儒家文化，领略先贤风范。这样呈现主题的方式直截了当，一目了然，方便学习者使用时明确课程的方向和重点。

　　研学旅行的主题是一次研学活动的灵魂，一般会提炼出独特的思想和文化教育内容作为主题。一个好的研学主题，要体现出线路资源特色和独特教育价值，既能表现地域特点，又能表达资源价值、学习内容或者核心素养导向。如未来大世界（北京）文化旅游开发有限公司关于研学旅行主题的选择和名称的确定就是按照系列化原则设计的。

　　"走进绿色大兴安，唱响红色主旋律"——大兴安研学红色文化之旅；

　　"观草原森林风光，探火山熔岩地貌"——阿尔山自然研学之旅；

　　"在边境线体验原生态，赴大草原探秘知民俗"——呼伦贝尔生态研学之旅；

　　"欣赏古都风貌，探索科学精神"——北京研学之旅；

　　"探访京畿重地，传承红色文化"——保定研学之旅；

　　"走进圣人故里，攀登五岳之首"——山东研学之旅；

　　"观赏南疆海岛风光，全心体验别样自然"——海南研学之旅；

　　"追忆红色岁月，传承革命精神"——我去延安"当红军"；

　　"走进红色教育课堂，弘扬社会主义文化"——红旗渠研学之旅；

　　"寻访三晋文化秘境，发现最美文明真迹"——山西研学之旅。

　　从以上若干研学线路主题可以看出，每次研学活动的大主题，都有一些"大词"或"关键词"，构成其核心内涵。如"绿色""红色""生态""古都""科学""文化""圣人""自然""五岳""革命精神"等，只要看到这些主题词，就能推测研学目的地和研学主体内容。可见，主题是影响研学课程质量的重要因素。

　　通常，一次研学活动至少二至三天，多则五至七天甚至更长。研学旅行可以设计为单一性主题研学或综合性主题研学，前者以培养专业特长和发展优势为侧重，后者以开阔视野、增长见识、激发兴趣为主要目的。需要说明的是，在一次游学中会去不同的地方，其资源特色也不尽相同，因而，在某次研学的大主题之下，通常每天或者每个资源基地还会有一个小主题。若干小主题，共同服务于一个大主题。因此，在呈现方式上，需要将主题分解，将一个个小主题融入每日的行程中。清晰地规划出小主题，也方便学生明确每天的学习任务。

例如，北京市十一学校一分校，分日程确定每天的小主题，在徽州线路中，根据行程，对每天的主题进行提炼概括，有传统文化学习内容，如"古城徽韵 黄梅金声"，也有艺术学习内容，如"文房四宝 宣纸文化"等，每天侧重点各有不同，分设小主题的目的，是使学生在每天的学习中都可以清楚了解到应关注的重点内容，这样的安排清晰细致，对于初次参与研学或低年级学生是非常有帮助的。

表 5-1 安徽线路研学行程安排

时间	主题	地点	课程目标	食宿
第一天 11月6日 周一			北京（高铁6小时）—泾县—宣纸文化园—屯溪	// 晚 屯溪
	游学启程	火车上	北京南站乘高铁二等座G265（07：48—13：34）或其他车次赴泾县站。	
	文房四宝 宣纸文化	宣纸文化园	宣纸古作坊、宣纸古籍印刷、文房四宝体验园、宣纸陈列室、中国纸及世界纸博物馆、书画长廊（含书画家工作室）、文房四宝与书画市场、江南民俗园八部分组成。参观到传承千余年的古法宣纸制作工艺，了解纸、墨、笔、砚、扇、纸帘等制作工艺，而且可以亲身体验纸、墨、笔、砚、扇、纸帘等的制作。 实景教学：学习和了解作为"文房四宝"之一的宣纸制作工艺，感受祖国灿烂辉煌的古代文明。亲手制作一张宣纸，亲密接触古老中华文明。	
第二天 11月7日 周二			徽州游学	早 中 晚 屯溪
	古城徽韵 黄梅金声	徽州古城	徽州古城是目前保存最完整的中国四大古城之一。游学徽州古城，可完整考察古代政治、经济、文化、艺术、民俗等方面知识，探究徽文化发展之渊源。 实景教学：在徽州古城内，请老师教学，学唱黄梅戏，体验中国传统文化的精髓。	

续表

时间	主题	地点	课程目标	食宿
第二天 11月 7日 周二	黄金不换墨厂精工	胡开文墨厂	在中国文房四宝笔墨纸砚中，如果将笔和纸比作姊妹的话，墨与砚便可以说是兄弟了。第一批国家级非物质文化遗产代表作名录上，闻名遐迩的安徽省黄山市有六个项目入选，其中，徽墨制作技艺和歙砚制作技艺名列其中。徽墨、歙砚在中国传统文化和当代生活中的重要性由此可见一斑。 实景教学：在古徽州老胡开文墨厂，参观徽墨、歙砚制作过程，亲自体验徽墨鎏金技术。	早中晚 屯溪
	竹山礼圣	雄村竹山书院	雄村竹山书院的建造源于徽商，为明清两代徽州府六县所书院中的代表。通过竹山书院与桂花厅、文昌阁、桃花坝一起感受徽派古典园林的独特魅力。 实景教学：竹山礼圣——竹山书院中领略徽州教育的理念。跟着先生读《千字文》。	
	石冠群山砚国名珠	新安歙砚艺术博物馆	通过古砚及图片资料展厅、歙石石品展厅、现代砚雕工艺传承活态等展厅的馆藏精品歙砚、珍品歙石、图书资料等的参观与启发，树立保护歙砚精品，研究、交流、传播歙砚文化的目标。 实景课堂：了解歙砚的材料构成、雕刻工艺和手法；了解商品歙砚市场行情。	
第三天 11月 8日 周三	徽州游学—宏村—竹雕博物馆—徽州文化博物馆			早中晚 屯溪
	画中村庄	宏村	漫步古村落宏村，感受博大精深的徽文化和恬静优美的田园乡村气息，探究世界文化遗产保护的目标。 实景课堂：体验世界文化遗产地、中国画里乡村——徽州古村落的独特魅力；探究徽派建筑文化、宗族文化、民风民俗、楹联文化等。	
	心刻灵石	徽字号徽雕博物馆	参观"徽雕艺术博物馆"和"非遗文化产品传播中心"，观赏黄山竹文化、徽州文化大观、徽州四雕文物、徽雕大师介绍、徽雕现代作品、徽雕艺术品、茶道花道香道雕饰用具以及姓氏文化竹简产品等，感受对匠心匠魂的追求与呼唤。 实景教学：举行《讲孝描孝——专项体验活动》，开展朱熹"孝"字现场讲学，现场体验竹简斗方的编织与描写。	
	时光茶香	徽茶文化博物馆（谢裕大茶博物馆）	通过徽州厅堂、徽茶器具、徽州遗址图、文献资料、徽茶史略等的参观，领悟"尘裹神品"，探究黄山毛峰"机械法"原始茶机具及徽茶分类。 实景课堂：了解国家级非物质文化遗产黄山毛峰传统制作技艺；了解茶器皿的年代、材质、造型及传统的茶叶检验器等程序和要求。参加茶文化讲座。	

续表

时间	主题	地点	课程目标	食宿
第四天 11月 9日 周四	大美黄山	黄山游学		早/晚 屯溪
		黄山	登天下第一奇山—中国黄山，感受祖国大好河山的壮美，体会古人"黄山归来不看岳"的意境和的豪迈！激发学子勇于攀登、不断进取的精神和坚毅品质。 实景教学：1.迎客松边上访问守松人。2.随机采访黄山挑山夫，感受黄山松精神。3.参观黄山地质博物馆，了解地质构造知识。切身实践体会中小学课本中的中国黄山。参观黄山地质博物馆，了解地质构造知识。切身实践体会中小学课本中的中国黄山。	
第五天 11月 10日 周五	纵览徽学	徽茶文化博物馆—北京（高铁5.5小时）		早中/
		中国徽州文化博物馆	通过徽州文化博物馆藏陶瓷、砚台、徽墨、书画、徽州三雕等各种文物，明晰徽派内涵，参悟徽州文化建筑、艺术、教育、科技等多层面的成就。 实景课堂：解读徽文化历史，在行走间品读感受，增进民族文化底蕴。	
	游学返程	火车上	黄山北站乘高铁二等座返京 参考车次：G270次（14:38—21:06）或其他车次。	

2．课程目标

研学旅行课程目标是根据课程主题所设置的具体的学习要求来定的，一般来讲，应该包含课程总目标与每日学习目标。其中，每日学习目标后文有所涉及，这里主要谈的是研学旅行课程总目标。总目标是与课程主题最贴近的，可以根据传统学科分科设置，也可以不按学科设置，按综合实践活动的要求设计总目标。例如，北京市海淀区前进小学（以下简称"前进小学"）的《博物馆实践活动课程之奥运博物馆》，既设有课程总目标，也有分解的学科活动目标。

课程目标

1．通过参观北京奥运博物馆，使学生了解北京参加奥运会和申办、举办奥运会的基本情况。

2．通过各项体验活动，了解奥运会相关背景知识，感受奥林匹克文化和精神。

3. 在课程后的交流活动中，培养学生学会倾听他人意见，乐于和同伴交流看法，努力达成共识的习惯。

4. 引导学生关注中国体育事业发展过程的成绩，感受体育运动的魅力，理解体育运动的精神，激发民族自豪感和责任感。

关联学科：语文、数学、信息技术、体育

学科知识目标

语文：①通过参观，在学习课文的基础上深入理解"女排精神"，感受奥运文化，感悟《体育颂》所传达的体育精神。②继续培养学生提取、筛选、加工信息的能力，为数学学科的学习内容做准备。③继续培养学生应用文写作的能力，使学生学会撰写简单的分析报告。

数学：①进一步培养学生调查、收集、整理、分析数据的能力。②引导学生选择使用合适的图标整理、展示数据。③能够对收集、整理的数据进行简单分析。

信息技术：1. 前期通过互联网，让学生先了解奥运博物馆以及奥运会相关的资料。2. 参观博物馆中，培养学生发现、采集素材的能力。3. 培养学生整理素材，修改素材，熟练制作 PPT 的能力。

体育：了解我国运动员在奥林匹克运动会取得的辉煌成绩，使学生将奥林匹克精神与体育运动相结合。

前进小学在设置课程总目标时，先从综合活动角度对目标进行阐述，又将课程中与传统学科相关联的部分进行提取，设定学科目标，使得课程目标覆盖面全，且又不失针对性。这对学生来讲，在学习中可能更习惯和易于把握。

再如，北京市海淀实验中学在厦门游学中设定的课程总目标是这样表述的。

1. 历史探究

触摸历史、体悟社会，通过探访武夷山、厦门，感受中华民族传统文化的古老与神奇。认识闽南地区地理位置和发展潜力，提升自身政治思想素养。

2. 文化探究

通过走访厦门大学、陈嘉庚故居、郑成功纪念馆、胡里山炮台，了解近代史上伟人生平，从他们的故居与文化遗迹中了解民族伟人的高尚品格和历史地位以及对民族的贡献。

3. 自然探究

通过走访武夷山大红袍景区、鼓浪屿景区，走进自然、探究闽南水乡植物生存环境和生长条件，培养人文精神和环境保护意识。

4. 课题研究

在游学学生中组建课题研究小组，通过走访武夷山茶农、云水谣民居、南靖土楼，引导学生开展有针对性的科学考察，学会科学研究的方法，形成初级的科学考察报告，培养学生严谨的科学研究态度和科学创造能力，满足学生个性化需求。

不同于前进小学，北京市海淀实验中学没有从学科角度进行目标的阐释，而是整合几大学习维度来进行目标设定的，更体现了课程的综合性与实践性。

(二)课程内容

明确课程主题与总目标之后，就要考虑课程内容安排、实施与评价等问题。为了方便使用，可以按照"总—分"结构来设计手册内容的编排。先给出整体的行程安排，再根据每日行程制定每天的学习内容、学习要求等。

1. 目的地简介与总体行程

研学旅行课程安排主要根据研学目的地与线路来设计，对目的地与总体行程进行介绍是非常必要的。关于目的地的介绍，主要包含自然与社会两个方面，如地理位置、气候、交通情况、文化特点、历史沿革等内容，不必面面俱到，应考虑和研学课程的联系，将内容选择、整合后进行编辑，避免沦为"百度百科"式的简单罗列。

例如，北京市十一学校一分校在山东研学旅行手册中，关于山东省的简介，主要围绕自然地理位置以及文化特色方面进行介绍，为学生的学习提供参考。

山东省游学导航

▶▶地理概况

山东，因居太行山以东而得名，简称"鲁"，省会济南。先秦时期隶属齐国、鲁国，故而别名齐鲁。山东地处华东沿海、黄河下游、京杭大运河中北段，中华北地区的最北端省份。西部为黄淮海平原，连接中原，从北向南分别与河北、河南、安徽、江苏四省接壤；中部为鲁中山区，地势高突，泰山是全境最高点；东部为山东半岛，伸入黄河、渤海，北隔渤海海峡与辽东半岛相对、拱卫京畿，东隔黄河与朝鲜半岛相望，东南均临黄河、遥望东海及日本南部列岛。

▶▶人文环境

山东是儒家文化的发源地，儒家思想的创立人曲阜的孔子、邹城的孟子，墨家思想的创始人滕州的墨子以及军事家孙子等，均出生于今山东……

北京市海淀实验中学在厦门路线的研学旅行手册中关于厦门的简介主要包括地理环境、历史变迁、气候特点等内容，和前文所提到的课程目标具有相关性，便于学生在学习中进行参考。

行程方面，如果出行时间较长，可以先将总体行程整体呈现，便于组织和管理，如果时间较短，也可以省略。例如，北京市二十一世纪国际学校上海线路的行程计划如下表。

表5-2　北京市二十一世纪国际学校上海游学行程计划

日期	时间	课程	地点	课程目标
11月13日	上午		G5 北京南—上海虹桥(07:00—11:55)	
	下午	生物	上海辰山植物园	了解辰山地区独特地质环境下植物类群，识别几种常见的药用植物和油料植物、染料植物、水生植物和旱生植物、珍稀植物等。
11月14日	上午	生物	上海自然博物馆	了解生活在某一时期的动物或植物有哪些与其生存环境相适应的特征。认识生物适应环境的普遍性和相对性。

续表

日期	时间	课程	地点	课程目标
11月14日	下午	思想品德	上海城市规划馆	了解上海城市规划发展和上海经济、金融、交通的规划建设。
		地理	金茂大厦	欣赏夜晚陆家嘴金融中心繁华景象和高大建筑灯光映衬的美轮美奂。
	晚上	思想品德	外滩黄浦江游船	了解外滩有哪些建筑形式，学习外滩成为万国建筑群的历史。
11月15日	上午	历史	党的一大会址	深入了解中国共产党第一次全国代表大会历史事件。
		历史	四行仓库纪念馆	通过实地参观四行仓库博物馆，感受抗日战争初期中国军队的抵制侵略的斗争精神。
	下午	生物科技	上海科技馆	了解以"自然、人、科技"为主题的理念以及科普知识。
11月16日	上午	生物	东平国家森林公园	认识植物的活化石"水杉"，认识熊猫植物"红豆杉"。识别几种主要的枫树、杉树。
	下午	地理生物	西沙国际湿地公园	了解西沙湿地公园的主要生物种类及湿地生物对环境的适应性。认识人类活动对崇明岛西沙国家湿地公园生态系统的影响。
11月17日	上午	历史	航海博物馆	了解航海历史，学习科学航海精神。
	下午		上海虹桥—北京南 G4(14:00—18:49)	

上面的手册中给出了完整的行程表，将5天行程的时间、地点、课程目标以及对应的学科都做了详细的划分，对于出行时间较长的研学旅行课程来说，这样的形式有助于学生对课程形成总体概念。在整个出行计划中，按照学科划分出若干资源所在地及学习内容，便于喜欢各个学科的学生都能找到自己的兴趣点。5天游学活动中，总会有令自己"眼前一亮""引人入胜"或为之感动的事物，这也正是研学旅行课程的魅力所在。

与北京市二十一世纪国际学校不同，北京理工大学附属中学的整体行程表没将学习目标和学科包括在内，更多从出行角度出发，列出交通工具等信息。可以说，北京市二十一世纪国际学校的行程计划侧重"研学"，北京理工大学附属中学的行程安排侧重"旅行"，各学校设计行程计划表时，可根据自己需求进行综合考虑。

表 5-3　北京理工大学附属中学南京研学线路行程安排

日期	活动安排	交通	用餐	住宿
第一天 5月7日 星期日	06:30—07:00：北京南站集合； 08:00—11:53：乘坐高铁 G11（08:00—11:53）前往南京南站； 11:53—12:30：抵达后集合出站，乘车前往南京博物院； 12:30—13:30：前往南京博物院公众餐厅就餐； 13:30—17:00：参观南京博物院，发现博物馆中的汉代衣食住行，汉代文物专题学习； 17:00—18:30：乘车前往考古工作站； 18:30—19:00：晚餐； 19:30—21:00：晚间师生交流与考察行前讲座。	高铁、汽车	中晚	考古基地
第二天 5月8日 星期一	07:00—07:30：早餐； 07:30—11:30：西汉诸侯王陵考察（扬州广陵王陵考察）； 11:30—12:00：午餐； 12:00—18:00：西汉诸侯王陵考察（仪征庙山吴国王陵、盱眙大云山西汉江都王陵）； 18:00—19:30：返程； 19:30—20:00：晚餐； 20:00—21:00：晚间师生交流。	汽车	早中晚	考古基地
第三天 5月9日 星期二	07:00—08:00：早餐； 08:30—11:30：考古勘探调查教学与实线； 11:30—12:30：午餐； 13:30—15:00：考古发掘教学与实践； 15:00—17:00：考古遗迹绘图教学与实践； 18:00—19:00：晚餐； 19:00—21:00：晚间师生交流。	汽车	早中晚	考古基地
第四天 5月10日 星期三	07:00—08:00：早餐； 08:30—11:30：体质人类学教学与实践； 11:30—12:00：午餐； 12:30—14:00：学员分组汇报与合影； 14:30—16:00：前往江南贡院； 16:00—19:30：参观江南贡院，感受从古至今科举发展脉络，树立正确的人生观，观赏夫子庙逛秦淮河畔，自行品尝夫子庙小吃（晚餐自理）； 19:30—20:30：乘车前往酒店休息。	汽车	早中	南京

2. 分日行程及学习目标

课程安排会将每日行程细化，每天的行程路线就是一个学习小节，有相应的学习目标，让学生在每天的课程中明确自己的学习任务和要求。很多学校会根据每天课程的特点，将每日行程的时间、地点、学习任务、课程目标、知识背景介绍、任务分配、实施要求单独设立篇章编写。以北京市二十一世纪国际学校上海研学中的一次活动为例：

课程设计(第一天)　11 月 13 日(下午)

主题活动：识别珍稀植物 感受南方植被特色

研学地点：上海辰山植物园　　活动时间：半日

活动对应学科：生物、地理、道德与法治

学习主题：植物的主要类群；植物与环境

学习目标：

①了解辰山地区独特地质环境下的植物类群。

②识别欧洲、非洲、美洲和大洋洲的几种代表性适生植物。

③识别几种常见的药用植物。

④识别几种常见的油料植物或染料植物。

⑤识别几种主要的水生植物。

⑥识别几种主要的旱生植物。

⑦识别几种主要的珍稀植物。

在设计每日课程时，北京市二十一世纪国际学校将总行程中的内容进一步细化，制定当天的学习目标，指出与之相对应的重点学科，易于学生了解和掌握。

3. 学习内容与学习方式

学习内容确定了"学什么"，学习方式解决"怎么学"。学习内容与学习方式是密不可分的，也是学习的"一体两面"。研学旅行课程的学习内容与学习方式是手册的重点内容，也是占据篇幅最长的部分，多数学校会按每日行程的先后顺序将课程内容按小节独立编写，每节设置学习目标、任务、学习方式、活动过程等。

（1）学习内容

学习内容的主体主要包含综合性的研学小课题和学科知识综合应用内容。研学旅行学习不同于一般的学科学习，课程设计中会有让学生完成一般意义上的学科学习任务，但其还有一个最重要的特点，就是在游学体验的情境下，完成自己关注的研学小课题，实现个性化学习。有些学校在课程内容实施之前就给出可供选择与参考的课题，提倡学生自主结组并进行分工，选择感兴趣的课题作为研学旅行中重点关注的问题。有的学校让学生在游学中发现自己感兴趣的问题，进而围绕着一个主题，写一篇专题研究的小论文。可以说，研学小课题是研学旅行的灵魂。"研学"不同于一般的接受式学习，是一种类似于经历科学家、社会学家等专业人士的研究过程，包含了观察、调研、假设、实验、搜集证据、论证、得出结论等一系列思维方法，经历一个完整的科学研究的思维过程。因此，没有研学课题的"研学旅行"，只有体验学习的集体旅行，是不完整的，也是有所缺憾的。

表5-4　可参考的各学科项目研究"半成型"或"成型"题目

学科	该学科提供的可借鉴题目
语文	针对徽州文化：徽州文学的历史地位及影响。
数学	针对黄山：黄山高度的N种方法测量和示例。
英语	针对谢裕大茶叶博物馆：中外泡茶方式对比研究 How do people in different countries make tea?
历史	1. 探究中国古代文房四宝的艺术表现形式，它们都寄托了文人怎样的愿景？ 2. 徽商作为古代著名的商帮之一，它的形式与发展和历史主线有什么样的关联？
地理	1. 黄山"四绝"形成的独特条件对香山的旅游资源开发所带来的启示。 2. 宏村和爨底下村生态环境建设的优劣势对比和相互借鉴意义。
生物	1. 黄山植被分布的图表数据调查分析。 2. 黄山，不仅是举世闻名的风景胜地，祖国宝贵的旅游资源，更是丰富生物资源的宝库，生态工作者优良的研究基地，那么旅游业的发展是否会改变一个地区的植被分布呢？谈一下发展旅游事业与植被保护的关系。
道德与法治	1. 五岳归来不看山，黄山归来不看岳？——黄山与五岳的旅游价值评价。 2. 从传统文化的创新性传承下徽州文化的保护。
物理	针对谢裕大茶叶博物馆：从物理视角探究茶叶好坏识别的多个实验方案。（可以通过访问当地采茶居民，通过他们对茶文化的解释，也许会对你有很大的帮助，如果采访，要留有音频或视频资料）

学科	该学科提供的可借鉴题目
化学	针对谢裕大茶叶博物馆：茶具有提神清醒的功效，原因就是里面含有咖啡因。咖啡因是从茶叶中提炼出来的一种生物碱，适度地使用有祛除疲劳、兴奋神经的作用，临床上用于治疗神经衰弱和昏迷复苏。查阅资料，自主设计实验，用家用、实验室仪器提取茶叶中的咖啡因。

表 5-5　研学研究项目申报表

项目名称					
负责人		研学路线		研究涉及主体学科	
导师组				指导教师	
项目组主要成员	姓名	班级	导师	组内职责分工	
	成员建议 3～5 人		项目设计		

1. 项目研究目标

2. 项目研究内容

3. 项目研究目的意义

4. 项目研究计划

(1)定题建队阶段

(2)资料收集整理阶段

(3)实施研究讨论阶段

(4)总结形成成果阶段

5. 项目研究成果表述

评审组意见	级部以及每一个带队老师都是评审组成员。找任意两位老师评审即可。 年　　月　　日
级部意见	级部意见分别找导师、研学负责老师和年级主任给出意见即可。 年　　月　　日

以上列出的是北京市十一学校一分校的徽州路线研学旅行手册中关于课题申

请的内容。学校从学科出发，以"成品"或"半成品"的形式，为学生选题提供了参考，起到"抛砖引玉"的作用，同时设计申报书让学生填写，帮助学生能够在研学旅行中深入体会与了解课题研究的过程、要求和方法。

除了研学小课题，始终贯穿课程学习全过程的还有学科知识应用。学生每日都需要完成相应的学习任务单，学校需要根据每天学习内容，设计相应的任务来督促和引导学生学习，任务多与传统的学科知识相联系，符合学生的学习习惯。不同于学校学习的地方是，研学旅行中的学科学习更侧重于知识点应用、能力的培养和素养的提升，用学到的学科知识、原理、规律，来解释自然界或社会生活中实际存在的问题。

以北京市十一学校一分校为例，在提倡学生自主研究课题之外，也会布置每日的学习任务，将学科知识与研学情境相联系，提升学生深入思考问题与知识应用的能力。

物理张老师：

转身的优雅，是安之若素，也是顺其自然。素锦年华，遗忘掉不再回旋的往昔，与过去挥别，与现在吻合，与未来握手。承载着爱情美好夙愿的帆船，在浩瀚的生命海洋里缓缓启程，一路风雨兼程，一路披沙拣金，最终走向幸福的彼岸。我们远道而来，从北京来到安徽，我们终于到达目的地，但我们终将是个过客。请问，我们说我们终于来到安徽是以什么作为参照物的呢？

道德与法治陈老师：

有人说，宣纸不符合现代人的书写习惯，且制作工艺复杂、成本高，已经没有存在的必要了。你是否赞同这种观点？请尽可能全面地阐述理由。

（空白框）

地理徐老师：

材料题：中国古代传统文化中的文书工具，即笔、墨、纸、砚。文房四宝之名，起源于南北朝时期。历史上，"文房四宝"具体所指有所变化。在南唐时，"文房四宝"特指诸葛笔（安徽宣城）、李廷圭墨（安徽徽州）、澄心堂纸（安徽徽州），婺源龙尾砚（原安徽徽州）。自宋朝以来"文房四宝"则特指宣笔（安徽宣城）、徽墨（安徽徽州歙县）、宣纸（安徽宣城泾县）、歙砚（安徽徽州歙县），古时四大名砚除了歙砚，还有洮砚（甘肃卓尼县）、端砚（广东肇庆，古称端州）和澄泥砚（山西绛州）。元代以后湖笔（浙江湖州）渐兴，宣笔渐衰，改革开放后，宣笔渐渐恢复了生机。安徽宣城是我国文房四宝最正宗的原产地，是饮誉世界的"中国文房四宝之乡"，所产的宣纸、宣笔、徽墨、宣砚举世闻名，为历代文人墨客所追捧。

1. 根据材料，简要从历史知识和研学中了解到的工艺层面，分析宣城成为我国"文房四宝"最正宗原产地的原因。

2. 自主查阅资料，了解我国不同时期的"文房四宝"的产地及其享有盛名的原因。

（空白框）

（2）学习方式引导

具体到实施层面，学生在研学旅行课程中主要的学习方式有参观、体验、考察、探究等多种实践性学习方式。由于研学旅行是综合课程，所以采取的学习方式更注重理论与实践的结合。以北京市二十一世纪国际学校在上海游学中的一次课程为例：

课程实施

参观：分组参观上海辰山植物园。

体验：

1. 对比观察几种欧洲、非洲、美洲和大洋洲的代表性适生植物异同点。

2. 对比观察几种药用植物（油料植物、染料植物）的异同点。

3. 对比观察几种浮水植物或沉水植物的异同点。

探究：

1. 观察几种孢子植物与环境相适应的特点。

2. 选择园内几种自己喜欢的植物，观察描述其形态特点及其与环境相适应的特点。

思考与探究：

1. 识别几种珍稀植物，观察描述其形态特点及其与环境相适应的特点。

2. 举例说明辰山植物园的植物主要包括哪几大类群。

3. 选择你最感兴趣的植物，撰写小论文或制作PPT。

当日的课程内容是在上海辰山植物园识别珍稀植物。课程安排首先是参观植物园，对园区有大致的认识和了解，再聚焦园内植物，体验、观察各类植物的特点，对比异同，进而上升到思考探究维度，将经验提炼为观点，由浅入深，由感性认识上升到理性认识。这样综合运用几种学习方式，促进学生在动手实践、知识学习、反思感悟等多方面的能力的提升，体现了研学旅行课程实践性、综合性的特点。

（3）行为规范指导

由于研学旅行课程是在校外进行，因此在实施前，需要对课程进行中的事务安排如纪律、交通、用餐、住宿等问题予以特别强调和约束，这是使课程得以顺利实施的重要前提。例如，在研学注意事项方面，应该对着装和纪律提出要求。

着装：学校校服、运动鞋。

纪律：以小组为单位活动，团队严禁解散，听从组长指挥；按规定时间和地点集合，遵守公园规定和有关纪律，严禁打闹。

点名：出发前及到达目的地时、返校上车前、返校后，各小组长要协助指导老师及研学辅导员及时清点本组人数，避免走失。

乘车：乘车时按顺序乘车，在车内不大声喧哗，不将头和手伸出窗外，不向车内外扔废弃物，不得携带危险品及易燃易爆物品。

······

行为规范要求有两种基本的安排方式，一种是以空间为划分加以安排，如在宾馆、在餐厅、在火车上、在资源基地等；另一种是根据时间节点来安排，如北京市二十一世纪国际学校，在用餐和研学等不同的环节提出要求，既给出了总的研学注意事项，又将每个过程的要求进行细致解释，保证课程实施过程中有规可依。

表 5-6　学生在不同节点行为规范要求

节点	建议	禁忌
用餐	1. 饭前清洗双手。	1. 就餐期间玩闹。
	2. 按照辅导员的安排安静入席，等候同伴到齐后再用餐。	2. 挑三拣四，不好好吃饭。
	3. 文明用餐、不浪费，不暴饮暴食。	3. 浪费粮食。
	4. 离开饭店餐馆前整理好个人物品，不遗落。	4. 擅自离开团队，到餐厅外活动。
研学中	1. 备好学习资源，明确学习任务，做好学习规划。	1. 在研学学习中听音乐、玩手机、玩游戏、离开队伍去采购。
	2. 坚持团队行动，合作探究学习。	2. 脱离队伍，擅自行动。
	3. 遇到问题或突发事件保持冷静，并及时向老师、辅导员、工作人员和同伴求助。	3. 追跑打闹，大声喧哗。
	4. 认真聆听讲解，积极思考问题，提升学习质量。	4. 没有规划、没有节制的消费。
	5. 记录学习心得、收获，整理好学习成果。	5. 其他威胁自己或他人安全的行为。
	6. 保管好个人物品。	6. 随意触摸展品，擅自给禁止拍照的展品照相。

（4）学习过程记录

除了完成既定的学习任务外，很多学校设计手册时会设有学习过程记录的板块，记录的内容可以是知识层面的学习笔记，也可以是游学过程中的心得体会、收获感悟等。"记录"为学生的研学旅程留下了痕迹与标记，同时也可以作为学生自评的一个参考。形式方面，有的学校以"日记"方式让学生自由记录，也有的学校会设置一些具体问题，引导学生记录。

例如，北京市海淀区民族小学在手册中是以"研学日记"的方式设置记录板块，只列出一天出行的基本内容如日期、天气、研学地点等，空余大量留白给学生自由发挥。

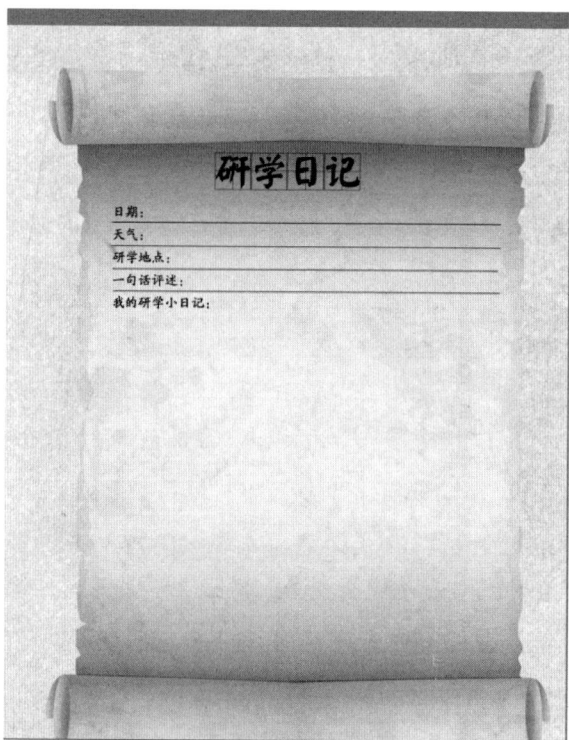

图 5-1　研学记录之"研学日记"

北京市海淀区枫丹实验小学则是以路线图的方式，引导学生记录每天的学习见闻，留下自己的学习痕迹。

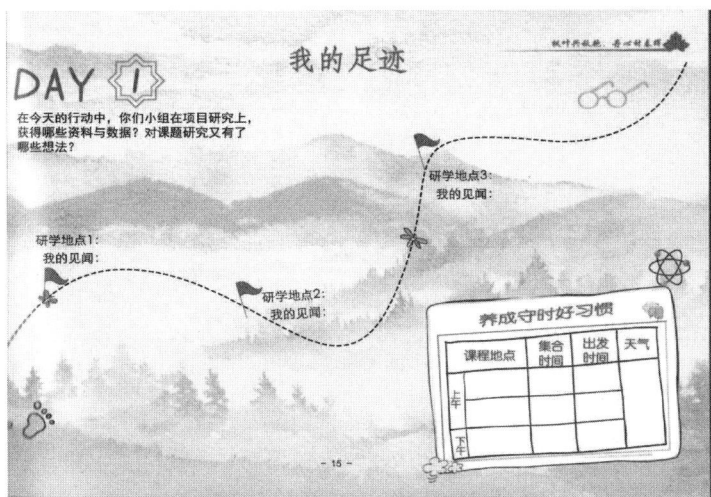

图 5-2　研学记录之"路线图"

　　除此之外，枫丹实验小学还专门设计"课题研究总结表"，设置了相关问题，帮助学生回忆和记录自己的课题研究情况与感受，对于低年级学生来说，这样的方式能起到非常好的引导作用。

　　此外，有些学校在手册设计中还增加了"我的理财记录"一项内容。如北京市十一学校一分校七年级研学手册中，让学生记录自己每一天的支出，并引导学生进行反思总结。这部分虽然不属于课程学习，但是可以帮助学生更好地在出行中了解自己的财务花销情况，学会合理分配自己的支出，提高财经素养。

表 5-7　我的理财记录

我的预算：_____元

时间	支出项目	支出合计
Day 1		
Day 2		
Day 3		
Day 4		
Day 5		

结余：_____元

我的财务总结：

(5)学习资源材料

为了便于学生自学，研学手册中通常还会提供一些基本的学习资料或资源。学习资料主要包括：研学目的地历史文化、自然环境与所学知识的联系，完成任务所需的材料、学习导航等。还有的会提供学习资源，如阅读书目或网站，供学生课外参考。

例如，北京市海淀区前进小学在奥运博物馆课程中开设"课程介绍"板块，专门讲述了奥运博物馆的基本情况、使用价值等内容，给学生铺垫背景知识。

【案例】重温奥运梦背景资料①

北京奥运博物馆坐落在国家体育场（鸟巢）南侧，总面积 2.8 万平方米，上展物品 638 件，共由五大展区和三大剧场组成。其中展墙面积约 1600 平方米，展柜 2000 平米，场景雕塑 8 组，科技展项 21 项。博物馆以第 29 届奥林匹克运动会的申办、筹办和举办过程为重点，运用高新技术方式集中展示北京奥运会所取得的历史功绩。北京奥运博物馆是奥运历史上奥运会举办城市中具有国际一流水准的奥运博物馆，已成为奥运藏品展示和宣传基地，爱国主义教育基地、青少年奥林匹克教育基地，已经北京奥运遗产研究的重要阵地。

通过参观博物馆，学生将在语文老师的带领下，回顾奥运的历程，重点了解中国女排的事迹，感受女排精神；同时，在数学老师的指导下，从某一方面收集

----

① 本案例由北京市海淀区前进小学翟晓江老师提供。

奥运相关数据，为后续数据的整理与分析做准备。

……

北京市海淀区定慧里小学则是在行前给学生提供课程资源，给学生推荐中国传统文化的网络资源及专著书目，让学生出发之前就对与游学相关的地点、人物、事件有初步了解，并能够对当时的社会文化有初步感知，为研究性学习做好知识背景的准备。

推荐行前阅读：

行前课程

网易公开课：《徽州文化：中国传统文化的标本》，主讲人：安徽大学卞利教授

延展阅读：

《皖南古村落》，周致远 郭学勤著，中国旅游出版社

《行走中国：在神秘的北纬30度线上——黄山徽州》，潘小平著，上海画报出版社

《四十自述》，胡适著，民主与建设出版社

《陶行知传》，刘锐著，北京时代华文书局

《胡雪岩》，二月河著，长江文艺出版社

……

以上两种方式各有优势，都十分便于学生自学和拓宽视野，各学校在课程设计时可以根据自己的条件进行选择。一般来说，如果学生年龄小，学校可以多推荐精选的专题阅读资料；如果学生为中学生，自主学习能力较强，可以提供一定的书目和网站资料，给学生更大的选择空间。

4. 评价内容与评价方式

评价是研学旅行课程内容的重要组成部分，一般放置在学习内容之后。从评价主体上来说，有自我评价、同伴互评以及教师评价。评价内容有过程性评价，也有终结性评价。在评价方式上，有给予具体分数的量化评价，也有主观描述的质性评价。学校在设计评价标准时，可从不同角度设计评价表，如北京市海淀区

枫丹实验小学根据评价主体的不同，分别设计了三张评价表，供使用者选择适合自己的表格完成评价。

表 5-8　研学自我评价表

一级指标	二级指标	评价内容	分值	我的得分
自我管理（30）	文明素养	1. 公共场所使用文明用语，不大声喧哗，维护公共秩序。	3	
		2. 参观讲解时，专心倾听，仔细观察，不妄加评论。	3	
		3. 人多时，按顺序边走边看，不推不挤，不妨碍他人。	3	
		4. 爱护公共财物，保护古迹，做文明参观使者。	3	
	遵规守序	5. 遵纪守法，安全意识强，遇事冷静，不侵害他人隐私。	3	
		6. 遵守行程要求，不随意离队，服从带队老师管理。	3	
		7. 时间管理强，遵守时间节点，不影响活动流程。	4	
	生活能力	8. 注意饮食健康，不乱吃零食。	4	
		9. 生活有序，管理好自己的物品，不丢三落四，合理消费。	4	
实践活动（40）	实践能力	10. 能够依据活动主题，自主选择前挡的活动方式开展活动。	6	
		11. 学会用多种方法收集、处理信息。	6	
		12. 能够在自主探究的学习中，运用所学知识解决实际问题。	8	
	参与意识	13. 参与活动踊跃，敢于尝试，乐于发表自己独到的见解。	5	
		14. 认真对待小组分工，善始善终。	5	
		15. 不怕困难，思维灵活，恰当选择解决问题的方法。	5	
		16. 及时完成活动，积极参与交流分享。	5	
协作精神（30）	合作意识	17. 小组成员团结协作，合理分工，乐于分享。	8	
		18. 认真倾听同学的观点和意见，对小组学习做出贡献。	7	
	合作态度	19. 关心同学，互相尊重，发挥优势，优劣互补。	7	
		20. 主动承担组内工作，不推诿，有责任意识。	8	
合计				

表5-9　研学旅行同伴评价表

序号	1	2	3	4	5	6	7	8
项目	品行修养（20分）	探究能力（20分）	团队精神（20分）	安全意识（20分）	学习效果（20分）	特殊加分	加分理由	总得分
打分项	1.遵守社会公德，尊重民族习俗，自觉落实学生行为规范。2.文明举止，礼貌待人，遵守不同场合的纪律要求及行为准则，尊重带队教师及所有为研学服务的人员。3.自我管理能力强，合理安排游学期间的学习和生活，做到无人监管下的自觉。4.提高社会公德意识，培养法制观念，在旅行中引领社会风尚，传播先进文化。	1.主动参与研学课程，在充分进行行前预学的基础上，依据兴趣提出问题，与同伴一起形成研究专题，设计项目研究方案。2.以研学旅行为切入点，主动建构知识体系，不断拓宽学习领域，积极开展延展性学习。3.以活动为载体，以项目研究为驱动，运用校内所学开展实践探索，形成研究报告，展示研究成果。4.在研学过程中积极思考，主动探究，勇于实践，不断审视、反思探索行为，对自己的课题研究做出客观评价。	1.团队意识强，能与同行人员密切配合，积极沟通，合作共赢。2.时刻维护团队形象，以团队利益为重，遵守团队纪律。3.尊重组长及辅导员安排，自觉完成团队赋予的职责和任务。	1.认真参加酒店逃生演习，掌握逃生技巧。自觉履行行车安全、生活安全的相关要求，在研学期间无任何安全事故发生。2.管理好自身财物，爱护公共设施，无丢失损坏财物现象。3.合理膳食，健康饮食，没有出现因私自购买食品发生意外的事件。	1.完成学习任务，研学手册书写认真完整。2.完成研究课题，课题研究有效果，课题研究报告翔实。3.研学效果呈现方式新颖多样，能运用知识解决实际问题，用科学方法检验研究，解决问题的能力有所增强。4.学习态度端正，积极参与各项学习活动，深入思考主动实践，自觉服务，用自身行为的改进检验游学效果。	1.在活动中表现突出的同学，在征得组员同意的前提下可酌情加分，最高5分。2.简单列出加分理由。		
分值	5　5　5　5	5　5　5　5	10　5　5	10　5　5	5　5　5　5			

155

表 5-10 研学旅行教师评价表

1. 过程性评价(80 分)				2. 终结性评价(20 分)			
评价项目	关键评估点	赋分	我的分数	评价项目	观察评估点	赋分	我的分数
纪律意识	能够做到守时,没有无故缺勤、迟到等现象。	20		学习效果评价	研学手账的完成情况(完成率),研学手账的完成质量(认真书写、正确率)。	5	
学习态度	态度认真,准备充分,积极参与课程活动,有成果收获。	20			研究项目完成情况,学习资料的收集情况,手账中拓展延伸的完成情况,是否能在研学中发现新问题,手账是否完成。	5	
团队意识	能够自己服从辅导员及老师管理,听从指挥,维护大局。	20		学习成果评价	是否参与小组研究项目,是否形成研究报告,是否参与小组活动分享,是否形成研学小报,是否形成学习记录。	5	
文明礼仪	公共场合能注重个人礼仪规范,文明用语,保护环境。	10			分享及报告是否新颖有创意,小组讨论及分享语言表达是否清晰,有无自己见解,对于自己的见解同学及老师的反馈情况。	5	
品德修养	严于律己,乐于助人,能够始终保持良好的小学生形象。	10					
合计得分				合计得分			

说明:

1. 过程性评价由线路负责老师在研学期间至少检查两次学生完成学习任务的情况后记录,并负责汇总研学学生的成绩。

2. 终结性评价由各线路带队老师统一规划和实施。

3. 研学过程中对于表现恶劣的学生,年级和研学项目组将裁决是否限制其申报下次研学线路。

北京市海淀区枫丹实验小学在自我评价方面,研学手册设计了自我管理、实践活动、协作精神三个评项目,主要对照学生个人在研学过程中的品行、学习、与他人相处的内容;同伴互评方面,所包含的内容其实与自我评价相似,只是评价主体不同,表述上有一定差异;教师评价方面,既有过程性评价,也有终结性评价，基本可以对学生在整个研学旅行课程中的活动表现做出相对全面的评价。表格设计比较完整，评价标准细致，易于操作。

二、手册重要信息

除了主体的课程内容外，课程手册还需要包含有关出行组织和行程安全方面的信息，这部分是研学旅行课程顺利实施的重要保障。

(一)地图和研学线路图

地图是出门在外必不可少的工具，在手册中提供目的地地图的作用主要有两点：一是在出行前，地图帮助学生了解研学目的地基本的地理位置、区域行政规划，方便做一些基本的出行准备；二是在研学过程中，地图也为学生发现问题、研究问题提供重要的参考。

在手册中，目的地地图多以行政区划地图呈现，个别会有地形图、气候图、文物古迹分布图、景区平面图等，还会附带一些基本的介绍。

北京市海淀区定慧里小学在徽州线路的手册里使用的是安徽省区域图，主要目的是让学生对研学目的地的行政区域环境有大致了解，先从地图上初步认识研学目的地。

北京市海淀区民族小学在山东线路的手册中以"知识卡片"的形式提供背景资料，选取的是地貌图，为了让学生从自然地形角度对研学目的地有所了解，通过地貌图，学生可以对整个山东省的地势地形特点有初步认识，在自然考察的研学中是非常有必要的。

(二)带队领导教师名单信息

学校负责研学旅行的教师团队是出行过程中重要的联络人，相关信息应该放在手册比较显眼的位置，可以是首页，也可以是尾页，内容主要有教师姓名、负责班级、联系电话等，方便查找和使用，特别是有突发状况时，可以迅速联系到相应的负责教师。

表 5-11　教师通讯录

姓名	职责	联系电话
赵六	带队领导	12345678901
孙七	安全员	98765432100
周八	指导老师	76543211234

表 5-12　导游通讯录

姓名	职责	联系电话
吴九	导游	12345677654

北京理工大学附属中学在手册前几页中就给出了带队教师、学生志愿者以及导游的联系方式和职责，分类编排，责任到人，方便查找。

(三)安全知识信息

手册中还应提供一些基础的安全知识与急救常识，特别是对于以自然考察为重点内容的研学，还需要补充关于野外生存的基本知识。如北京市十一学校一分校的安全告知书里，就包含了出行、就餐、住宿、登山涉水的基本注意事项，并提供了简单的伤病急救措施。

此外，课程研发时，学校应提前了解研学目的地周边附近的医院，掌握医院位置、规模、联系方式等信息，以备遇到比较复杂或严重的意外伤病时所需。

在整理医院信息时，以每日行程为根据，列出当日目的地周边的医院和派出所信息，使用起来非常便利，万一遇到突发情况，可以及时求助。

(四)团队全体学生名单信息

在手册中列出参加研学旅行的全体学生名单信息，一方面便于教师组织管理；另一方面也有利于学生之间相互联系。有些学校在出发前就对学生进行了分组，以小组形式编排学生信息。北京市海淀实验中学对学生信息呈现样式如下：

表 5-13　学生信息表

组别	编号	姓名	性别	民族	班级	身份	手机号
1	1	×××	男	汉	10(1)	组长	……
	2	×××	男	满	10(1)	学生	……
	3	×××	女	回	10(1)	安全部部长	……
2	……	……	……	……	……	……	……

还有的学校从出行角度出发，通过火车座位、住宿、就餐等信息来对学生进行分组，例如，北京市海淀区民族小学对学生在不同环节的信息呈现方式为：

表 5-14　学生用餐表

1号桌	
班级	姓名
(6)1	小明
……	……

表 5-15　学生住宿表

序号	班级	学生姓名		性别	房间号	
1	(6)1	小红	小兰	女	101	101
……	……	……	……	……	……	……

表 5-16　学生火车座次表

车次情况：G355 次　　北京南站　　开往　　曲阜东

02 车厢							
窗口	01A 兰兰	01B 红红	01C 灿灿	过道	01D 壮壮	01F 天天	窗口
	……	……	……		……	……	

由于学生分组会因日程变化而变化，所以在不同情境下学生分组情况会有所不同，学校从火车座次、用餐、住宿三个方面对学生信息进行编排，有利于担任不同职责的老师们都在各个环节对学生进行教育和管理。

三、手册装帧设计

研学旅行手册的装帧设计应以简单、清晰、大方为主，方便师生携带使用，可以根据学生的年龄特点有不同的风格，但不必过于追求花哨、复杂。

(一)开本、封面设计

在手册大小方面，考虑到方便携带，手册开本不宜过大，一般 24 或 32 开本为宜，可用软书皮，封面文字、插图等内容一般包含学校名称、研学旅行的主题（或路线）、适用学段等信息，简洁明了即可。例如，北京市十一学校一分校与北京市海淀实验中学，两校研学手册共同的特点是：大小适中，薄厚适宜，封面设计简洁，便于出行使用。

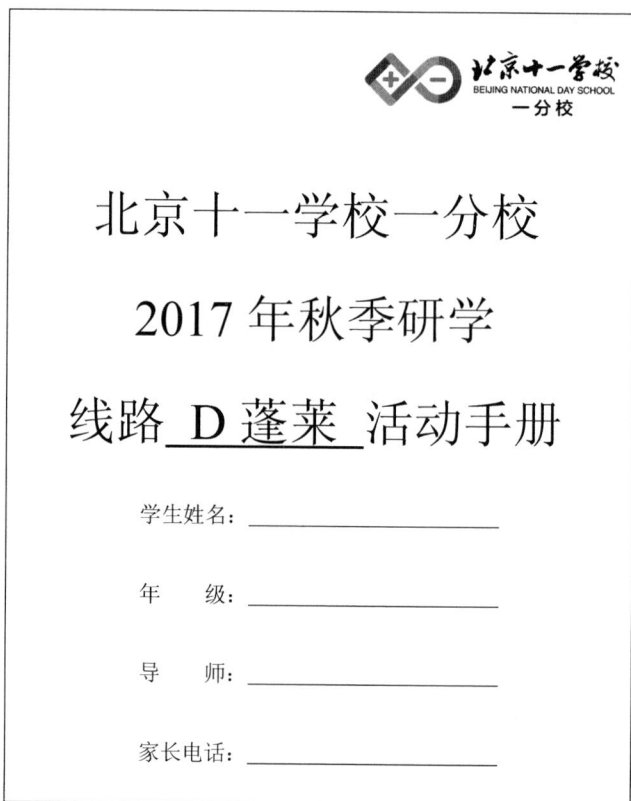

图 5-3 研学活动手册封面样例

(二)目录设计

手册目录设计以简洁为主，但有一点值得注意的是，研学旅行手册内容比较丰富，信息量大，因此设计目录时应考虑进行结构化调整，分出目录层级，让使用者通过目录页可以对手册内容有一个较为全面、清晰的了解。例如，清华大学附属小学的江西线研学手册将全部内容分为八大模块，其中重点部分"行走的课堂"中，按照游学目的地，又细分为"七站"，每一站都设置了有针对性的学习任务。

图 5-4　研学活动手册目录样例

研学手册的内容安排和形式组织不拘一格，给了学校很大的创新空间。但不管如何编制，手册主线要清晰，有主题，有逻辑，板块构成应相对独立，图片、文字应均衡呈现，体例风格应自成一体，信息呈现应尽量完整。需要注意的是，目录设计时应避免琐碎、重复，标题应简明、准确，可以将目录从"研学"和"旅行"两个角度分成两大部分，"研学"部分涵盖课程目标、课程内容、课程实施、课程评价等；"旅行"部分包括出行要求、教师联络人、学生信息、住宿及就餐安排等。

（三）排版设计

文字格式方面，主要包含字号、字体颜色、字体等内容。研学旅行手册主要是出行过程中使用，所以字号可比普通教科书稍微大一些，特别是小学生的研学手册，低年级的文字还应有拼音标注，字号太小，不利于保护学生视力。颜色、字体方面，可根据不同年龄层段的孩子进行不同设计，小学可以偏重活泼、清新的风格，中学可以侧重方正、简约的风格。

研学手册版式设计方面，应以端庄大方为主，讲求图文并茂，小学的手册可适当增加一些彩色、可爱的插图，提高学生的兴趣和关注度。

以北京市海淀区定慧里小学研学手册为例，手册中每页的字数适量，大小适宜，设计比较活泼，以一些边框点缀来增加整体的观赏性和趣味性，比较符合小学生的认知特点。

中学研学手册的活动内容更多，信息量与文字量较大，整体版式设计应简约为好，刻意的装饰就不必要了，而是更侧重知识学习与能力提升，会根据学习内容配以必要的图片来辅助认知。例如，北京市海淀实验中学的厦门研学手册，简洁清晰地呈现了活动时间、学习主题、学习目标，并且以较大篇幅呈现"学习导航"，突出了手册的导读功能，适合高中生认知特点，可以较多地采取自主学习的方式。

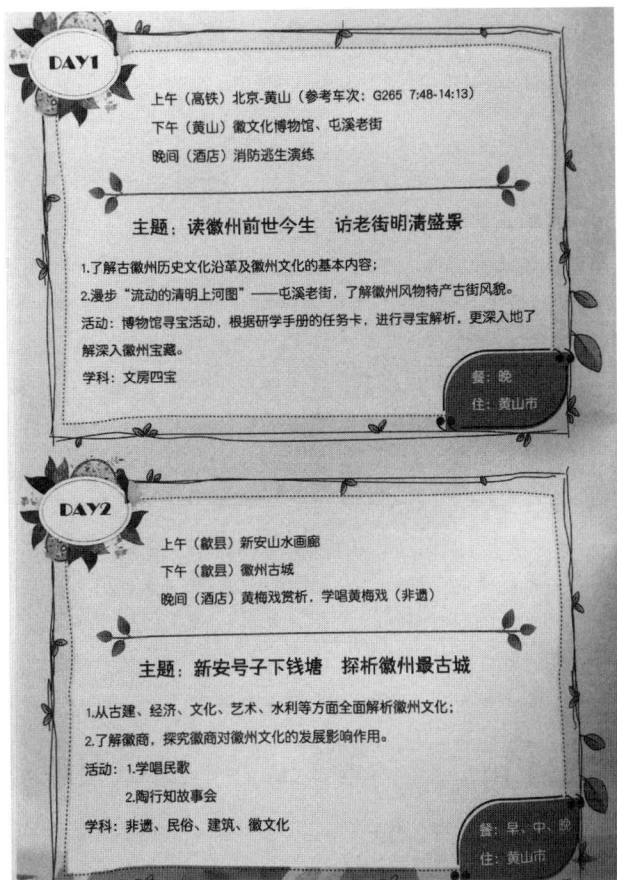

图 5-5　研学活动手册正文样例

(四)前言、结语设计

研学手册前言的目的主要是吸引读者的兴趣，使他们了解手册与课程之间的关系。内容可包括研学旅行的目的、课程要求、手册使用要求、研学目的地的简单介绍等信息，行文活泼有趣，字数不必过多。

例如，北京市十一学校一分校的研学手册前言比较别致，以"一封信"的形式将手册的基本信息传达给学生，语言风格也以轻松、活泼为主，拉进与学生的距离，避免传统教材与学生之间的疏离感。

致八年级研学学子的一封信

亲爱的八年级同学们，

恭喜你选报八年级秋季研学课程！迈入八年级，开启新课程，喜迎深度研学的2.0时代！本次研学，每条线路都将精彩纷呈，亲身体验，专家讲解，你该如何做才能收获最大？本次研学，开启了一个个学科研究项目，你该如何研究才能获益最多？本次研学，贯穿着全过程的志远、意诚、智圆、行方展示，你该如何欲戴王冠、必承其重？

【认知篇】研学，打破了学科边界，在行走中实现知识和情境的交融，丰富着我们和世界的联系。每一条路线都具有自己独特的魅力和价值，如本次北京线的物理特色、京津线的历史特色、烟台线的生物特色、安徽线的地理特色，再加上四条线路各具特色的传统文化、科技工艺内涵。如此丰富的精神盛宴，对于八年级成长的你，无论你选择了哪一条线路，都将收获满满！京津线的你日有所长，安徽线的他/她也日有所进。

【项目篇】提出问题，回答问题，只是小成就；再进一步的问题项目研究，才是成长挑战的大舞台！思维不断发展的你，需要对感兴趣的学科进行更深地思考挖掘。于此，前行在深度扩展的学科世界中，你具备的思维与能力才能助力你更好地面向未来。选定课题→组建团队→寻找指导→规划方案→收集资料→实践探究→撰写成果，学科项目研究中的你光芒万丈、帅气/美丽非凡！

【荣誉篇】我们的目标是有智识、敢担当；对此，研学中我们会发现一个个卓越的你。明确研学目标、研学规划清晰可执行、充分履行小组职责的志远标兵；履行研学承诺，集合零迟到，帮助和照顾组内同学的意诚标兵；有效落实项目研究学习、积极达成课程探究、落实带着一本书去研学的智圆标兵；集合、乘车、就餐、行进、住宿，文明有礼、遵守规则，有集体荣誉感的行方标兵。

本次研学体验丰、课程足、品质高，做好充分规划的你方能收获最大！

一分校八年级学生研学委员会
2017 年 10 月 16 日

图 5-6　研学活动手册的前言样例

结语是对整个研学旅行课程完结的简要结尾，侧重于总结和梳理。例如，清华大学附属小学的结语设计，其重点就在于教师给每位学生的整体评价，用教师的评语总结学生在研学旅行课程中的整体表现。

```
┌─────────────────────────────────────────────────────────────┐
│                        结　语                                  │
│                                                               │
│  亲爱的_____同学：                                           │
│                                                               │
│    清华大学附属小学 2017 年研学活动圆满结束了！这次特殊的课程，因为有了大家  │
│  的共同参与和学习而更加精彩充实。希望这次旅程能给你们带来无尽的启发。        │
│                                                               │
│    通过这次社会实践课程，我也有更多的机会了解你。基于这次活动的表现，我认      │
│  为你：                                                        │
│                                                               │
│  _____ │
│                                                               │
│  _____ │
│                                                               │
│  _____ │
│                                                               │
│                              带队教师：                        │
│                                                               │
│                              时　间：                          │
└─────────────────────────────────────────────────────────────┘
```

图 5-7　研学活动手册结语样例

研学旅行课程手册是指导、辅助、陪伴学生进行研学课程学习的重要参考和依据，手册的编写也是研学旅行课程设计中的重要环节，应注意知识性与趣味性、实用性与价值性的统一。编写过程中，首先，应保证内容的完备与准确，满足学生的学习与出行需求，切实帮助学生完成课程学习；其次，应根据学生的年龄特点，在设计、编排时力求引起学生的兴趣与关注，让学生愿意使用、喜欢使用，避免成为行程中的"负担"和"摆设"。

四、完善研学课程手册

研学手册的研发编写是一项教育性、综合性和专业性很强的工作，需要各学科教师合作研发，包括搭建框架、确定主题、划分板块、组织材料、恰当呈现等。研学手册的编制伴随着游学考察踩点、课程线路设计、目的地学习资源分析、教与学方式设计等一系列的课程建设要素选取与有机整合。

如果说，研学旅行课程建设是一个预设与生成的动态过程，那么，研学手册研制也是一个持续不断的修订过程。每一年的研学手册都会不完全一样，会随着实践经验和问题解决不断改进，形成学校研学手册的 1.0 版、2.0 版、3.0 版，如此不断"升级"，不断完善。

(一)研学手册初级版

研学手册内容结构一般包括三个部分：导学篇、行程篇、评价篇。导学篇中，主要包括行前的准备、出行必备常识、研学地资源介绍等；行程篇介绍具体的行程安排，分组情况、布置作业或研究任务；评价篇包括行前评价、行中评价、行后评价等。例如，中国人民大学附属中学分校西安线研学旅行手册包括以下内容：活动简介，包括活动名称、活动主题、活动地点、内容、时间、活动领导小组、教师通讯录等。还包括以下八部分的内容：历史与文化简述、研学旅行、美文推荐、推荐课题与活动分组、活动安排、注意事项与要求、必备物品清单、我的活动记录。内容很全面，既包括了研学地情况的介绍、相关知识，也包括活动安排、学生的要求、任务等。

例如，北京市二十一世纪国际学校南京线路研学手册，包括：手册使用提示、研学注意事项、行程计划、作业指导、课程评价、各类违纪行为扣分标准、紧急备忘与医疗救护、火车座位安排等。一般而言，学校的研学旅行手册初级版内容都比较全面，考虑到了整个研学旅行过程的安排，但还比较理想化，主要是从教师的角度出发来制定的。

初级版的研学手册有的是学校自主研发，也有些学校觉得一时无法着手，就借鉴使用其他学校的手册内容，适当删减；还有的学校，干脆直接使用研学承办机构和教育公司的"研学课程产品"。在起步阶段，这些做法都是可以理解的。

(二)研学手册改进版

研学旅行的进程是不断变化的，其目标和主题将会不断生成和发展，因此，需要对研学旅行课程进行动态性的开发。相应地，研学旅行手册也要进行改进。改进的依据就是学生使用效果的反馈，改进的着眼点是倾听学生的心声。研学旅行手册每使用一次，也应结合学生使用的情况修订一次。让学生参与修订，会使研学旅行手册更加完善，更实用，也使教师们的课程开发能力不断提高。

北京市十一学校一分校通过调研，发现学生"希望研学手册中的题目少一些"，"建议精简研学手册中的文字，让小组在交流、合作、探究中推进研究"，因此，学校把研学旅行手册由多学科、多角度的问题设置，转变为多资源、多观点呈现的课程安排。将文章、音频、视频、参考文献等以集中的扫码资源呈现，并给出1～2个关键材料分析，做到化厚为薄，又通过二维码扩充手册链接资源，保证资源由"薄"及"厚"；为学生开展探究学习提供更多资源，也为学生预留更多的空间，记录研学过程中的所见、所思、所学、所获。

(三)研学手册成熟版

研学旅行课程有时候没有达到预期效果，原因可能有以下几点：只旅不学，不设任务，不反思提升；只学不旅，任务太重，失去旅行乐趣；只参观考察，缺乏探究；学生被绑架，缺乏主体性，不能很好地达到培养学生的创新精神和实践能力的预期目的。因此，在全面分析研学旅行的目标确定、内容安排、方法选择等问题的基础上，学校需要整体建构中小学研学旅行课程体系。研学旅行手册成熟版也是学校研学旅行课程体系成熟构建的标志。一本成熟的研学旅行手册，其内容的设置与编排上应更加合理；更注重吸纳学生参与，从学生视角出发设计问题和学习内容；更注重课程的生成性，而不是一切都预设好了，一切都要按部就班地进行。例如，在导学篇中，提供更丰富的课程资源；评价篇的设计中，坚持过程性评价和发展性评价相结合，要求学生撰写研学旅行摘记、研学旅行心得等，关注学生在研学旅行过程中的体验、反思与感悟。

研学旅行手册是整个研学活动的行动指南，是研学旅行课程"计划性""研究性"的体现，也是学生实现自我管理、自我教育的基本保障。研学旅行课程的"计划性"表明研学旅行是一种有计划、有组织的教育活动，是学校教育的重要组成部分，这与我们平时比较随意的外出旅游是有区别的。研学旅行课程的"研究性"表明研学旅行是一种研究性学习活动，必须体现自主学习、合作学习、探究学习等研究性特点。研学手册相当于研学过程中学生学习的"行动导引"，因此应该力求做到明确具体、操作性强；同时，研学手册也是学生的"行动助手"，研学旅行中学生关注和需要了解的基本内容都应在手册中呈现；最后，研学旅行是一种开放性学习活动，其最大的魅力是"生成"，因此，应该为学生预留空间去想象、去探究、去合作、去创造。

第六章

研学旅行学校工作
规程标准

规程，简单说就是"规则"和"流程"。流程是为了实现特定目标而采取的一系列前后相继的行动组合，是由多个活动组成的工作程序。规则包括工作的要求、规定、标准和制度。可以说，规程就是依据一定的标准，将某一项工作设置为一套程序，贯穿一定的要求，达到工作的规定。规程能保证一项工作安全、有效地完成，各领域都有自己的工作规程，如《幼儿园工作规程》《电力安全工作规程》《税务稽查工作规程》等。国家旅游局 2016 年制定了《研学旅行服务规范》，2017年 5 月 1 日起实施。该标准对服务提供方基本要求、人员配置、研学旅行产品、研学旅行服务项目、安全管理、服务改进和投诉处理等各个方面都做出了详细规定，以保证研学旅行行业的服务质量。适用于我国境内所有组织开展研学旅行活动的旅行社和教育机构。

研学旅行是一种特殊的教育活动，因离开校园、离开所在城市甚至所在国家外出游学，因此，教育行政部门和学校制定一套规程以保证活动安全和风险防控是十分必要的。

教育部等 11 部门印发的《关于推进中小学生研学旅行的意见》（以下简称《意见》）提出，需要规范研学旅行组织管理。要求各地教育行政部门和中小学探索制定中小学生研学旅行工作规程，做到"活动有方案，行前有备案，应急有预案"。可以说，这"三案"的要求是最粗略的规程，每一项下面，又要细化为若干可落实的标准和流程。《意见》中规定，学校组织开展研学旅行的基本规程为：（1）提前拟定活动方案，并按管理权限报教育行政部门备案；（2）通过家长委员会、致家长的一封信或召开家长会等形式，告知家长活动意义、时间安排、出行线路、费用收支、注意事项等信息；（3）根据需要配备一定比例的学校领导、教师和安全员，也可吸收少数家长作为志愿者，负责学生活动管理和安全保障；（4）对学生和教师进行研学旅行事前培训；（5）与家长签订协议书，明确学校、家长、学生的责任权利。学校委托开展研学旅行，要与有资质、信誉好的委托企业或机构签订协议书，明确委托企业或机构承担学生研学旅行安全责任；（6）对学生和教师进行研学旅行事后考核。

一、制定活动方案

活动方案是指为某一次活动所制订的书面计划，包括具体实施步骤、办法、细则等。活动方案中应对各个环节和具体流程进行规定，以保证活动的顺利进行。根据活动面向的对象和活动内容不同，活动方案的详细程度和具体内容要求也有所不同。但一般的活动方案通常都包括时间、地点、目的、内容、形式、参加人数、活动组织、活动反馈等。

(一)活动方案基本要素

研学旅行涉及组织未成年人参与，安全和保护任务需要完善到位，因此制定这类学生活动方案时，在安全措施方面的要求也需要格外细致。研学旅行活动方案一般包括的内容有：(1)活动主题；(2)活动对象；(3)活动的目的及意义；(4)活动时间、地点；(5)活动形式；(6)活动内容概述；(7)行程安排(行程、餐饮、交通)；(8)组织机构和职责分工；(9)安全教育措施；(10)安全负责人姓名及联系方式。

(二)活动方案参考样例

研学旅行活动方案可繁可简，字数可多可少，但要保证基本要素齐全。应根据出行距离、天数、人数等不同的活动规模，分别对每一个方面进行周密安排，并落实在文本上。共性的活动方案要包括基本要素，个性化活动方案可以添加特殊活动内容。

【案例】××学校研学旅行活动方案

根据教育部等 11 部门《关于推进中小学生研学旅行的意见》要求，结合我校实际情况，经校委会研究同意，利用××时间开展研学旅行活动。

一、研学目的

结合本次研学活动主题展开阐述。

二、活动对象(参加人数)

××年级(学生××人)

三、活动时间

××××年××月××日至××××年××月××日

四、活动形式

1. 教师带领下的校外综合实践教育活动。

2. 家长同意下自愿参加。

3. 学生集体出行、统一食宿，以合作探究、项目学习等方式开展活动。

4. 综合评价，价值引导。

5. 团队分享，主题学习，专题研究。

五、活动内容

可以根据资源教育价值分类阐述活动内容，如传统文化体验活动、科技创新观摩活动、非遗动手制作活动、生态环保考察活动、民俗体验研究活动等。

六、行程安排(餐饮安排、交通方式、住宿安排等)

时间(天)	活动内容	活动目标	活动评价	餐饮安排	交通方式	住宿安排

七、学生安全教育措施

校内出发前安全教育、途中安全教育、研学基地安全教育等。

八、职责分工

(一)领导机构

组长：×××

副组长：×××

执行成员：×××　×××　×××　×××　×××

(二)具体职责

1. 安全责任人：方案确定以及整体活动全程监控(可展开)。

2. 年级责任人：年级统筹安排(教师职责分工、安全教育、行程建议、学生动员等)。

3. 班级责任人：班级管理、学生分工、安全教育、家教联系等。

4. 学校相关部门和老师：对外联系、研学宣传、活动组织、医疗保障、备案申报等。

九、未尽事宜另行安排。

××学校

××年××月××日

二、向教育行政部门报批备案

学生研学旅行活动一般由区县级教育行政部门审批。区县教委(教育局)对学生集体外出活动会有统一的备案要求，一般是要求提前 10～15 天备案。会提供标准格式的备案表，要求学校填写学生外出时间、外出人数、活动地点、外出活动名称，交通方式、车(船)数量、车(船)租赁公司名称、委托第三方公司名称等。

(一)备案制度要求

为了规范全区教育系统学生集体外出活动管理工作，保障师生安全，区县教委(教育局)会制定《学生集体外出活动备案管理办法(试行)》等制度文件，对所辖区域的教育系统(各中小学、职业学校、学生活动中心等)组织学生集体外出活动提出统一要求，要求各学校根据学生外出目的和学习任务，在集体外出活动前，到教委相关部门办理备案手续。如果涉及体育、科技、艺术等活动应该报体育健康科、美育校外科备案，涉及德育主题教育、军训等活动应报德育科备案，中小学一般性集体外出应该分别到中教科和小教科备案。学校在各相关科室备案后，还要到食品安全科和安全保卫科等相关科室备案。

(二)备案内容要求

一般情况下，教育行政部门对于外出研学备案审查的内容有：(1)家长通知：收费的要写上收费总额和明细；不收费的写明费用学校负责。研学旅行是学校的规定课程，本着自愿原则，不参加的同学按时到学校上课。(2)踩点说明：写明有无危险，怎样处置。(3)食品安全预案：考察服务餐饮饭店是否有食品经营许可证、餐饮服务许可证、卫生许可证(餐饮)或三证合一(2016年5月之后)。(4)住宿宾馆的营业执照。(5)交通安全预案。(6)集体外出申报表。(7)实践方案，包括年级的安全预案。(8)外出活动安全工作应急预案。

(三)备案材料准备

教育行政部门一般要求组织研学旅行的学校向区教委提交的备案材料有：学生集体外出活动备案表、汽车租赁合同、学生外出活动安全责任书、学校研学踩点说明、学校主题研学活动安全工作预案、学校研学活动交通应急预案、研学活动住宿安全应急预案等。

三、制定应急预案

应急预案指面对突发事件如自然灾害、重大事故、环境公害及人为破坏的应急管理、指挥、救援计划等。研学旅行中的应急预案是指应急管理预案，主要是针对交通安全、住宿安全、食品安全、特殊天气等方面的情况预先拟定出应对方案。目的是为了强化活动的安全管理，增强指导教师和参与活动的学生的安全意识，有效应对各种突发情况，确保师生的人身安全和活动的顺利进行。这类应急预案详细描述事故前、事故过程中和事故后何人做何事、什么时候做及如何做。这类预案要明确制定每一项职责的具体实施程序。一旦发生相关的事故，按照预案中的程序和方法处置，以保证临危不乱。

(一)应急预案要求

在活动过程中，研学旅行应急预案中提出的应急措施必须落到实处，以利于及时应变。应急预案必须设定应急小组及职责分工，组长为处理突发事件总指挥，其他成员各司其职，发挥作用。突发事件处理原则为：(1)保持镇静、沉着应对；(2)学生优先；(3)就地抢救；(4)报警、求援；(5)维持秩序、迅速疏散。

交通是研学旅行中最有可能出现问题的。学生研学人数多，在远离所在城市发生意外情况时，要启动领导小组、随队教师等不同分工的工作响应机制。发生交通问题时，车辆故障处理、交通事故处理、报警及信息联络等环节，按照预设的处理流程和措施执行。需要将领队和随团教师的电话全部公开给随团学生和家长。

住宿应急预案主要是针对在酒店遇到火灾、地震等事故需要紧急逃生和综合应对，也要针对踩踏、失盗等事故制定相应的处置流程和措施，全方位做好事故防范工作。

(二)应急预案内容

预案应设定题目，如《×××学校×年级研学活动交通应急预案》，也可以是住宿预案或其他预案。

预案中应明确写出研学活动的基本信息，包括时间、地点、活动范围和参加人数等。最重要的是应急小组及职责分工情况，需设立领导小组。对于发生意外事件的各种应对措施和流程，应该尽可能详尽和科学合理。一旦发生事故，领导小组需维持现场秩序，指挥学生撤至安全地带；保护好事发现场，协助公安做好现场的勘察；负责家长、公安、医疗、保险等各方接洽，妥善处理善后事宜；最后还要写出书面报告，总结经验教训。

随队指导教师工作要听从组长指挥，配合组织学生迅速撤至安全地带；要维持现场秩序，做好学生的情绪稳定工作；要组织护送受伤学生到医院检查、诊治；还要保护好事发现场，协助公安做好调查取证工作等。

应急预案的主体是如何应对交通、住宿、踩踏、恶劣天气等各种事故的发生，假设事故发生，将会采取哪些措施，都要制定出一定的流程和工作标准。这部分内容可以参见第七章《研学旅行安全保障与管理》部分内容，里面有详细的案例可供参考。

除了一些人为原因或管理不善导致的事故，自然灾害也是安全防范的重点之一。学校组织学生研学旅行应少去自然灾害易发的地区，如近年地震活跃地区，海啸可能波及的地区；也最好不要组织冒险性的观赏活动，如观潮等；避免去热点风景名胜区，以防止游客过多发生踩踏事件威胁学生安全。

但是，有一个很难防控的自然因素就是气象灾害。虽然现在可以查阅到较长时间的天气预报，但是时间跨度越大，天气预报越不准确。而长距离的研学旅行一般是在学期初就纳入教育教学计划了，所有的准备工作都要提前两三个月甚至更长时间着手。因此，无法轻易改变时间。这就使得防止恶劣天气成为必要的安全考虑要素。虽说活动前几天可以了解到活动期间当地的天气预报，可以根据天气情况让学生做好相应准备活动，但是预报毕竟是对概率的预测，灾害天气的发生常常让人措手不及。因此，针对可能出现的恶劣天气的研学活动预案也是不可缺少的。

【案例】徽州研学恶劣天气预案①

徽州地处皖南地区潮湿多雨。研学行程中可能会遇雨天。做好行前准备，密切关注天气预报，根据实际情况及时调整，做预案如下。

一、行前准备

请所有师生带好雨具：雨伞一把，雨衣一件。并带上一双防水防滑的备用鞋。必要的话，准备一双鞋套(尽量不用，因为穿上容易打滑，但是在茶园里面采茶尽量不挪动地方的时候使用，并请辅导员时刻提醒学生们注意防滑)。

二、行程中

雨中徽州烟雨蒙蒙，景色别致，只要不遇大暴雨，带好雨具，行程基本不会受影响。如雨量大、降雨急，可能会受到的影响是：茶园泥泞不便采摘，渔梁坝水位上涨淹没坝体不能参观，去宏村的路有可能会有塌方滚石。

1. 密切关注天气预报，根据实际情况调整行程顺序。

2. 如必须在下雨时进行活动(在可以克服的情况下)，可以在茶园穿上雨衣并购买鞋套，尽量维持原行程；如雨实在太大无法采摘则取消采茶环节，以徽州糕饼博物馆或徽菜博物馆参观替代。

---

① 本案例由学知苑国际教育科技(北京)有限公司提供。

3. 如遇大雨淹没渔梁坝，在可能的情况下参观渔梁老街，在岸上观看徽商之源。若水流过急有安全隐患，则取消该景点参观。以徽州民歌教学来替换此项目（会有额外费用产生）。

4. 如遇下雨去宏村派地勤车先行探路，确定路况无障碍安全再发车。如路面不能通行，就近以呈坎古村、唐摸古村、徽商大宅院、棠樾牌坊群或鲍家花园调整替换。

5. 通知餐厅准备姜汤驱寒。

三、后勤保障

安排专人专车随团服务，做好各项应急处理。

祝此次研学风调雨顺，圆满成功！

四、做好研学旅行准备工作

组织一次外出研学活动需要精心策划，周密部署。研学旅行活动虽然出去一周左右甚至更短，但是准备阶段需要花费很长时间。从课程设计策划、实地考察踩点、活动方案制定，再到研学活动成行，各种安全预案的制定、报批，组织学生报名，与家长的沟通，研学服务机构的招标等，一系列烦琐的准备工作，一般要花几个月的时间。当然，研学旅行活动中的几天是最关键的环节，几个月的时间都是为这几天能有更好的安全保障和学习效果。研学旅行活动的安全准备工作，一般包括组织准备、活动安全准备、生活保障准备等。

(一)组织工作准备

一是学校召开专题会议。校长是研学旅行活动的第一责任人，校长要组织干部专门研究审核活动各项方案、预案，责任到人，留存会议记录。

二是安排适当的教师配比。一般情况下，研学旅行的师生比例为中学1∶15，小学1∶10，幼儿园1∶5，特殊学校1∶5。当然这个比例不是绝对的，如初一的学生和高二的学生师生配比会有不同。另外，如果一所学校初次组织研学旅行，师生比例也可以大一些。师生配比应根据学生不同的年龄阶段做出合理的安排。

三是确定带队领导。处于安全重要性的考虑和组织学生群体外出责任重大，研学旅行活动应该由副校级及以上领导带队，有的小学组织研学旅行，是校长亲自带队，与学生一起出发，一起返校。

四是遴选合作单位。应该直接与政府定点采购资质的租赁公司签订租车(船舶)安全协议。如果委托第三方组织活动，要与其签订安全责任书(旅行社、接待方)。

(二)活动安全准备

一是制定活动安全方案、突发事件处置预案，包括交通、防恐、防伤害、防踩踏、食品安全等方面的预案，并存档备查。

二是在活动前对全体师生进行有针对性的安全教育，这是必须做的环节，要列出隐患重点，并安排人员采取预防措施。

三是按照相应的标准要求做好安全准备工作。安排专人(副校级以上领导)做好考察踩点工作，做到对活动地地形地貌、空间(面积)、逃生通道、天气状况、消防设施、就餐地点、疏散集合地点、就近的医疗机构位置及联系方式等心中有数。临时变更活动地点或活动路线的，需重新踩点。如遇恶劣天气应暂停外出活动。踩点人员必须全程参加活动。

(三)生活保障准备

一是对用餐的合理安排。集体用餐必须在有资质的餐厅用餐，并留存就餐地点的有效资质，如工商营业执照、餐饮单位的相关许可证明等。踩点考察时，最好能将各种预选菜品"试吃"一下，以使本地学生到外地能够适应减少当地餐饮过于浓重的酸辣口味。遇军训、集训、表演等情况，应签订供餐合同书，留存送餐公司有效资质。

二是关于住宿的选择和安排。住宿必须选择有资质的宾馆，并留存有效资质。宜选择安静的地区，不宜选在闹市中，但也不宜过于偏僻。

五、购买研学旅行保险

(一)购买保险必要性

外出研学毕竟存在不可控因素，即使主观上做到万无一失，也要防范不可预测的小概率事件发生，构筑全方位的安全保障防线才是正确之道。《关于推进中小学生研学旅行的意见》(以下简称《意见》)和《中小学学生赴境外研学旅行活动指南(试行)》(以下简称《境外研学旅行活动指南》)等组织学生实践活动的相关文件中，都规定了要为学生购买保险。

(二)购买保险种类

《意见》中要求"建立安全责任体系"，指出各地要制订科学有效的中小学生研学旅行安全保障方案，探索建立行之有效的安全责任落实、事故处理、责任界定及纠纷处理机制。对学校提出了明确要求，学校负责确认出行师生购买意外险，必须投保校方责任险；要求保险监督管理机构负责指导保险行业提供并优化校方责任险、旅行社责任险等相关产品。《境外研学旅行活动指南》也提出，境外研学旅行的举办者要为学生全员和带队教师购买涵盖活动全程的医疗保险及意外伤害保险。

(三)购买保险数额

如某公司承接的学生研学活动，接待了 300 名初一年级学生赴北京—天津—保定线路研学，公司为参与活动的师生购买了人身意外伤害保险，可以有两种选择，每人 3 元，保额 24 万；每人 10 元的，保额为 50 万。企业在承接研学团队活动时，应与学校协商，选择合理的保险种类。

六、赴境外研学旅行要求

教育部等 11 部门发布的《关于推进中小学生研学旅行的意见》，只适用于国内研学。针对出国出境研学的要求，教育部在 2014 年发布了《中小学学生赴境外研学旅行活动指南(试行)》这份文件，共 20 条，规定了境外研学旅行的性质、范围、研学目的地选择、课程学习内容、学习时间、与第三方的合作规范、安全管理要求、文明礼仪教育、师资配比要求、活动组织程序和家校沟通要求等。

中小学学生赴境外研学旅行活动（以下简称"境外研学旅行"）是指根据中小学学生的特点和教育教学需要，在学期中或者假期以集体旅行和集中住宿方式，组织中小学学生到境外学习语言和其他短期课程、开展文艺演出和交流比赛、访问友好学校、参加夏（冬）令营等开阔学生视野、有益学生成长的活动。

《境外研学旅行活动指南》规定，境外研学旅行一般应以小学四年级以上年级的学生为主体，组织三年级以下完全无民事行为能力的学生参加活动的，举办者应当依法特别明确相应的权利义务及责任。

（一）境外研学旅行学习内容

学生赴境外研学旅行，应有特定的目的，且是国内研学旅行无法实现的情况下才选择去境外。《境外研学旅行活动指南》第二条规定，境外研学旅行应当以加强国际理解教育，推动跨文化交流，增进学生对不同国家、不同文化的认识和理解为目的。考量境外研学旅行活动是否有必要，应遵循三个基本原则，即有利于促进中小学的对外交流与合作，丰富中小学的课程内容和社会实践，增进与国外中小学学生的交流和友谊。

因此，举办境外研学旅行要与本校的教育教学计划相契合，设置适当、周密的教学内容，把素质教育和体验学习贯穿始终。《境外研学旅行活动指南》第六条规定，境外研学旅行要注重活动特色，丰富教育内容，可以选择或者包含环保、科技、人文、自然、历史、文学、艺术、体育等主题的友好交流活动。

选择境外研学旅行目的地，应在兼顾气候、交通、卫生、语言、食宿等的基础上，优先考虑环境安全、友好、文化内涵丰富、教育教学水平较高的国家和地区，注重体验多样性文化。

（二）境外研学旅行学习时限

赴境外学习相对国内游学，由于距离远或出入境等因素影响，往返路途中耗时较长，加上转机等其他因素影响，纯粹学习时长受到一定的局限。《境外研学旅行活动指南》第五条规定，境外研学旅行的教育教学内容和学习时长所占比例，一般不少于在境外全部行程计划的 1/2。

我国学生如果赴欧洲、美洲、大洋洲等较远的国家研学旅行，路上时间较长，交通成本较高，去一次不太容易。因此，如果从经济效率考虑，似乎出境一次多学些时日，可以使交通成本发挥更大效益，进行深入学习。但是，考虑中小学学生的身心特点和承受能力，《境外研学旅行活动指南》对不同年龄段学生学习时长和目的地国家、城市等也做出了具体规定。其中第十一条规定，一般小学生不宜超过 3 周，中学生不宜超过 6 周。每次活动安排不宜超过 2 个国家，每个国家的参访城市不宜超过 4 个。除非特别需要，不宜组织跨国多地的境外研学旅行活动。因此，境外研学旅行的活动时间和地点应事先进行合理规划和设计。

(三)境外研学旅行组织程序

境外研学旅行的举办者要关注政府部门发布的预警信息，规避战争、疾病、灾害等存在安全隐患的国家和地区。

各学校组织学生赴境外研学旅行活动，申报、审批和办理过程比国内研学所花费的时间要多，程序也更为复杂。一般应由区县教育行政负责国际交流的部门办理，还要经过地市级和省级外事管理部门的审批。

《境外研学旅行活动指南》对家校沟通方式提出了明确要求，第十三条规定，境外研学旅行的举办者事先要以书面形式将活动内容、境外食宿安排、所需费用（含保险费用）、文明安全等事项告知学生和家长。学生家长要审慎选择境外研学旅行活动，并向举办者提供书面的署名同意书和学生健康证明。

第十四条规定，境外研学旅行活动的举办者要与学生家长就监护权委托等事宜依法签订协议，并可就学生违反团队规则或者因离团发生意外的责任归属和处置办法等依法做出书面约定。第十五条规定，举办者要在行前向家长介绍活动行程和注意事项，提醒家长保持活动期间联络方式畅通，做好学生行前准备工作。第十六条规定，在境外期间，举办者要通过适当方式向学生家长及时沟通活动进展情况。条件允许的，可以每天向学生家长通报情况。

由于语言障碍、文化差异、地址不熟等多种不利因素影响，安全教育对于境外研学旅行来说更为重要。《境外研学旅行活动指南》第十五条要求，举办者要做好学生、家长的行前培训和说明工作。包括加强学生的安全教育，以手册、讲座等多种形式指导学生熟悉必备的安全知识，注意保管好个人证件和随身物品，牢记带队教师和我国驻外使领馆以及当地报警电话，掌握当地交通、公共安全、饮食等基本常识，留意交通工具和住所的紧急逃生路径或出口，规避和远离危险区域和场所，知晓应对突发情况的自我保护措施和求助方式等。

第十六条也明确要求，举办者要建立安全责任机制，制定突发事件应急预案；要做好相关信息的备份工作，以备遇到突发情况能够及时提供。此外，为了加强安全问题防范和对学生保护能力，举办者应在出行前培训带队教师掌握紧急救险和医学急救的知识。

(四)境外研学旅行教师配备

学生赴境外，离开了父母，离开了学校，带队领导和教师就成为孩子的临时监护人，必须对孩子的安全、学习、生活全权负责。关注孩子对境外气候、环境的适应情况，保证交通、饮食、住宿、学习交流的安全，并需要安抚学生的想家情绪，因此，随团教师的工作量要比国内研学大得多。师生配比也比国内研学大一些。

《境外研学旅行活动指南》第十七条规定，举办者要为赴境外研学旅行团组配备随团带队教师，并指定1名带队教师为领队。团组的带队教师与学生的比例一般不低于1：10。学生年龄结构偏小的团组，需酌情增派带队教师。

学校安排赴境外研学的带队教师，除了数量上可以多于国内研学，在选派的教师素质上还有特定的要求，比如，出境带队教师要熟悉目的地国家和地区的情况（含相关法律规定情况），具备强烈的责任感和较强的执行力，拥有良好的语言沟通能力和组织协调能力。因为，在境外期间，领队和随队教师不但要协调落实计划中的教育教学活动，还有可能遇到一些意外情况，届时就要临机处置和排除交通及其他安全隐患，这就需要领队教师要丰富的经验和预判决断能力，还要有良好的组织纪律性和临危不惧的心理品质。遇有危及学生人身安全或其他紧急、突发情形的，领队和带队教师要采取必要的处置措施，并在第一时间向我驻外使领馆和举办者报告。领队教师还要有较强的组织领导能力，将随队教师做好分工，包括安排很多具体性工作，如配备应急药物，关注学生的饮食卫生，并常备护照复印件等学生信息等。

(五)境外研学旅行文明礼貌要求

赴境外研学旅行是一种国际交流活动，要展示我国中小学生良好的文明礼仪和美好形象。尤其对于文化差异和风俗习惯较大的国家，要对学生讲解一些禁忌。《境外研学旅行活动指南》第十五条要求举办者要加强学生的文明出游教育。学校要以中国公民出国(境)旅游文明行为指南和"文明旅游十大提醒语"为重点，指导学生学习文明出游知识，掌握基本文明礼仪和目的地风俗禁忌等常识。强化团队精神和纪律意识，提升展示中国青少年良好风貌的自觉性和主动性。

中央文明办和国家旅游局联合发布的《中国公民出国(境)旅游文明行为指南》内容如下。应让学生逐条理解，并在实践中努力践行。

中国公民，出境旅游，注重礼仪，保持尊严。

讲究卫生，爱护环境；衣着得体，请勿喧哗。

尊老爱幼，助人为乐；女士优先，礼貌谦让。

出行办事，遵守时间；排队有序，不越黄线。

文明住宿，不损用品；安静用餐，请勿浪费。

健康娱乐，有益身心；赌博色情，坚决拒绝。

参观游览，遵守规定；习俗禁忌，请勿冒犯。

遇有疑难，咨询领馆；文明出行，一路平安。

另外，有的省市也对本地区的精神文明建设提出了要求，如江苏省就出台了《学生境外修学旅行文明素质公约》，内容包括："爱护自然环境，保护文物古迹；遵守各国法规，维护公共秩序；待人礼貌谦逊，言行举止得体；倡导勤俭节约，杜绝奢侈浪费；包容多元文化，学会尊重欣赏；传播中华文明，争当文化使者。"

研学旅行的工作规程和标准有很多，有的是规定性的，如制定活动方案和安全预案，为学生购买保险，与家长书面沟通等；有的是禁止性的，如学校不能从组织研学活动中获益或盈利、不能推脱安全责任，出境研学不能改变行程计划等；有的是倡导性的，如文明出游、展示中国青少年良好风貌等。

第七章

研学旅行安全
保障与管理

安全问题是中小学管理的首要问题。保护生命安全是组织一切学习活动的前提和基础。有关专家认为，通过教育和预防，80％的学生意外伤害事故是可以避免的。安全教育不能只是依托社会、学校、家长对学生进行保护，还要教给学生自救知识，锻炼自护自救能力，使他们能够果断正当地进行自救自护，机智勇敢地处置遇到的各种异常情况或危险。研学旅行活动中加强安全教育和保护，使师生牢固树立"珍爱生命、安全第一"的意识，保障学生安全学习、健康成长。

一、建立研学旅行安全责任共担机制

《关于推进中小学生研学旅行的意见》(以下简称《意见》)明确指出，要"建立安全责任体系"，各地要制订科学有效的中小学生研学旅行安全保障方案，探索建立行之有效的安全责任落实、事故处理、责任界定及纠纷处理机制，实施分级备案制度，做到层层落实，责任到人。

教育行政部门负责督促学校落实安全责任，审核学校报送的活动方案(含保单信息)和应急预案。学校要做好行前安全教育工作，负责确认出行师生购买意外险，必须投保校方责任险，与家长签订安全责任书，与委托开展研学旅行的企业或机构签订安全责任书，明确各方安全责任。旅游部门负责审核开展研学旅行的企业或机构的准入条件和服务标准；交通部门负责督促有关运输企业检查学生出行的车、船等交通工具；公安、食品药品监管等部门负责加强对研学旅行涉及的住宿、餐饮等公共经营场所的安全监督，依法查处运送学生车辆的交通违法行为；保险监督管理机构负责指导保险行业提供并优化校方责任险、旅行社责任险等相关产品。因此，学校在落实各项安全和保障措施时，应考察交通、旅游、食品、保险等部门的资质，必要时与相关行业管理部门联系。

《意见》指出，学校组织研学旅行活动，可采取自行开展或委托开展的形式，学校委托开展研学旅行，要与有资质、信誉好的委托企业或机构签订协议书，明确委托企业或机构承担学生研学旅行安全责任。

(一)研学旅行出行安全性评估

学校在制订研学旅行活动实施计划时，应该对本次研学旅行的总体出行安全进行全面评估。首先是考察研学目的地学习资源情况，是否适合特定年龄段的孩子；目的地基础设施安全和便捷情况、景区内空间容纳人数情况，是否适合组织学生去研学等。参观时，景点难免会出现人多的情况，容易出现走失、摔倒甚至踩踏事件，需要配备足够的带队老师带领，以降低风险。其次是后备服务保障情况，主要从交通、饮食、住宿等方面考虑。交通方面汽车考虑租赁公司的资质、司机经验以及道路情况、天气情况等；火车考察高铁或普通列车的拥挤程度，是否人人有座位等。饮食方面，要认真核对餐厅是否具有食品安全证书等资质，做好对某种食品过敏等突发情况的应急处置计划，对餐厅附近的医院情况做到心中有数。住宿方面，要评估酒店的资质等级、火灾逃生路线等。

(二)制定研学旅行活动安全预案

《意见》要求，各地教育行政部门和中小学要探索制定中小学生研学旅行工作规程，做到"活动有方案，行前有备案，应急有预案"。学校在组织活动前，要制定周密详细的活动方案和安全预案，加强学生外出活动安全管理，明确安全事故处理的责任，确保学生人身安全不受伤害。

中小学生研学旅行的安全工作预案一般包括如下内容：

指导思想：以落实各项安全制度为要求，教育学生遵守各种安全法律法规，培养学生具备一定的自护能力，让活动既突出意义，又安全愉快。

工作目标：确保交通安全，确保食宿安全，确保活动质量，展示学校和学生的良好形象。

组织领导：要成立外出活动安全领导小组，公开带队领导及随队教师的手机号码，明确小组成员及带队老师各自职责。

活动时间地点及参加人数：写清每一个活动的具体地点，每天活动的起止时间。

工作安排及分工：提前考察踩点、召开工作协调会、对学生进行安全教育、联系车辆、组织师生出发、活动中的安全管理及协调等。

紧急事件处理办法：处理交通事故应急预案、处理饮食卫生应急预案、处理人身意外伤害及疾病应急预案、处理治安案件应急预案等。

紧急事件处理程序：事故发生后对伤者的保护及逐级报告、告知家长、送往医院、各方协调及事故处理等要求。

【案例】中国矿业大学(北京)附属中学高二年级
2018 年研学活动安全工作预案(甘肃线)①

为加强本次活动安全管理，增强指导教师和学生的安全意识，在确保师生安全的情况下活动能够顺利，特制订本预案：

一、指导思想和工作目标

指导思想：以《学校安全工作条例》为指针，认真落实各项安全措施，教育学生遵守各种安全法律法规，培养引导学生具备一定的自护能力，让活动既突出意义，又安全愉快。

工作目标：确保交通安全，确保食宿安全，确保活动质量，展示矿大附中学校良好形象。

二、组织领导

1. 领导小组成员

为加强对学生活动的组织领导，学校成立了外出活动安全领导小组。

组长：×××　　　　　电话：×××

本线路领导小组成员及联系电话如下：

姓名	联系电话	职务
×××	×××	带队领导
×××	×××	带队领导
×××	×××	保卫干部
×××	×××	老师
×××	×××	老师

---

① 本案例由中国矿业大学(北京)附属中学梁中贤老师提供。

续表

姓名	联系电话	职务
×××	×××	老师
×××	×××	老师
×××	×××	老师

2. 小组成员及带队老师职责

(1)在带队教师和领导小组会议中，明确任务、职责，要求精力充沛、自始至终参与活动的全过程。

(2)带队教师应提前向学生做好各种教育，同时做好各方面组织工作。

(3)组织带好学生，保证学生的安全，做到去、回、集合等时候清点(掌握)的人数相符。

(4)提高认识，随时随地做好学生的安全教育，不能放松警惕。到目的地要视察周边环境，如施工场地、山坡、河道、水塘，凡是学生有可能发生危险的地方要分头站岗，并注意学生动态，不允许学生出入危险场地。

(5)学生过马路要走人行道，并时时提醒注意交通安全，注意来往车辆，确保学生安全过马路。如遇突发事件不慌张，做到及时处理，及时上报。

(6)自始至终，活动中不得请假、不得中途私自离开学生，保证本次活动顺利进行。

(7)活动结束要及时总结，做好记录。

三、活动地点、时间、参加人数

1. 活动地点

甘肃省张掖(市)：丹霞地质公园；

甘肃省酒泉(市)：金塔沙漠胡杨林、酒泉卫星发射中心；

甘肃省嘉峪关(市)：嘉峪关长城、长城博物馆；

甘肃省敦煌(市)：莫高窟、鸣沙山月牙泉。

2. 活动时间

10 月 6 日(具体时间 10:35—24:00)

10 月 7 日(具体时间 04:35—18:30)

10 月 8 日(具体时间 05:30—19:00)

10 月 9 日(具体时间 07:00—19:30)

10 月 10 日(具体时间 07:00—21:30)

10 月 11 日(具体时间 07:00—20:30)

3. 活动人数：师生共 116 人。

四、工作安排及分工

1. 按市区领导指示要求，组织学生集体外出活动前必须对行程路线、目的地安全情况进行踩点，并对踩点情况做出说明。

2. 召开工作协调会，学校组织召开工作协调会。参加人员为领导小组的全体成员、校医和全体指导教师。由带队领导通知与会人员，主要明确活动的具体事宜。

3. 对学生进行安全教育，重点讲清乘车安全注意事项、饮食安全并结合踩点中应注意的事项对学生进行教育，明确参加活动时所携带的物品。此项工作由线路负责人负责。

4. 联系车辆。联系车辆由车长负责。

5. 组织参加活动的师生登车出发。学生登车时由指导教师安排学生有序登车，确保学生的安全。

6. 活动中的安全管理及协调。活动中由带队领导全权管理和总体协调。

7. 住宿安全保证。由线路负责人负责安排宿舍值班教师，各值班教师和游学辅导员保障学生安全。

六、紧急事件处理程序

1. 处理交通事故应急预案

(1)如遇发生事故，记住肇事车的车型、车牌、颜色，组织活动第一责任人拨打 110 报警电话，并及时向学校报告出事地点及详细情况；同时组织安全人员实施自救。

自救措施：

①如学生有受伤，尽快由随车安全员（班主任）送往离出事点最近的医院进行抢救。

②将车上其他学生带离出事点，安全员立刻将学生转移到安全地带。

③在高速路上，无论是车祸或车辆故障，一律由安全员马上把学生带离车辆，以免发生不测。

④如遇车辆自燃、翻车、撞车等情况，随车安全员立刻组织学生有序迅速撤离至安全地带。如撤离时车门无法畅通，安全员应立刻设法砸破车窗以便逃生。

⑤大中型校车必须配备手提灭火器和铁锤，并且放置车辆固定位置，安全员必须知道灭火器的操作使用及铁锤的位置。

(2)学校立即组织力量以最快的速度赶到事发现场。

(3)随行安全第一责任人指挥人员保护现场。

(4)随行安全第一责任人查明事故原因和损害情况以书面材料上报领导。

2. 处理饮食卫生应急预案

(1)各组建立严格信息报告制度，若发生类似食物中毒症状，要求随队安全员（班主任）立即上报安全第一责任人，并报告随队医生。

(2)出现食物中毒症状时，随队老师作应急处理，首先让医生诊断，根据医生确定是否送医院紧急治疗或临时治疗，如需送医院治疗则由班主任护送前往。

(3)立即组织其他班级安全员对所有学生进行调查，以免造成多人发生中毒事故。

(4)组织人员查明中毒原因，并对每项食物留样检查。

(5)事发及时向学校领导汇报详细情况，后以书面材料上报学校。

3. 处理人身意外伤害及疾病应急预案

(1)如遇绑架抢劫事件，安全责任人首先要镇静，要机智应付，巧妙周旋，尽可以赢得时间，报告学校，学校有关领导要迅速查明情况，并根据需要拨打110报警。

(2)发生突发事件，随队安全员应始终站在学生身前以避免学生受到任何人身攻击或其他伤害。

(3)如遇溺水事件，立即组织有水性老师进行现场抢救直至抢救成功为止，抢救后及时送医院治疗观察。抢救同时第一时间上报学校并根据现场水域情况拨打110报警。

(4)学生出现摔伤、扭伤、撞伤或疾病，安全员应立即报告随行医生进行了治疗，如伤情较重应马上由安全员送医院治疗，并及时上报病由、病情。

(5)学生出现危险旧病复发或出现心脏病突发，随队医生立即做紧急处理，同时组织几名安全员随同医生护送前往就近医院抢救治疗。

4.处理治安案件应急预案

(1)如发生坏人对学生滋扰，现场老师必须挺身而出保护学生不受伤害，及时拨打110报警电话报警。

(2)如发生学生受伤，指导老师要及时通知受伤学生家长。

(3)途中出现问题，由线路负责人迅速报告带队校领导，由保卫处主任负责向上级领导报告事故情况。

(4)每辆车配有一名研学辅导员，每名研学辅导员须保障学生整个活动中的安全。随队配备一名医务工作人员及药箱。

除了每次活动总体性的安全活动预案，还要分别制定交通应急预案、食品安全工作预案、住宿安全预案。这些分项预案的重点内容是发生意外事件时的应对措施和处置办法。例如，中国矿业大学(北京)附属中学在《交通应急预案》中，对于发生意外事件的应对措施提出了如下五个方面。

(一)领导小组工作

1.维持现场秩序，指挥学生撤至安全地带；

2.保护好事发现场，协助公安做好现场的勘察；

3.负责家长、公安、医疗、保险等各方接洽，妥善处理善后事宜；

4.写出书面报告，总结经验教训。

(二)随队指导教师工作

1. 组织学生迅速撤至安全地带；

2. 维持现场秩序，做好学生的情绪稳定工作；

3. 组织护送受伤学生到医院检查、诊治；

4. 保护好事发现场，协助公安做好调查取证工作。

(三)报警及信息联络

1. 指导教师负责拨打122、120、999报警电话，立即报警；

2. 指导教师及时通知受伤学生的家长；

3. 线路负责人迅速报告带队校领导，由带队校领导负责向上级领导报告事故情况。

(四)如何应对交通事故

1. 车辆故障处理

(1)活动前，要求承办方检查车辆车况，车况不良必须更换，否则不得发车。

(2)中途车辆故障，指导教师及时把故障情况通知带队校领导和承办方。因故障影响行驶或影响安全时，一定要做出停驶的决定，向承办方提出紧急调车改乘的要求。

(3)乘车时，指导教师维持好学生秩序，严禁下车随意走动，尤其应防止交通事故发生。

(4)途中遇车辆失火时，应立即要求司机停车开门，同时指挥学生不要惊慌，如火势较小，前部学生从前门下，后部学生从后部应急门下；如火势较大，可视情况破窗逃生。下车后，及时组织学生疏散到安全地带，研学辅导员负责清点人数，指导教师负责及时向带队领导报告情况。如有学生受伤应立即组织抢救。

2. 交通事故的处理

(1)有重伤情况，指导教师应立即拨打122、120、999报警电话，并通知校医立即组织抢救。

(2)线路负责人迅速报告带队校领导，调动应急车赶到事发现场。

(3)保护好现场，由线路负责人指挥师生撤离至安全地点。

(4)由线路负责人负责向上级领导报告事故情况。

(5)线路负责人和指导教师应及时做好学生的情绪稳定工作，询问、检查学生受伤情况，由指导教师及时通知受伤学生的家长，组织护送受伤学生到医院检查、诊治。

(6)立即成立事故处理小组，分别负责家长、公安、医疗、保险等各方接洽，妥善处理善后事宜。写出书面报告，总结经验教训。

3. 应急调查与救治

(1)突发事件发生后，学校应急处理领导小组及有关部门，负责组织对突发事件进行调查处理，对危害程度做出评估。

(2)突发事件发生后，在进行事件调查和现场处理的同时，学校应当立即将突发事件所致的伤亡病人送向就近医院，对无法判断的情况应及时报警求救求援。

(3)突发事件发生后，突发事件应急处理领导小组应组织人员立即保护现场、采取疏散、隔离等措施，加强学生管理，并做好学生思想政治工作，确保学生心态和情绪稳定。

(4)突发事件发生后，突发事件应急处理工作领导小组根据需要，可以采取中止活动、疏散人员等措施，并及时向上级部门汇报事件情况以及采取的应急措施。

(5)突发事件发生后，根据事件性质，应及时与涉及事件的学生家长、教师家属联系，在适当条件下告知事件原因、处理结果，或者联系家长进行救治。

4. 出现恶劣天气调整活动安排

(1)活动前要了解天气情况，根据天气情况让学生做好相应准备活动。

(2)发车时如遇天气变化，要求果断采取措施，做出延时或变更外出时间的安排，做好学生教育引导工作。

(五)其他突发事件

总指挥组织领导小组成员现场处理。

在《住宿安全预案》中，主要强调对住宿的相关规定、安全知识教育和安全事故处理方案。例如，中国矿业大学(北京)附属中学在《住宿安全预案》中，对于相关要求做了如下规定。

对住宿的相关规定

1. 凡研学活动期间需在外住宿的团队，由承办单位负责预订房间。

2. 房间标准：承办单位预定的宾馆须是国家旅游局定点宾馆，准三星级以上标准，双人间，24 小时热水，宾馆服务设施完备。

3. 承办单位须在团队入住前三日与酒店负责人联系并签订协议，介绍本团情况，并逐一落实各项要求及房间数量、类型（标准间、工作人员用房间）。

4. 确认学生用房的各种类型房间数及方向位置（分布的楼层及是否靠近电梯）。

5. 承办单位后勤工作人员用房须同学生在同一楼层，并尽可能靠近通道位置。

6. 学生抵达前 1 小时，须要求宾馆完成对房间清洁卫生工作，同时检查房间内设施是否能正常使用；提前得到所有房间号码，根据组织者提供的分房名单进行分房；学生抵达后 20 分钟内为所有学生办理入住手续，并领取房间钥匙，保证学生能快速进入房间休息。

7. 承办单位人员负责将入住资料在学生入住后 1 小时内汇总登记，报送校方指导教师并存档。

安全知识教育和预习演练

1. 学生入住前向每人发放宾馆平面图，并明确告知学生宾馆紧急逃生出口以及相关自救知识。

2. 在可能的条件下，入住前组织学生举行地震应急疏散演练和消防应急疏散演练，增强师生的安全意识，提高师生的紧急疏散能力，严防拥挤踩踏等事故的发生。

3. 学生入住前要抽查住宿酒店房间的门窗、床铺、电器及电路是否符合安全要求。

4. 晚上坚持查房制度，重点防范火灾、失盗等隐患。

住宿安全事故处理方案

1. 报告。一旦出现住宿安全事故，承办单位现场人员或教师在第一时间内，立即向学校安全工作领导小组正副组长或组员报告情况；安全工作领导小组的成员在第一时间内，立即向学校安全工作领导小组正副组长报告情况；组长根据情况决定向上级及有关部门报告。情况非常特殊的可越级上报。

2. 每次研学活动入住前，须明确住宿负责人，并建立现场事故处理组。处理组人员由带队校领导、线路负责人、指导教师和承办单位服务人员共同组成。

3. 工作分工。

发生交通事故后，现场处理组应迅速处理现场情况。根据现场情况决定以下事宜：①向学校报告情况；②向医院要求，做好抢救准备；③安抚学生，维持正常研学活动。

学校建立研学课程学习活动留校安全工作处理组，收到发生住宿事故的报告后，须迅速了解情况、做好接应工作。具体准备工作包括：①迅速查清发生事故的学生的人数、具体姓名、家庭地址、家长姓名；②迅速通知应急组及其他有关人员集中；③根据现场处理组的要求，迅速落实医院、车辆及有关人员。

学校组建研学课程学习活动安全工作机动应急组，一旦研学课程学习活动过程中发生住宿事故，应迅速到校集中待命，做好随时准备接应的一切准备。

4. 通讯要求。

研学活动期间，所有安全领导小组成员及承办单位相关人员必须保持通信畅通，应做到手机 24 小时开机。

其他约定

1. 参加研学课程学习活动的所有教师和承办单位现场工作人员均有权、有义务立即报告住宿安全事故的发生情况。

2. 对因承办单位未能尽责而发生的责任事故，校方将视情节严重程度给予相应的经济处罚直至追究法律责任。

另外，还需要给师生提供本次研学中入住的宾馆和酒店附近的医院、派出所的地址和电话等信息。

(三)向教育行政部门报批备案

学生研学旅行活动一般由区县级教育行政部门审批。区县教育局对学生集体外出活动会有统一的备案要求，一般是要求提前 10～15 天备案。会提供标准格式的备案表，要求学校填写学生外出时间、外出人数、活动地点、外出活动名称，交通方式、车(船)数量、车(船)租赁公司名称、委托第三方公司名称等。

1. 家长通知书

家长通知书内容一般包括：收费的要写上收费总额和明细，不收费的写明费用学校负责；出现雾霾天气活动取消或延迟；告诉家长学校已对学生进行了安全教育，也请您对自己的孩子进行安全教育；说明社会实践活动是学校的规定课程本着自愿原则，不参加的同学要按时到学校上课。

2. 踩点说明

写明有无危险，怎样处置，无危险的写明此次活动无危险区域，要求 2 人以上踩点人签字。

3. 食品安全预案

食品经营许可证、餐饮服务许可证、卫生许可证(餐饮)或三证合一(2016 年 5 月之后)，以上三种证件任何一个都可以，注明日期、经营范围必须有餐饮。

4. 营业执照

要求备案复印件，可以和食品卫生许可证放在一张纸上。主要是提供住宿的宾馆营业执照。

5. 交通安全预案

用车活动安全保证书、租车协议书、出京活动安全责任书(与旅游公司签订)，在京用车的要和北京的签、外地用车的和外地的签，都要备案原件。

6. 集体外出申报表

大巴车的车号(北京的和外地的)、司机姓名、检验是否合格的证明。写明出行方式火车或飞机等。要求学校法人签字。申请表一式两份。

7. 实践活动方案

年级拟订实践活动方案，要求每天的内容都要详细，体现出"研"和"学"，又体现出"旅"和"行"，还包括年级活动的整体安全预案，包括交通安全、食品安全、住宿安全等如何保障的说明。

8. 外出活动安全工作应急预案

包括交通安全应急预案、食品安全应急预案、住宿安全应急预案、防自然灾害应急预案等，这些专项工作预案需要写出更详细的灾害预计内容和应对措施。

(四)落实研学旅行安全责任

研学旅行活动属于旅行的一种类别，学校与可以与校外旅游公司合作开展，在路线制定、交通行程、酒店住宿、餐厅使用等方面都能够借助旅行社的资源，使活动组织更为简洁、高效。在与旅行社合作时，需要签订研学旅行安全责任书，在责任书中明确学校与旅行社的双方安全责任。

学生安全保障是一个系统工程，应该分清旅行社、学校、宾馆、运输公司、教师、学生、家长等各类主体各自的安全责任。

1. 旅行社责任

旅行社应按规定为师生上好保险，保险手续齐全，做好保险的解释和后续工作。旅行社负责租用车辆，保障车辆状况，司机状况。提醒驾驶员按规定路线行驶，保持车队相对稳定。每到达一个地点，旅行社应提前告知师生该地点的风土人情、安全注意事项等。在组织学生进行攀爬、乘坐缆车、合作训练等活动时，提醒学生将手表、手机、钥匙等硬质物品装入背包，在景点内负责介绍、路线引导。

旅行社应检查住宿宾馆、就餐酒店的资质，确保手续齐全、资质良好。旅行社负责监督酒店就餐质量，确保饭菜可口、干净卫生，尽量不食凉拌菜，并做好食物留样。督促宾馆保证楼道、出入口畅通，消防疏散指示标识齐全，室内设施、设备良好。

2. 学校责任

学校将参加游学学生的身体不良情况向旅行社提出申报，如心脏病、过敏、癫痫、骨伤痊愈未满一年等，由旅行社负责申请意外保险。

学校负责师生上下车组织，确保秩序良好、人员齐全，监管师生遵守乘车规则，不在车内随意走动，文明乘车。每到达一个研学目的地，学校干部教师要组织好师生，防止人员走散。

学校统一安排房间分配，保证学生不私自调换房间，晚上进行就寝检查，未经带队老师批准，不得让学生私自出宾馆。学校应教育学生爱护公寓，保持墙壁整洁，爱护楼道及房间内设施，若有损坏，给予赔偿。

学校负责学生就餐的分桌与管理，提前将回民餐、病号餐告知旅行社，以便做好准备。若因游学场地或天气状况需要调整研学活动安排，则需学校与旅行社双方协商，保障研学旅行活动的质量。

3. 学生责任

学生是研学旅行活动的主体，在活动中，在学校保障机制建立和各个客观因素(环境和设施)保障安全的基础上，安全与否最重要的责任人是学生自己。如果学生遵守了自己应该做到的安全行为，遵规守纪，提高安全意识乃至掌握一定的安全保护技能，就能避免事故，甚至逃生自救。家长也要增强安全意识，在家庭教育中提示学生。

总之，安全保障既有对学校建立机制的要求、对设施环境的要求，也有对教师组织工作的要求，还有对活动主体学生的要求。主客观因素同时达到安全标准，排查和避免各处隐患，才能实施一次成功的研学旅行。

二、建立研学旅行家校合作机制

《意见》提出，要规范研学旅行组织管理。学校组织开展研学旅行，要提前拟定活动计划并按管理权限报教育行政部门备案，通过家长委员会、致家长的一封信或召开家长会等形式告知家长活动意义、时间安排、出行线路、费用收支、注意事项等信息，加强学生和教师的研学旅行事前培训和事后考核。学校自行开展研学旅行，要根据需要配备一定比例的学校领导、教师和安全员，也可吸收少数家长作为志愿者，负责学生活动管理和安全保障，与家长签订协议书，明确学校、家长、学生的责任权利。

(一)研学旅行活动家长告知书

研学旅行需要学校和家长通力配合，学校应以书面形式下发研学旅行活动家长告知书，写明本次研学旅行的主题、目的、意义、时间安排、行程、注意事项等。请家长签署意见，表明是否同意学生参加活动的态度。

(二)妥善安排未参加活动学生

1. 学生及家长申请书

不能参加研学旅行的同学，需提交申请书，写明自愿不参加本次研学旅行活动，申请书上须写明不能参加的原因、研学旅行的时间和地点、研学期间的学习活动安排、由谁监护等，落款处须学生和家长共同签字，并写明日期。班主任老师要与家长进行电话确认，并向家长说明研学内容的替代安排。

2. 研学内容替代安排

对于因特殊情况不能参加研学旅行活动的同学，要安排其他相近代学习内容替代。一般需要在家由家长监护或到校由教师监护，可以安排阅读相关书籍或文献，通过网络查找相关信息，通过班级微信群及时与集体保持联络，学习相关知识，开展研学活动。

三、建立学校安全保障机制

中小学生是未成年人，自我保护能力较弱甚至缺乏。教育活动首要的任务是保障学生的安全，尤其是校外教育活动，社会复杂，环境生疏，不可控因素太多。常言道：校外活动组织在安全方面要确保"万无一失"，因为安全问题是"一失万无"。因此，安全问题始终是悬在中小学校长们头顶的一把利剑。组织活动最大的担心和顾虑就是怕出现安全问题。在研学旅行活动中，把各个环节做到位，让各方主体发挥作用，让各种机制有序运行，就能避免不安全事故的发生。

(一)成立研学旅行工作领导小组

1. 领导小组组织机构成员

要牢固树立"安全第一"的指导思想，学校法定代表人为第一责任人，担任研学旅行工作领导小组组长。每条线路均必须由副校级及以上领导带队，担任副组长。年级组长、班主任、备课组长或学科教师、带队教师等均明确各自在课程实施和学生管理方面的职责。

法定代表人要召开会议专门研究审核活动各项方案、预案，责任到人，留存会议记录。应按照师生比例中学 1∶15；小学 1∶10；幼儿园 1∶5；特殊学校 1∶5 安排人员。

2. 召开研学旅行工作领导小组会议

在研学活动前，召开工作领导小组会议，强调各方面的安排以及对于安全问题的预案。确定研学旅行活动安全责任书、家长告知书、不参加研学的学生和家长申请书、研学手册等各个文件的内容。着重考虑安全问题，列出隐患重点，做到人人管安全，重点隐患有人管。在应急预案和处置上都做到细致全面的部署。

(二)研学旅行活动家长委员会成员会议

在同意参加的家长中举行成员会议，说明本次研学旅行活动的内容与目的，活动时间及地点，说明活动具体安排及注意事项。了解家长的意见和各位同学的状况，确保双重安全，同时，向家长强调对孩子安全问题的重视。与家长委员会成员商量住宿、用餐、家长告知书、研学活动替代内容等各项事宜，了解家长方面的需求。

(三)研学旅行教师行前职责分工说明会

对教师进行研学内容的学生指导和管理培训，针对各种可能会出现的状况进行应急处置训练，普及安全知识，每位教师明确各自的分工，对各自负责的领域了然于心，把握好每一天的行程，确保安全。互相保存好联系方式，熟悉团队成员。

(四)研学旅行活动行前学生动员会

使学生了解本次研学旅行的目的、意义、行程和活动安排，提前对研学内容开展准备工作。强调安全注意事项，动员学生遵守纪律，听从安排，认真学习，不要违反规则。

(五)研学旅行活动行前家长说明会

召开研学旅行活动行前家长说明会，下发家长告知书，对涉及的安全问题、费用做出说明，同时和家长确认行程，确认每日的学习任务。对于家长的担忧和疑惑进行细致的解答。用书面形式明确告知家长是否参加活动属于自愿，对不参加活动的学生，学校应有合理的安排。如遇恶劣天气，应按要求暂停外出活动。

(六)研学旅行后教师总结研讨会

从路线设计、课程安排和学生管理等方面召开研学旅行后教师总结研讨会，及时交流，总结宝贵经验，可以整理成书面材料，将本次研学成果作为下一次学校研学旅行活动的重要资源和课程调整完善的依据。

四、研学旅行安全要求告知书

研学旅行活动本身就是一次综合性的教育活动。学生第一次坐火车或坐飞机集体出行时，教师组织时肯定会大费周章。但是活动的过程正是教育的契机，学生要在活动中成长，安全意识和自护能力的培养，也是在实践活动中获得的。尤其是集体旅行、集中食宿的活动，可以培养学生的集体观念和乐群品格。因此，学校在做研学旅行的准备工作中，需要把各环节安全教育要点系统传授给学生，同时也要告知家长，请家长督促学生，与学校形成合力，共同提高学生的安全意识和能力。安全要求告知书需要在以下一些环节提出相应内容。

(一)出发前要求

对学生和随行教师进行培训，针对各种可能会出现的状况和危险，训练学生和随行教师保护措施，普及安全知识；同时反复强调不能脱离队伍，不要单独行动，所有人单独行动要报备，听从随从教师的安排。准备一些基础药品。

对于旅行时候天气状况，要提前查看好天气预报，准备好防晒和雨具，确保不被晒伤或者淋雨。

(二)集合上车(船、飞机)要求

要求学生注意统一时间，听从指挥，跟随好队伍行走；在规定的时间有序上车，不要拥挤不要打闹；教师要密切关注学生是否在规定的时间到达，及时确认情况，避免发生意外。

(三)在车(船、飞机)上要求

乘车(船、飞机)时，一定要带好本人有效身份证件(如身份证、护照等，以购买车票时证件为准)，无身份证学生(16 周岁以下学生)需持户口本原件，否则无法登车(船、飞机)。登车(船、飞机)后请保管好车票或硬卧票据铺位卡，避免丢失。

在乘车(船、飞机)时，禁止大声喧哗。注意不要打闹，要有秩序，同行教师要关注每位学生的安全和身体状况，是否有身体不适，注意及时治疗。注意不要和陌生人接触，不要随便吃或者饮用陌生人的食品、饮料。教师每到一个转场环节或集合时间，都要清点人数，确认所有学生都在场。

乘车时，遵守车上的规章制度，请勿在车厢内吃零食，爱护车厢内的卫生，不随意乱扔垃圾；注意安全，保管好自己的物品；上下车时检查确认，避免丢失财物。贵重物品下车时请随身携带，不要放在车内；车辆行驶过程中，车体会晃动，有时会急刹车，在车厢活动时请保持身体平衡，请勿在车上随意行走、奔跑；在火车车厢之间的缝隙、车厢车门、卫生间门、饮水机等危险区域活动时，请注意安全，不要在此停留；火车车厢设有饮水机，学生打开水时一定要注意安全，谨防烫伤；在火车上开水最好只接半杯，防止火车突然刹车溢出烫伤自己。请不要在火车临时停靠站下车；火车停止时不能使用卫生间；注意听车(船、飞机)上的广播及辅导员通知，提前做好下车准备。

学生如有晕车(船、飞机)等特殊情况，请提前告知旅行社或导游，以便安排座位等。

(四)下车(船、飞机)集合要求

下车时，教师要通知所有的学生，以免有学生没有听到而错过下车时间，确保人数；下车一定要注意脚下安全，禁止打闹。

(五)过马路要求

过马路时，要遵守交通规则，看红绿灯，不要私自跑到马路上，不要嬉戏打闹，注意来往车辆。

(六)入住宾馆要求

首先确认宾馆的名字和地点是否是提前联系入住的宾馆，确认宾馆环境是否适合学生。然后核实信息，办理入住，确认每一位同学都找到房间，熟悉自己房间的位置。

入住宾馆，需携带本人身份证件办理；房间由老师和导游统一分配，任何人不得私自调换房间，未经带队老师同意不得私自离开宾馆；爱护公寓，保持墙壁整洁，严禁在公寓上乱写乱画，爱护楼内及房间内的设施设备，如有损毁请自行照价赔偿；为防止火灾发生，学生在宾馆内不允许使用蜡烛及其他明火设备，不许烧纸屑，严禁吸烟、喝酒和其他不良举止；禁止大声喧哗和打闹，以免影响他人休息；住宿期间学生一定要保管好自己的贵重物品，不得私自动用他人的物品，出入房间要随手锁好门窗；任何人不得不经批准在房间里面乱接电源，插座盒，使用充电器等电子设备；一个房间一个组长，负责按时起床，睡觉；起床后整理内务，做好出发准备；房间内有自费用品，使用前请确认，产生费用需自理；入住房间后请检查房间相应设施设备是否完好，如有缺失或坏损请马上告知导游；使用开水壶时请注意安全，避免烫伤；洗澡时，铺好防滑垫，以免滑倒。

(七)用餐中要求

注意饮食卫生，就餐前应洗手；请勿在定点餐厅以外用餐；塑造文明就餐形象，不要大声喧哗，打闹；保持餐厅的干净，整洁，不要随地吐痰，泼洒剩饭菜汤等；注意用餐时间，按时用餐；如对菜品或口味有特殊需求(如回民)，签约前要告知旅行社，以便安排；学生就餐需按分桌安排，按桌签对号入座，10人1桌，人齐后方可开餐；对过敏的食物不要食用，并向老师报告，注意饮食卫生。

(八)活动中要求

活动中，教师须提醒学生随身携带有效身份证件(16周岁以下学生可带户口本原件)，以便于到景区购买门票或入住宾馆登记房间使用。

同行的活动组织教师要携带好教师证，学生携带学生证，学校需开具3～5

份学校介绍信，以备访问相关单位时使用。教师根据自己和学生的身体状况，携带一些必备的药品（如感冒药、止泻药、晕车药）、衣物及雨具。

活动过程中，教师要求学生随身携带研学手册，随手做一些课程学习记录，及时研读相关拓展资料。手册中也会有不同环节和场所的安全提示，学生只要按照相应的规范去做，就能保障安全，并经历一次愉快的旅行研学过程。下面是中国矿业大学（北京）附属中学对学生游学活动中的要求。

1. 活动中，学生要听从学校老师、游学活动工作人员安排，注意紧跟随行教师，不要独自脱离队伍。注意随行安全，有伤口及时治疗。

2. 爱护山野一草一木，维护活动区的生态状况，不要随意丢弃垃圾。

3. 活动区严禁烟火，严防森林火灾。

4. 在活动过程中，将手表、项链、手机、徽章、钥匙等硬质物品装入背包，衣裤兜内不要存放硬质物品。

5. 在活动过程中，不得攀爬高空器械、陡壁或尝试其他冒险活动。

6. 树林、山坡等地形复杂的区域，严禁奔跑。

7. 在活动过程中，为了环境卫生，建议学生不要咀嚼口香糖，不在非用餐时间吃各种小食品。

8. 活动中，学生组成固定小组，任何人不能擅自离队，在特殊情况下离队，应通知班主任，最少三人结伴而行。

9. 活动过程中，听从教师安排，有序活动，文明参观，不与他人发生纠纷。

10. 严格遵守活动各环节时间安排，守时不迟到。

11. 在公共场所活动时（如景区、宾馆、餐厅、火车站等），遵守公共秩序和法规。

12. 在活动过程中，认清自己的队伍、队旗、全陪工作人员和地陪导游，服从安排，跟队伍的路线走，认真听导游讲解。

13. 活动时间以小组为单位行动，注意集合时间和上车的地点认清自己乘坐的车型车号，以免跟错团。

14. 每到一个旅游景点，下车进行游览前，用小本子记下导游所讲的行走路线（关键要记得进出的门，途径的景点），集合的时间和上车的地点以及车牌号。

15. 学生可以自带相机，在有代表性的景点可以拍照留念，但是旅游旺季人比较多，一定要抓紧时间照相，不要在一个地方停留过长时间。

16. 旅途中不可擅自离团，以防发生意外事件。

17. 中途不允许随意离开队伍去买纪念品、矿泉水，如果要去买要告知老师和辅导员，不去团队未安排的小景点和园中园。

18. 严禁打闹，要随时跟紧队伍，过马路时要注意红绿灯。

(九)活动结束后要求

结束后，整理好自己的行李，不要遗落贵重物品，准备回学校。到达学校后，由家长接走或自行回家，与家长见面后，家长通过电话、短信、微信告知班主任老师。

研学旅行安全与管理工作看起来琐碎细致，需要花费很多精力和时间，但又是有章可循的。当学校建立起一整套的安全保障制度，并且运行一次之后，第二次组织活动就会轻松很多。我们不能让孩子生活在真空中，总是要把他们放飞到天空里，放飞到大地上。那种"一出事情就禁止外出"的做法，是不假思索的教育行为，是逃避为师的责任。学生在游学活动中所发生的变化，学生在短短几天集体旅行这一"关键事件"中的成长，都足以让校长和老师欣慰，觉得为学生的一切付出都是值得的。组织研学旅行活动的老师们，累并快乐着。因为，没有比看到学生的成长更能让为师者兴奋和喜悦。

第八章

研学旅行
师资安排

在研学旅行活动中，师资的作用与课堂教学相似，是决定研学活动效果的核心要素。但需要特别注意的是，研学活动中师资发挥作用的方式与课堂教学有较大差异。

一、研学旅行师资的特殊性

（一）师资构成多样

研学旅行活动的师资可以从狭义和广义两个角度来看。从狭义的职责角度，研学师资主要负责生活及组织的日常保障和活动内容的顺利开展。可以分为领队教师和专业教师两大类。领队教师主要负责学生日常作息及活动的组织管理，专业教师主要负责学生专业活动的知识讲解、活动安排、课题指导等工作。

就师资来源角度看，主要分为学校老师、第三方机构领队老师、专家指导老师、活动地支持服务老师四类。在有些活动中会有家长参与，他们通常是作为专家指导或者服务支持老师角色出现的。

如果从广义的无边界课堂角度来看，学生在研学活动中接触到的领队教师、专业教师、支持人员、参访对象等，都可以称为研学师资。这个认识上的核心差异关键是取决于研学活动的教学设计，而不仅仅是具体的所谓"岗位或人员"。

【案例】跟着哈萨克族牧民学习知识、体验生活①

在一次敦煌西部十余天的研学活动中，安排了五天戈壁野生动物保护区的徒步考察，主要是对戈壁典型地貌、生态环境和旗舰动物种群展开调查和探究。此次活动的重点是考察戈壁环境的独特性。在徒步中，安排了专门的户外支持团队：两名汉族同事和六名哈萨克族同事。在整体的活动设计中，考虑到主要的研学考察环境是在一个哈萨克族民族汇集地，专门设计了对于哈萨克民族生活方式和习俗的体验和考察内容。但现在当地的哈萨克族牧民基本上脱离了传统的牧区生活，搬到了县城，而在徒步中，学生们要和哈萨克族支持人员朝夕相处五天时

---

① 本案例由北京市海淀科普协会魏然老师提供。

间，因此就把这个民族生活方式和习俗的学习内容设计成了一个特殊的活动模式。在出发前，所有学生与哈萨克族老师见面，熟悉后，学生们按组领到一个专项任务。每组同学在徒步的前两天仔细观察、熟悉并选定一位哈萨克族支持老师，作为自己组的荣誉领队；哈萨克族支持人员小时候都是在附近的戈壁滩放羊长大的，对环境非常熟悉。然后抓紧时间访谈这位老师，了解两个主题内容，一个是人文方面的日常生活方式和民族习俗，另一个是这片戈壁滩的动物、植物等生态环境的特点。第四天安排在戈壁营地进行一场关于这两个主题内容的分组竞赛，得分高的组为优胜。

在接下来的徒步行程中，各组学生快速选定了自己组的荣誉领队，然后抓紧一切时间开始访谈。因为荣誉领队们有不同职责（徒步向导、厨师、司机等），学生甚至用一起帮荣誉领队干活的方式，来争取更多时间进行访谈。记得在第四天的戈壁知识竞赛中，第一个问题就是：写出你们各组荣誉领队的哈萨克族全名，当场就有人欢呼有人愁了。

在这个例子里我们可以清晰地看到，哈萨克族老师的职责只是支持人员，而在经过这样的活动设计后，他们变成了解说生动的专业活动师资，相应地学生的兴趣也变得特别浓厚，整体活动的知识性、趣味性十足，教学效果非常理想。无论是对于师资的理解，还是对于研学活动的理解，甚至是对教育的理解，当我们突破习惯束缚的时候，就会发现所有一切的概念、定义都不是僵死的和一成不变的。而在这样活生生的教学设计和实施中，教与学的过程都是如此的美好和高效。这正说明了没有边界的课堂魅力所在，研学活动本就具有开放性和灵活性，其教育的目标贯穿于活动和生活的每一个场景、每一个细节，教育的生成性伴随着生命的领悟和成长。

（二）教师自主教学

前述内容已经谈到过，师资在研学活动和在课堂活动中都是起到引领作用的关键因素，在研学现场和在教室里，教师具体起到的教学作用的差异，大致可以这样理解：一方面，研学活动的内容和可用资源的丰富性要远远多于课堂教学，这就决定了其可发挥空间要远大于课堂教学；另一方面，研学活动的个性化程度也远高于课堂教学，包括研学的主题选择、活动设计、组织方式等，均有极大的选择和设计空间，这一点决定了教师可以针对学生具体的学习需求来设计和执行具有高度差异性和针对性的活动。

结合这两个特点整体地看研学活动，我们就会发现，如果只是按照照顾好孩子安全和日常生活，选择好内容地点、安排好专业老师开展既定活动的要求，那么研学活动各方面师资的要求确实说不上有多高，只要整合好专业人员做擅长的事情就可以了。而如果按照前述的思维方式，扩展一下这个问题，我们就会发现，无论在设计层面还是操作层面，研学活动本身作为一个新的事物，不是通过既有资源的简单拼接堆砌就能做好的，而是需要各方相关资源的新的能力和成长，需要各方面资源有机地结合在一起发挥作用，只有这样才能够有效地支撑起研学活动这一新的事物。

以前述的戈壁知识竞赛为例，稍微分析一下我们就可以看到，这样形式的活动教学设计需要建立在对资源方深度的熟悉和理解信任基础上，并且事前要经过非常充分的目标、内容和活动形式的沟通。经过这样深度的师资资源挖掘和整合，我们就能够看到一次与通常的民俗讲座或村民家参观探访完全不同的活动。而这个提升，其实就是研学师资在活动中的巨大发挥空间，当我们能够进入到这个空间的时候，就能够得到一次高度丰富、生动和个性化的活动。而从这个层面，我们也就能看到研学师资的质量在活动设计和执行过程中的巨大发挥空间和价值。

研学师资的作用，可以是按部就班地完成一次流程化活动，也可以充满了想象力和创造性，突破知识、工程、艺术和生活的所谓界限，打造出学生和教师永远难忘的旅程。因此，研学旅行中的教与学，研学旅行中的师生互动，都具有传统教学所不及的吸引力，常常是令人兴奋、愉悦和难忘的。为此，特别希望有更多的学校教师能积极投身到研学活动教学当中。

二、研学旅行活动中的师资安排

目前通常的研学师资安排包括校内老师、研学服务机构领队、专业指导老师（通常是专业科研机构或大学的专业老师，或者保护区等机构的专业工作者）、当地支持老师（或讲解员），有些活动也会有家长志愿者参与。

在这几类师资中，因为对于活动内容和环境比较熟悉，通常是专业研学服务机构的领队老师组织负责活动的整体内容，但各项活动的组织实施方案要经过校方负责老师的确认；校方老师因为对于学生情况非常熟悉，通常负责协助组织和随队指导工作；专业指导老师负责专题内容的活动指导和讲授；当地支持老师通常是景区内讲解员和辅助支持老师（如保护区的护林员等）。

在这个组织结构中，最核心的是研学服务机构的总领队和校方的负责老师，校方一般是由主任或副校长带队。因此，他们之间的高度信任和密切协作对于保证活动的顺利开展至关重要。

(一)主题研学专业指导老师

研学活动中可以引入的专家资源很多，从学科角度可以分为天文、地理、植物、动物、生态、民俗、历史、红色、手工艺等专家；在大的方向下又可细分出很多具体的研究方向，如天文可以细分为天文知识、重大天象观测、深空摄影、星野摄影等，还可有相关方面的专家。

从技术专长来看，可以大致分为科研机构的专家、文化遗产及技术专家、民间及民俗指导老师几类。

1. 科研机构专家

典型的是中科院体系内的科研机构及相关各大学科研教学人员等。这类专家专业理论背景很强，科研的前沿性及知识的体系化也很好，但需注意科研机构专家讲座及指导学生做研学时，对课题难度、深度的把握要合适，对课程形式的呈现也应符合中小学生的认知特点和已有知识结构。这方面需要特别注意，学校与科研机构师资要提前做好沟通。

2. 文化遗产地专家及技师

我国的文化遗产资源极为丰富，作为研学主题内容也是非常值得深入开发的。典型的如丝绸之路、笔墨纸砚制作、景泰蓝、年画工艺、制瓷工艺、考古、剪纸、传统木作建筑等。每个细分内容都会有相应的专家，尤其是地域特征鲜明的手工艺，当地的非遗专家或技师对于深入的研学主题讲授和指导起着不可替代的作用。

3. 民间专家或民俗指导老师

此外，还有一类是民间的专家老师，他们虽然没有官方的正式认证，但因为长期生活在第一线，对实际情况的了解和经历极为鲜活，很接地气。这些老师可以作为深度研学中极佳的民俗知识补充来源，充实和丰富研学活动过程中的指导教师。

(二)学校相关学科老师

学校相关学科老师对于各自专业有着较多的积累，并且他们对学生也比较熟悉，这使他们能够成为衔接专家知识与学生接受能力的转化器。

学校老师不只是组织管理，也可以在研学过程中担任讲解老师，如地理、历史、政治、语文老师，都有可以胜任的。很多学校的研学课程就是教师团队合作设计出来的。当然，非遗技艺类的一般还是依赖于基地人员进行教学。

对于多数学校老师来讲，在研学过程中的主要工作是管理、组织学生，保障学生的安全、健康、良好学习状态和学习氛围。他们的工作大致可以分成三个阶段。

1. 行前管理

行前管理的主要内容是团队出发前的准备工作，这其实是一个标准的流程，大致包括审核确认研学方案，参与教师的筛选，行前教师沟通会，行前全体会，行前课题内容准备，行前组织准备等工作。这一个阶段的工作重点，一个是学校教师团队的组建挑选，另一个是确定与研学服务提供方的协作分工模式。

2. 研学中管理

目前比较普遍的第三方研学机构提供专业服务支持的模式中，研学中学校教师的管理主要集中在整体计划落实的关键点把控，即质量控制和风险意外管理。其中最重要的关键点把控，主要是基于学校老师更熟悉学生情况下的安全方面的控制管理。风险意外管理也是非常重要的一个工作内容，通常容易出现问题的是学生安全意外情况和家长沟通的意外情况。

3. 研学结束后管理

研学结束后的管理通常很容易变成事务性管理。而实际上，就像体验式教学过程的一个核心价值在于事后的总结和分享，研学活动结束后的总结、提升和分享，是非常重要并且高度凝聚研学价值的一项工作，需要仔细设计和操作。在多数研学模式中，学生活动后的日志、总结、标本、心得等的汇总是第一步，之后整体的深入分享和研讨"复盘"是更深入的一步，如果能做到把二次成果在更广的层面进行传播交流，进而获得更深入的反馈，就更理想了。

这第二步的深入分享和研讨复盘涉及内容较为宽泛，在此大致梳理一下。简单地看，分享范围可以通常设定为研学团体内部、年级分享汇报和校级分享汇报；其形式可以是书面报告、讲解演示、专题展览等。无论形式如何变化，其核心目标都是非常清晰的，即活动所得的自我提炼总结和与他人的分享。在这一过程中，建议老师的核心关注点或者说引导点集中在学生的感受和体验，而基于知识或技能上的提高，建议在学生感受的基础上展开。这样考虑的原因在于对研学活动的根本特性的理解：研学活动是与校内学习互为依托和支撑的，校内学习更多侧重在知识技能层面，而课堂外的研学活动更多地侧重在感受和体验层面，研学旅行能够补充和丰富对既有知识的直观认识和理解。

研学结束后，老师还要指导学生撰写报告，完成课题，有的还要在年级或全校范围总结汇报交流分享等。这一部分管理和指导也是很重要的。

上述三项工作是对于多数参与研学活动的老师而言的。对于其他的少数老师来说，最直接也是最有含金量的部分，是能够参与前期的活动主题和线路设计工作。

学校老师参与到活动的专业设计或专题指导中时，要特别注意一次活动与整体内容的衔接性。一次高质量的研学活动很像一部成功的演出或者一桌美味佳肴，其关键在于主题的整体质量，而不是局部某个章节或者个别菜肴的质量。因此老师在参与这类"非标准模式"工作时，务必与专业的活动总负责人员保持高效清晰的沟通，明确整体流程和关键步骤及相应要求。

这个问题稍显抽象，我们举例说明。例如，云南有着中国最大的原始中山湿性常绿阔叶林原始森林，植被极为丰富。在组织生物多样性主题研学活动中，考虑到学生的活动范围和标本收集、识别能力，组织者最终选择了苔藓（大约有几十种）作为学生的探究课题。校内的生物老师（尤其是植物专业背景的生物老师）在此类活动中应该是非常有经验的，可以单独带领一个植物专题探究活动。但考虑到对探究内容的熟悉程度和整体内容的步骤和把握经验不足，最终决定校内生物老师作为小组指导老师，在专家的整体课程设计引领下，完成相应的主题内容指导，取得了很好的效果。在中国南海进行的滩涂生物多样性调查活动等，也多采用此类模式。

（三）第三方机构领队老师

专业的工作需要专业的组织来做，现在的研学活动执行中，通常会引入专业的第三方研学服务机构。一方面专业的研学服务机构能够提供更丰富的研学主题和线路选择；另一方面研学过程中的组织和管理与校内管理差异较大，有经验的专业组织会执行得比较顺畅。就师资角度来讲，专业研学服务机构对其提供的研学主题的实施会更有经验，在实施团队和相应主题的专业资源方面也会更成熟。

从研学活动的整体执行方面看，学校教师团队与研学服务团队的前期沟通质量、分工模式和执行中的默契程度，都会影响整个活动的执行质量。其中的关键点有三个，第一是线路，即对第三方服务机构提供的研学主题线路的选择质量；第二是团队，即对应的执行团队的经验和管理质量；第三是合作，即具体执行中的分工合作模式的快速成型。

在两个团队的合作过程中，最关键的是四个明确，即明确计划、明确组织职责、明确活动关键点、明确意外情况处理机制。

1. 明确计划

这个大家应该都不会质疑，但如果是把计划明确到半小时为单位，好像就不是所有人都能做到了。计划永远都会变，但明确计划至关重要，因为计划承载的最重要内容是活动的逻辑关系，当这一点能够以半小时为单位明确出来并成为标准的时候，所有执行人员对于活动内容的逻辑关系应该就理解得非常透彻了。换句话说，计划再怎么调整，相关执行人员也都能很好地适应这个调整完成自己的职责。

2. 明确组织职责

这里的重点是两个团队衔接工作的组织职责。毕竟成熟团队自己内部会有习惯的工作模式，而两个不同的团队很可能因为在工作习惯和模式上的差异而造成衔接上的问题。因此这项工作最好是以书面表格的形式明确出来，并且要覆盖各项活动的组织衔接。

3. 明确活动关键点

这一点对于成熟的组织团队会格外重视，因为小的工作误差永远不可避免，但在关键点上的误差会对活动产生致命的影响和冲击，因此要务必集中精力保证在活动关键点上的高质量执行，避免给活动组织造成不可逆的影响。通常这个问题会在每天的领队会上由总领队做专项说明，并专门提醒相关同事。

4. 明确意外情况处理机制

有过活动组织经验的老师都很清楚，只要活动在计划内进行，一切都好办。最怕的是出现了计划外情况，比较典型的有学生（或老师）生病、受伤，活动环境、地点临时出现问题，如户外活动突遇大雨、降温、雾霾等恶劣天气，食物问题，车辆故障，道路维修，领导参观等，多种不确定情况不胜枚举。为避免意外情况的出现，首先要提前做好预案（如天气问题、食物问题、交通问题等），但也不可能把所有的意外情况都列举出来并确定处理流程。所以，意外情况的处理机制就显得格外重要。具体岗位处理哪些问题，无法处理的时候如何启动升级处理机制及各方联动机制，这个要提前确认，以避免混乱。这是组织在应对问题时候的最后一道屏障，因此需要格外重视。

以上执行工作中的四个明确，对于具体的活动组织协同工作是关键点，也是对于研学服务机构合作能力的基本考核点。

(四)研学地点专业讲解员

研学过程中的活动主题相关区域通常会尽量选择非旅游景点，如科研基地和样地、具有特别研学价值（而不是旅游观光价值）的景观或素材地等。基于素材完整性和活动节奏合理性的考虑，也会安排一些标准旅游景点，在这些景点中，大致需要注重两个方面的工作。

1. 景点（场馆）内参观顺序安排

作为教师我们都知道，同样的内容素材，按照不同的顺序呈现到学生面前的时候，可能会得到完全不同的结果。景点素材的顺序安排也可以参照这个规律，一个是基于知识或体验本身的顺序，另一个是考虑到学生的认知习惯和学习顺序的规律。这两项的平衡点就是景点内容顺序安排的最佳点。

2. 景点（场馆）内讲解

所有的活动素材地都需要好的讲解，这一点对于研学中的学生尤其重要。一个原因是学生有其独特的认识和学习规律，另一个原因是研学是带着学习目标的，是非旅游观光性质的活动。在景点内的讲解必须要充分考虑到这两个特点。在通常情况下，景点导游的通用性讲解很难达到研学的要求。这种情况下，随队专家与景点导游的配合就显得尤为重要，基本分工是景点导游进行一般性解说，而随队专家老师进行更深入的讲解，并结合学生在当次活动中的认识状态进行针对性引导。

(五)家长志愿服务者

在研学活动中，无论是前期的活动内容设定，还是过程中的专业资源支持等，家长都能发挥巨大的作用。当然，家长的深度参与也会带来相应的问题，但总体看，如果管理到位，家长的深度参与是利大于弊的。

1. 家长提供研学资源

无论是研学主题的选定、基础素材的整合设计、行程的合理性设计，还是专业资源的寻找，很多家长都能提供非常强有力的支持。而在这几类支持中，通常家长在前期工作中参与的机会比较少，在专业资源支持方面参与的会比较多。典型的如特别的活动地点、活动场地、专家资源等。建立逐步成熟的家长资源体系，与建立成熟的研学管理体系一样，是学校研学管理部门的一项重要工作，也是一项进阶工作。

2. 家长随团提供服务

家长们来自各行各业，其中不乏科研专家、手工艺高手、户外达人等。如果能够引入家长参与研学过程的管理，能很大程度地弥补教师和专家团队的能力短板。通常家长随团主要参与的工作类型是专业课题指导、活动区域资源协调、照看性随队三类。专业指导主要是发挥家长在某研学课题方向上的特长，如植物、地质等专项内容，随队进行专业指导；活动区域资源协调主要是发挥家长对于某具体研学活动区域和人员的熟悉和了解，协助进行研学计划的引导落实，保证研学内容的高质量实施；照看性随队也是经常出现的一种情况，通常是孩子因为某些特殊的生理或心理问题，需要家长随队照顾。这种情况下家长也能参与一部分日常管理工作。

研学旅行的本质是一项教育行为，在教育过程中，师资的作用不容置疑。研学活动的内容和资源极为丰富，在开放性的教育中，师资的引导尤其重要。而师资本身其实是无所不在的，就像好的教育是无所不在一样。在本章开头举的戈壁徒步考察的例子，后勤支持人员也可以成为非常优秀的研学老师，他们并非只是纯粹的后勤支持人员。

所以，内容、地点、师资等如何更好地支撑活动，其关键还是在于活动设计。即我们到底想要达到什么样的活动效果，如何才能达到这样的效果。当我们不断地回到这个原点去审视考量我们的活动设计时，就会发现：好的教育是无处不在的，它就是生活本身。而作为活动的设计者和组织者，我们如果能够做到在活动中让一切都自然而然地发生、发展，让学生身在其中而感觉不到教师的存在和影响，每天早上都盼望着早一点出发，去经历、去成长，那我们就是最好的研学老师。

第九章

研学旅行课程
效果评价

　　课程是学生学习的重要载体。对某一种课程在学生发展中所起的作用，课程设计和实施是否合理，需要科学的评价。这种科学性，一方面应针对课程目标定位、内容结构、实施过程等若干环节的效果来评价；另一方面更体现在学生对该课程的接受效果和反馈信息。因此，课程从建设到实施之后，还需要对课程整体成效进行评价。这样才构成完整的课程实验过程。

　　《关于推进中小学生研学旅行的意见》提出，要强化研学旅行督查评价。提出"各地要建立健全中小学生参加研学旅行的评价机制，把中小学组织学生参加研学旅行的情况和成效作为学校综合考评体系的重要内容。"

　　研学旅行课程建设与实施的效果如何，需要系统总结和评价后得出结论，并运用于下一轮课程改进和完善。研学旅行的评价总结是整个研学旅行活动不可或缺的重要环节，整个研学旅行的课程主题、路线设计、学习内容、环节程序、学习方法、教法设计、研究选题、课程实施、教学反馈等各环节的具体实现方式，都是围绕着最终的评价体系运转的。而这个评价体系，又是由把握学生成长规律和研学旅行的教育定位所决定的。

　　教学论认为，学习者与教授者构成研学旅行课程的核心主体，作为教育专家，教师对课程设计与实施过程最有发言权。同时，课程的对象是服务于学生，每个学生在研学旅行的学习中都不是孤立的，而是通过小组合作、班级共同体来学习，学生会形成对课程学习的共性体验和个体差别。因而，学生也是课程评价的重要主体之一。

一、课程评价的角度

（一）对目标适切性的评价

　　研学旅行的每一条线路、每一个行程都是一个完整的课程，在这一完整课程的架构下，每一个主题、活动，又是由一系列子课程建构而成，形成主题建构、系列子课程架构，进而形成整体的课程设计。

　　对课程设计评价的重要因素是目标适切性评价。学生作为课程的主体参与者，是否能够通过完整的课程设计环节，达到既定的目标，形成基于能力、方法、体验的实际获得感，学生对课程主体的参与度、热爱度，成为研学旅行课程设计评价的重点。

目标的适切性包含两个问题，一个是目标本身的设定质量与合理性，即目标适合学生发展需求的程度；第二个是目标实现的程度和吻合度，即教育结果适合计划目标的程度。因本文更多涉及研学操作中的问题，因此更前端的研学需求分析及整体结构设计（目标设定之前的部分），不做展开讨论。重点放在目标确定的情况下，如何达成更高的目标实现质量。

就操作层面的目标适切性评估来说，课程设计中列明的研学目标对应的知识、技能、方法、情感、态度、价值观等层面的学习效果，即不同层面的目标设计、目标实现过程、采用手段和实施质量，是最基本的评估内容。

课程主题是课程目标的灵魂，体现一次活动的思想方向。对目标适切性的考量自然包括对主题思想在一次活动中的落实情况，反思一次研学旅行活动整体情况，看学生是否对活动主题、内容知识、期待发展的态度、情感、价值观产生了自主的认识与理解。

（二）对实施效果的评价

在具体操作中，课程实施通常有两个层次，浅层次的有参观、讲座、动手体验等，更深层次的有研讨、分享、课题方案设计、课题汇报评审、综合动手任务等。这两个层次的内容根据不同主题和教学目标进行搭配，其基本方向是引导学生从浅层次认识到深层次思考，从个体学习到团队学习，从局部行为到真实生活，从外在活动走向内在发展。

对课程实施过程的评价，重点是课程实施模式和策略、方法、途径的总结。基于不同主题、基于学生不同年龄特点、基于学生不同成长环境，课时应采取不同的模式开展，可以是体验式、探究式、调查式，学生参与其中时，更多地体现在融入性学习方式之中。一个好的活动课程设计，让学生们身临其境般体验着设计者的构思，而不论是美好、压力、挫折、困难，都将辅佐于主题思想与最终实现的教育目标。学生参与到每个课程环节中，自主生成相应的感受并引发学生深入的思考。

作为实施层面设计，好的研学旅行课程在场景选择、路线与方式的选择、环节把握、进程安排、材料与工具的选择、步骤设计、成果的表达与交流方式等方面，每个细节设计，都构成每一个课程质量保障的基础，基于不同环节，开展对学生调查与评价，发现学生深入课程学习的契机。

当课程基本设计结构清晰后，实施过程通常也会比较顺利。学生通常会关注整体实施过程安排的流畅和具体组织方式的合理性，这也是学生最能直观感受到的部分。当然还有个单独的重要因素，就是专业指导老师的专业能力，在学术型和专业性强的研学活动中，这一点尤为重要。

实施过程更要关注安全性、衔接性、充分性等方面，任何的活动不能偏离安全，从线路选择的安全到活动实施的安全把控，再到过程中的安全教育是否到位以及安全隐患的排查等。活动过程的清晰说明、活动环节的衔接流畅、参与的充分程度，也是学生对研学旅行实施的学习反馈的角度。

(三)对学习反馈有效性的评价

对于研学旅行活动的有效性评价，大致可以分为研究性和体验性两个角度，也可以看成是智力和非智力两个方面。体验性学习角度在研学活动中很容易被轻视，而实际非常重要(这是由研学活动兼有学和玩的双重性质决定的)，这个角度最主要的是学生状态，快乐、积极、合作、尝试等，都是典型的非智力因素，其主要作用是促进行为习惯养成，属于内隐性成果。让学生在不同的场景中深度体验这种状态，对于学生积极价值观和行为习惯的形成有着巨大的教育价值。

而从研究性学习角度的评估与课内教学效果评估比较相似，基本包括学生知识、技能、方法等层面的所得，属于智力训练的过程，这种收获主要体现在研学小论文、课题研究报告、工艺作品等文本性成果方面，主要是外显性成果。一次研学课程设计得好不好，教师对于这两个方面的评价都应该有充分的考虑。

(四)对教学行为有效性的评价

美国教育学家约瑟夫·施瓦布认为"教师即课程"，如果说设计好的课程只是一个文本，那么实施中的课程才有活力，而这种活力得益于教与学过程的发生。再好的课程设计，如果没有好的课程实施者即授课教师的尽心尽职，在效果上也会大打折扣。一个优秀的课程实施者，是读懂学生心灵的、能够把握教育契机的，能够在研学过程中给予学生视野、方向、方法，让学生在价值观与人生观上得以浸润的人生导师。无论是首席科学家还是贫困家庭的小主人，授课主体的选择在于是否触碰到学生内心深处，对学生产生真切的影响。从而构成学生评价内容与调查基础。

课程设计对于学生的感受第一位的通常是有趣，其次是有内容、有挑战、有收获等。在评价课程实施主体时，需要注意两个问题，第一个就是是否能对学生进行正确的引导，最根本的是要明确"研学到底是干什么来了"，引导学生把关注点和体验点聚焦到真正的研学内容和主题上，而不是散乱无序的"有趣"或者"好玩"上。记得一位天文科普的专家曾经在一次开营式上给孩子讲：孩子们，你们要记住，疲劳和饥饿也是一种学习。当课程实施者能够有效引导孩子的注意力，时时能让学生回到研学主题和任务目标上时，通常对学生的研学效果会有很大的促进。第二是是否完成了课程预设的目标，按照计划落实了每一个学习任务，学生学习的效果如何。教与学是密不可分的，从某种意义上说，教决定着学。因此，评价课程成效时，对授课教师（也包括研学基地的专家导师）的评价，是一个重要的维度。

（五）对资源利用有效性的评价

考虑到研学活动的相关协作方远比一般的课堂教学复杂，因此不同资源的有效利用也就成为一个很重要的影响因素。通常在单次研学活动中，外部资源的利用有效性不用太关注，原因很简单，利用资源是为实现教育目标服务的，而对于教育目标的实现来讲，好的教学设计要比一大堆资源有效的多。就像我们很难说学生面对一只大熊猫会比面对一只青蛙的收获大，其中的关键是怎么讲、怎么做，教学行为如何高质量地开展和达成。

但从长期层面看，整体"资源池"的规划建设则非常重要。在同等教学转化能力的前提下，不同的资源能够支撑完成不同的教学目标，而更丰富的资源能够支撑更复杂和更高价值的整体综合目标，这也是研学活动尽量从整体设计入手，避免碎片化设计思路的一个重要原因。

二、不同主体对课程的评价

(一)教师对课程的反思

教师对课程的评价是最重要的评价，其根本原因在于在教师、学生、家长三方中，教师应该是对教育有着最深的理解和最丰富经验的人，并且在我们的教育系统中也是最有专业权威的人。

在教师这一方中，可以细分为两个层面，一个层面是教育管理者或叫课程设计者，另一个层面是课程执行者。这两个层面的人员对同样的教育实践的理解通常会有较大的差异。课程设计者会更关注整个教育视野的各主要因素和教育目标的关系。具体到研学活动来说，设计者会首先关注参与学生的整体发展阶段和教育需要，进而关注整体研学体系的基本模式和结构，如在哪些年级开展，整体活动内容的难度进阶和主题侧重，基本运作模式的探索等。而对于研学活动的教育执行者来讲，会更关注于当下主题的设计质量、运作质量、与不同资源方合作的顺畅程度等具体问题。

(二)学生对课程的反馈

研学旅行课程是综合实践活动课程的一种特殊形式，因其课程环境的丰富性、教学资源的多样性、教学元素的高度复杂性而产生的师生、生生互动的充分性、学生参与的积极性，都造就了研学旅行活动课程对育人工作的高效性与独特性。

学生作为课程参与的核心主体，教师要极为关注学生在研学旅行活动中的体验、参与、收获、感受的东西，研学旅行对于提高学生综合素养、价值体认、综合运用知识解决问题的能力、交流与合作的能力、创新能力与实践能力，都有着很好的作用与效果。

但由于学生的年龄和心智发展特点，学生角度对于课程的评价很容易偏局部、偏感性，因此这个评价更多的是作为一种印证，而不是作为总体评价。学生对课程的反馈通常用现场观察、问卷调查或访谈的途径收集信息。

研学旅行、社会大课堂活动满意度和需求调查问卷[①]

为了使同学们在大课堂和研学活动中有更大的收获，我们设计了这张问卷，希望同学们根据自己的实际情况，认真作答。

1. 你的性别（　　）

A. 男　　　　　　　B. 女

2. 你的班级＿＿＿＿＿＿（请填写）

3. 本次研学你去的线路是（　　）

A. 丝绸之路　　B. 江南　　　　C. 横店　　　D. 湖南

4. 对本次研学旅行的课程内容安排（　　）

A. 非常满意　　B. 比较满意　　C. 一般　　　D. 不太满意　　E. 不满意

5. 对本次研学旅行的组织管理（　　）

A. 非常满意　　B. 比较满意　　C. 一般　　　D. 不太满意　　E. 不满意

6. 对本次研学旅行的讲解服务（　　）

A. 非常满意　　B. 比较满意　　C. 一般　　　D. 不太满意　　E. 不满意

7. 本次研学旅行目的地环境符合自己的预期，想推荐学弟学妹去（　　）

A. 非常同意　　B. 比较同意　　C. 一般　　　D. 不太同意　　E. 不同意

8. 本次研学中，深入研究了一些自己想探究的问题（　　）

A. 非常符合　　B. 比较符合　　C. 一般　　　D. 不太符合　　E. 不符合

9. 本次研学自己有很多新体验（　　）

A. 非常同意　　B. 比较同意　　C. 一般　　　D. 不太同意　　E. 不同意

---

① 本问卷由中央民族大学附属中学孔美玲老师提供。

10. 本次研学中跟其他同学的交流很多（　　　）

A. 非常符合　　B. 比较符合　　C. 一般　　　D. 不太符合　　E. 不符合

11. 自己能将本次研学中学到的知识运用到学习和生活中（　　　）

A. 非常符合　　B. 比较符合　　C. 一般　　　D. 不太符合　　E. 不符合

12. 若下次选择研学出行，你最想去的地方是＿＿＿＿＿＿＿＿（请填写）

13. 若选择研学出行，你最想参加的主题是（　　　　　）

A. 自然主题，深入自然，与自然互动，领会自然壮美。

B. 人文主题，参观人文景观、博物馆等，体味人文情怀。

C. 科技主题，访问新兴科技领域高校、企业，深入了解、体验科技成就。

D. 城市主题，深度了解一座城市，触摸城市脉搏。

E. 其他＿＿＿＿＿＿＿＿（请填写）。

14. 选择研学出行，你最想收获的是（　　　　　）

A. 了解多元的地域的文化，体验当地风土人情。

B. 适应社会，锻炼独立自主能力，提升综合能力，结交朋友，开拓人脉。

C. 了解社会发展动态，引导个人发展方向。

D. 体验不同城市的生活方式，为未来学习生活做准备。

E. 其他＿＿＿＿＿＿＿＿（请填写）。

15. 你期待中的研学旅行是什么样的？在这次研学当中，你应该有一些收获吧，请写出两点。

_____

16. 为了同学们在研学和大课堂活动中有更多的收获，请你给学校提供一些有价值的建议，同学们的建议很重要，请你尽量多写哟。

_____

17. 在研学活动中，很多同学不仅仅积极参加团队活动，还努力做到帮助和体谅更多的人，你觉得全班同学中，谁在这方面做得最好？

_____

18. 这次研学中你有发现自己在哪些方面需要在之后的学习和生活当中去提

高或改进吗？请写出来。

19. 这次研学中你遇到了哪些困难，为下一届要参加研学的学弟学妹们提供一些宝贵的经验吧。

(三)利益相关者的反馈

1. 专家的反馈

专业师资包括我们通常所说的科研单位的专家、非遗手工艺技师、某一专项的民间研究者、甚至老村长(从实际生活角度反映民俗生活变化)等。在课程角度，专业师资通常关注的角度一个是能够得到足够的重视和尊重，即足够重视并且真的理解这部分内容的价值；另一个是能够安排合适的方式充分发挥自己的特长。通常前一个因素会更重要，并在很大程度上影响后一个因素的顺利落地和最终效果。

在操作层面，专业师资需要明确主题和内容要求，即讲(或做)什么，到什么程度，用什么方式最合适。通常专家们的主要关注点也是从这里出发，即需求是否明确，协调组织是否合理，时间和场地安排是否科学，现场组织是否紧凑顺畅等。专家对课程的评价，主要包括对学生学习态度的评价、学校组织情况的评价和对自己授课讲解或制作指导效果的评价。

2. 合作单位的总结

通常的研学活动都需要一个或多个合作单位。通常合作单位都会有此类合作的经验，相应的也会有横向的对比，因此合作单位的反馈通常会比较切中要害，能说到点子上。同时合作单位对于整体活动组织的影响力相对较大，因此对于合作单位的整体协调和沟通也就尤为重要。

合作单位通常最关心的是学生背景，因为这个背景的强弱会直接影响到合作单位对于合作价值的判断。其次合作单位会关心活动方案和计划，这个能够直接反映出研学活动组织者的能力和经验水平，更重要的是合作单位会从方案和计划中判定出活动对本单位的潜在价值。当这两项工作都确认无误后，具体的实施通常会比较顺畅。

由上述分析我们可以看到，合作单位的关注点是清晰明确的。但需要注意的是，在评价角度，上述两点虽然起了决定性作用，但其内容不会出现在最终评价中。出现在最终评价中的，主要是活动安排是否合理、组织工作是否高效等内容。

3. 家长的满意度

家长对于课程的评价非常重要，其原因很简单：在我们目前的研学模式中，学生的研学费用通常是由家长承担的，对于活动结果有满意的预期是家长很正常的心理反应。而研学结果能否得到家长的认可，是学校持续有效开展研学活动的重要保证。

一般而言，在研学活动中家长最关注的第一是安全，第二是快乐，第三可能才是学有所得。所以，研学执行团队一定是在优先满足家长的前两个心理需求后，才能真正谈得上有质量的家长评价。由此会引申出一个跟学生评价类似的问题，就是活动前的引导问题。尽量引导家长把注意力从对于"吃饱吃好"等生活问题转移到"送孩子出去干什么"这类教育问题、成长问题上。

在具体的评价中，家长通常会关注活动内容和节奏设计的合理性，如某个活动与主题是否相关，连续室外活动后是否要安排一段室内活动等；还会关注具体时间安排和强度安排的合理性，某项活动是否时间过长，强度过大等；再就是活动准备的充分性，例如，如果下山时间晚了怎么解决孩子饿的问题，遇到雨了怎么办，气温低是否有什么应对措施等。以上几点更偏向于保障性需求。更高的学习性需求通常会关注有什么特别难得的经历，例如，看到了某种很难见到的动物，拍到了灿烂的银河等；也关注完成了哪些有挑战性的任务，例如，长距离野外徒步，第一次公开演讲答辩等。

以上这些内容构成了家长对于活动质量的整体评价，而保障性需求和学习性需求这两个因素中，前一个是后一个的基础，只有前一个因素获得充分满足后，后一个因素才能有成绩，这一点需要我们特别注意。

【案例】境外研学满意度调查问卷(美国线·综合版)[①]

1. 请选择你的身份并填写你的姓名[单选题]

○老师＿＿＿＿＿＿＿＿＿

○学生＿＿＿＿＿＿＿＿＿

○家长＿＿＿＿＿＿＿＿＿

2. 请你对此次研学活动做出总体评价[单选题]

很不满意 ○1 ○2 ○3 ○4 ○5 很满意

3. 请你对旅行社的工作做出评价[矩阵单选题]

评价内容	很不满意	不满意	一般	满意	很满意
旅行社工作的总体评价	○	○	○	○	○
出行前的准备与培训工作	○	○	○	○	○
寄宿家庭的住宿情况	○	○	○	○	○
宾馆的住宿情况	○	○	○	○	○
饮食情况	○	○	○	○	○
旅行社带队老师的服务	○	○	○	○	○
美国当地导游的讲解	○	○	○	○	○
美国当地司机	○	○	○	○	○
研学手册	○	○	○	○	○
特殊或突发问题的处理	○	○	○	○	○
研学价格	○	○	○	○	○

4. 请你对研学过程中的体验收获进行评价[矩阵单选题]

评价内容	很不满意	不满意	一般	满意	很满意
游学行程的整体安排	○	○	○	○	○
箭头湖学校插班学习的体验	○	○	○	○	○

---

① 本案例由北京市十一学校龙樾实验中学张亚明老师提供。

续表

评价内容	很不满意	不满意	一般	满意	很满意
寄宿家庭的体验	○	○	○	○	○
NBA 球赛参观体验	○	○	○	○	○
盖地艺术馆参观	○	○	○	○	○
中途岛号航母参观	○	○	○	○	○
加州大学圣地亚哥分校参观	○	○	○	○	○
拉霍亚海湾参观	○	○	○	○	○
十七里弯、卡梅尔小镇参观	○	○	○	○	○
金门大桥	○	○	○	○	○
九曲花街	○	○	○	○	○
艺术官	○	○	○	○	○
斯坦福大学	○	○	○	○	○
intel 博物馆	○	○	○	○	○

5. 研学过程中学生行为表现评价[矩阵单选题]

评价内容	2次及以上	1次	0
迟到次数(如有，请注明具体情况)	○	○	○
其他违纪次数(如有，请注明具体情况)	○	○	○
表扬次数(如有，请注明具体情况)	○	○	○
丢失物品次数(如有，请注明具体情况)	○	○	○
生病状况(如有，请注明具体情况)	○	○	○

6. 此次研学活动你有哪些意见或者感受吗？请写下你想说的话。[填空题]

应该说，研学旅行活动课程的评价比教室中传统课程学习的评价更为复杂，涉及的相关主体多元，课程内容形式和学习方式也更加丰富多样。课程内容综合性强，甚至涵盖了培养学生德智体美劳各个方面素质的内容，因而评价也不能只看最后的学习结果，而且研学旅行的学习结果也不可量化。研学旅行需要通过多种途径获得信息来源，通过多种方式收集信息。对研学旅行课程育人效果的评价还需要更多深入细致的研究，需要在不断完善中探索一些新的实践活动课程的评价方式。

第十章

研学旅行课程资源
建设和成果积累

　　研学旅行资源建设和成果积累，是对研学旅行进行课程化建构的重要基础，既是学校课程建设与课程管理的必要环节，也是实现研学旅行育人价值的重要步骤。研学旅行是近年兴起的新生事物，也是教育改革深化发展的产物，对改善我国中小学生书本学习过多、实践体验过少的学习现状，具有重要的价值和意义。研学旅行要避免"只旅不学"或"只学不旅"，实现"研学"和"旅行"的联袂效果，就要进行多方面系统的探索，包括本体性学习内容和养成教育内容，从德智体美劳各个方面都能体现教育的切入点和学习成果。

　　这里所谓的研学旅行课程资源建设和成果积累，不是指课题成果、教学成果、获奖成果等评审意义上的成果，而是从一次研学旅行活动的组织开始，积累各种经验。既包括可见的物化资源，如课程方案文本、管理机制制度、系列安全措施、学生学习成果等，也包括反映学生成长的过程资料，如记录游学活动的文稿、视频、照片等多媒体材料。研学旅行课程的建构是一个从无到有的过程，是不断丰富和完善的各种课程素材和资源的过程。研学旅行课程建设最重要的是结合学校实际，把研学旅行纳入学校课程整体设计与实施，通过学校丰富的课程来促进学生综合素质的发展。

　　研学旅行课程可以和国家课程相结合，开展学科实践活动或跨学科实践活动；可以和校本课程、地方课程结合，积累特色活动或主题活动课程资源。因此，从内容上看，研学旅行成果既可以是教师探索的课程资源、课程案例，也可以是学生的小课题研究成果、研学旅行手册、学生创制作品，还可以是研学旅行成果资源包，包括研学旅行短片视频、典型照片等音像资料。积累研学旅行课程建设成果，可以通过以下方式来进行：建立研学旅行网络资源库、积累研学旅行课程设计方案、建设学生研学旅行成果资源包等。

一、建立研学旅行网络资源库

　　由于教师开发及实施研学旅行课程的经验极少，研学旅行在学校实施面临巨大挑战。建立研学旅行网络资源库有三个目的：一是积累课程资源，为研学旅行课程的开发奠定基础；二是提高教师收集资料的能力、提升课程开发能力；三是通过积累研学旅行活动或课程的成果，为下一轮研学旅行课程开发与实施提供经验。研学旅行目的地和基地是体验乡情、市情、省情、国情的重要载体和平台。我国历史悠久，文化深厚，幅员辽阔，地貌类型多样，自然类、地理类、历史类研学资源都非常丰富。可以把自然和文化遗产资源、博物馆、大型公共设施、知名院校、工矿企业、科研机构等都纳入研学旅行资源，开发出自然类、历史类、地理类、科技类、人文类等主题的旅行课程。学校可以通过门户网站、校园内网、年级或班级网页、百度云盘等多种途径和方式建立研学旅行网络资源库。

(一)学校门户网站专题网页

在学校门户网站上开辟研学旅行专题网页或者在学校微信公众号分享研学旅行资源，既可以向公众展示宣传学校教育成果，又可以积少成多，记载师生的成长过程和行走足迹。把研学旅行、综合实践活动的相关政策、各种研学旅行的资源以专题网页的形式呈现，供师生参考，也可以为研学旅行的主题设计、学习方式设计、分类内容设计做好前期知识储备。还可以在学校用户网站专题网页上展示研学旅行的课程方案、实施过程与成果、课程评价等内容，为研学旅行课程化发展积累丰富资料，依托互联网促进研学旅行资源共享。

(二)校内网资源库

学校也可以采用建立校内网资源库的方法来积累研学旅行资源。对于同一处研学资源，如古城西安，不同的学科可以从不同的视角去挖掘。例如，语文学科可以收集与西安有关的文学作品、文化知识；美术学科可以结合书法教学，收集碑林中重要的书法作品相关知识；历史学科可以收集相关历史典故，如黄帝陵的价值，每年的祭奠仪式以及仓颉造字等；地理学科可以研究陕北地区的地形地貌、黄土高原的风土人情，黄土这一自然地理条件对陕西戏曲、陕西人性格形成的关系等，对饮食文化感兴趣的学生还可以研究陕西小吃的做法、吃法及特色等。通过在校园网上共享这些资源，为研学旅行的综合主题活动课程构建、地方课程开发、校本课程开发积累资料。研学旅行过程性的资料、成果也可以通过校内资源网进行展示与积累，供全校教职员工共享收获与快乐。

(三)年级网络交流平台

不同年级的学生学习内容不同。当前，绝大部分中小学的研学旅行活动主要是以年级组进行组织与管理，如初中一、二年级，高中一、二年级，或小学六年级的毕业旅行。当然也有特殊情况下是跨年级混合组织与管理。这就为年级或班级建立网络资源提供了方便。同一年级组建立年级网络交流平台，把同一年级不同主题、不同线路的研学旅行资源共享，有利于根据本年级学生的特点和本年级学习内容的侧重点来设计研学旅行活动。还可以通过年级网络交流平台积累研学旅行成果。更重要的是，通过年级网络交流平台来分享研学旅行过程中师生的体会、感受、收获、反思，达到研学旅行综合实践育人的目的。例如，让学生以第一人称日记体或游记形式记录研学旅行生活，或以研学专题报告、研学故事等形式来展示自己学习过程。研学旅行课程建设成果应突出研学重点、亮点内容，关注学生的收获与体会，注重学生的反思，更好的体现研学旅行课程的意义和价值。

二、形成研学旅行方案标准化文本

在学校教育活动中，某种活动是否课程化，重要标志是关于这一活动是否有规范化的课程文件，如课程计划、课程标准等。因此，研学旅行要想成为学校课程，除了国家制定相关政策规定之外，还必须制订具体的研学旅行课程实施计划，并将其列入学校人才培养方案之中。有了课程计划还需要根据该课程的特征、性质、目标等编写相应的课程标准，为该课程的具体实施提供规范化的依据，也才能进一步推动研学旅行从政策性规定走向课程化实施。同时，为了保证研学旅行有效、有序进行，必须制定相应的研学旅行课程化管理文件，以改变研学旅行随意性和无序状态①。可见，研学旅行课程方案是非常重要的。

课程计划或课程方案，是根据一定的教育目的和学校及其性质，由教育行政

---

① 殷世东，程静.中小学研学旅行课程化的价值意蕴与实践路径[J].课程·教材·教法，2018(04)：116～120，115.

部门或学校机构制定的关于学校教学和教育工作的一种法规性文件。它对学校的教学教育活动做出全面和简要的总体安排，阐述课程理念，规定培养目标、课程设置、课程顺序、课时分配、学年编制和学周安排，确定课程管理体制和学校教学管理原则等，是课程标准和教学材料研制的主要依据。研制课程计划或方案，指在宏观上总结课程规划的成果，同时设计课程的横向结构和纵向结构，并使之成为统一整体，撰写和修改出课程计划或课程方案文件。分为在一个国家或地区范围内使用的课程计划或课程方案，在一所学校里使用的学校课程方案，在一所学校的某一教育活动中使用的微型课程方案等①。

(一)研学旅行课程方案基本要素

研学旅行是根据中小学培养目标和中小学生身心发展的特点而设计的一门综合实践课程，是培养学生核心素养的有效路径之一。研学旅行课程化是其走向科学化、规范化和有效性的必然要求，也是其常态化开设的实然路径②。设计课程方案是研学旅行课程化的必要环节。课程方案是关于课程的总体规划，是保证实现教育目的和学校人才培养的蓝图，是编写课程标准和教材的主要依据，也是课程实施、评价和管理的基本准则。

课程方案一般应包括以下几个方面的内容：指导思想、课程目标、课程内容、课程实施、课程评价等。研学旅行课程设计应包括确定指导思想、确定目标、选择资源、课程实施、课程评价等环节。

指导思想的确定，主要以国家的教育目的、教育方针政策为依据。《国家中长期教育改革和发展规划纲要(2010—2020年)》《关于推进中小学生研学旅行的意见》《中小学综合实践活动课程指导纲要》《关于培育和践行社会主义核心价值观的意见》《关于全面深化课程改革落实立德树人根本任务的意见》等政策文件，都可以作为研学旅行课程建设的指导思想。

---

① 黄甫全．现代课程与教学论[M]．北京：人民教育出版社，2014.216.
② 殷世东，程静．中小学研学旅行课程化的价值意蕴与实践路径[J]．课程·教材·教法，2018(04)：116～120，115.

课程目标是指课程本身要实现的具体目标和意图。它规定了学生通过课程学习以后，在发展品德、智力、体质、综合素质等方面期望实现的程度，它是确定课程内容、教学目标和教学方法的基础。课程目标是指导整个课程编制过程最为关键的准则。研学旅行课程的目标在于落实立德树人根本任务，帮助中小学生了解国情、热爱祖国、开阔眼界、增长知识，着力提高他们的社会责任感、创新精神和实践能力。

研学旅行课程内容包括主题设计、分类设计、课程方案中各种课程类型的划分及其比例、内在联系。课程实施主要指研学旅行课程如何开展，学生采用什么学习方式，具体如何安排。课程评价是指对课程进行价值判断的过程，检查课程的目标、编订和实施是否实现了教育目的，实现的程度如何，以判定课程设计的效果，并据此做出改进课程的决策。

(二)研学旅行课程方案特点举例

研学旅行属于活动性课程、生成性课程，其设计与实施都有较大的开放性。研学旅行不同于学科课程，没有国家课程标准，没有学业质量标准，给了学校很大的实施空间。当前阶段，各学校依据《中小学综合实践活动课程指导纲要》，构建一种具有综合实践活动特色的新型课程。

研学旅行课程是一种素质教育课程，不论是从德智体美劳全面发展的综合素质来看，还是以文化基础、自主发展、社会参与等学生发展核心素养的三大维度来看，抑或以认知能力、合作能力、创新能力和职业能力四种关键能力的角度来衡量，各校都可以根据教育的本质要求，开发侧重于不同教育目标的课程，设置基于不同研学实践基地的学习内容，采用学生喜欢的自主、合作、探究、体验等综合性的学习方式，在评价方面，也无须给学生造成心理压力，以促进学生更好地学习和发展为宗旨进行评价。正因为研学旅行课程有较大的自由度和创造空间，不同学校的课程才可以呈现出明显的校本化课程特点。

中国人民大学附属中学翠微学校研学旅行课程设计的指导思想是：以《国家中长期教育改革与发展规划纲要》《基础教育课程改革纲要》《北京市实施教育部

〈义务教育课程设置实验方案〉的课程计划(修订)》为指导,认真落实立德树人的育人目标,以培养学生的综合实践能力和创新能力为核心,以学生发展为本,全面提升学生综合素质。在此思想指导下,其山西研学的课程目标设置为:依据"小校园、大课堂"的办学理念,通过对山西的实地考察、现场体验、讲座等形式使学生获得中国文化相关知识,通过沉浸式学习,激发学生对文化的浓厚学习兴趣。通过游学课程,对课堂教学进行有效的补充,开阔视野,提高学习成效。

课程目标的设计,需要考虑到我国的教育目标、各级各类学校的培养目标、学生的实际情况及兴趣爱好、发展需要、学科知识及资源情况。清华大学附属中学上地学校以践行社会主义核心价值观和培养学科核心素养为导向,根据课程目标遴选课程资源,设置不同研学旅行主题,选择典型的路线,为学生创设有意义的学习之旅。北京市育英中学结合该校红色传统教育的特点及其学生的认知规律,把研学旅行课程的总体目标确立为:以历史为主线,培养学生的爱国主义情怀。各学科融合发展,塑造学生完整健全人格。

北京市十一学校依据《关于推进中小学生研学旅行的意见》《中小学综合实践活动课程指导纲要》等文件精神,设置了研学旅行课程的目标:与校内道德与法治、历史、地理和生物学科课程相结合,通过体验式活动激发初中学生学习相关知识的兴趣和求知欲,增强其课程性;通过实地考察和学习,拓展初中学生对道德与法治、历史、地理和生物学科的学习深度,培养学生学科素养,提升研学旅行课程的学科性;利用研学活动课程,综合培养学生的人文与科学精神,加强研学旅行课程的教育性;将物理、化学、生物科学课程与道德与法治、地理、历史、美术等人文课程相结合,适应北京市中高考改革需求,促进学生科学素养和人文素养的协调发展。

课程内容的设计,是以课程目标为基础来进行的。以北京市十一学校一分校七年级河南线"黄河之旅"研学旅行课程设计为例,来说明研学旅行课程方案中如何确定研学旅行目标和内容、如何实施的问题。

【案例】"黄河之旅"河南线①

本次研学的课程目标在于：让学生领略黄河灿烂的文化历史以及黄河的形成演化、流域资源开发利用、灾害治理。其中，了解黄河中下游"地上悬河"的形成原因、危害与治理是一个重要的学习目标。在设计研学线路之前，首先需要分析研学路线的情况。十一学校一分校七年级的老师们梳理了河南省内值得考察探究的研学地点，有将近20个之多，显然五天的研学之旅是无法都覆盖到的，必须加以取舍。

之后，将这些地点归类，分为自然景观类、历史类、文化类，再根据行程时间要求，剔除一些距离其他地方较远的研学地点，最终形成三个主题路线——黄河之旅、历史之旅、文化之旅。黄河之旅包括河南大学、开封黄河铁塔、黄河博物馆、黄河风景名胜区、小浪底景区，探究黄河为何成为"地上悬河"，如何治理黄河灾害问题；历史之旅包括殷墟博物苑、黄帝故里、中国文字博物馆、河南省博物馆、开封府、清明上河园，探究河南省各城市的形成和发展与历史主线有什么样的关联；文化之旅包括河南省博物馆、黄帝故里、少林寺、白马寺、龙门石窟、关林庙，探究佛教传入中国对中国社会各领域的影响。这样的主题路线设计，既明确了学习目标，把握了学习主线，又给予学生足够的学习体验，使学习真实发生。

除了分析研学路线情况，还必须考虑学生的情况。七年级的学生好奇心和求知欲强，具备一定的探究能力，但逻辑思维能力弱，分析和归纳能力不足，在理解这一问题上有一定困难。基于此，在课程实施过程中，十一学校一分校的老师们设置了一系列体验活动，帮助学生们达成目标。

在开封古都，设计了测量黄河河床与开封铁塔基座的高程差的任务，学生通过对比黄河河床与开封铁塔基座的高程，真切感受到黄河中下流为何称为"地上悬河"。在黄河博物馆，通过模型演示和动画模拟，学生系统认识了黄河的形成

---

① 本案例由北京市十一学校一分校王晓玥老师提供。

演化、流域资源开发利用、灾害治理等问题。在小浪底水库，学生们学习了小浪底水库的基本组成、土石坝的特殊结构和调水调沙的运行机制，理解了水库防洪治沙、防凌、减淤、灌溉和发电的功效。在河南大学，邀请到河南大学环境与规划学院教授现场讲解了黄河地上"悬河"的形成及危害，并回答几天来同学们心中的问题与困惑。通过测量、观看、聆听、互动、和交流反馈，学生能够说出"地上悬河"的形成原因、危害，并提出合理的治理建议，较好的达成了学习目标。

在研学旅行课程评价方面，十一学校一分校研发了"学生项目式研学评价指标"①，引导研究小组把握项目研究的要点、发现当前研究的不足、明确接下来需要调整的方向。带队老师基于量规来定位并指导研学旅行中学生的研究型学习。这种方式既有利于研学旅行价值的实现，也有利于学生自我评估能力的提升。

(三)研学旅行课程经验固化形式

课程教学改革探索的经验和成果，最终都需要以文字表达。研学旅行是一种基于实践的课程形态，其文字性经验必须来源于鲜活的研学实践，以归纳综合的方法进行实证研究，没有实践的过程，单纯的理论推演是无法产出成果的。

研学旅行的学术性成果应该有课程方案、研究论文、活动案例、经验总结、评价工具、研学手册、研究报告、专著成果等，但不管是哪一类成果，主要还是以文本形式表达。当然，也有以视频宣传片、微电影、网站等形式表达的情况。不管怎样，研学旅行课程成果会有一个共性的特点，就是不同于一般传统意义上的课程成果，它的经验总结中必须有鲜活的案例，有成长的学生，有难忘的故事。它也适合于叙事研究，在其中能够看到人的思想，看到精神的价值和人格的完善。

---

① 参见第三章《研学旅行学习评价》中的北京市十一学校一分校徐希阳老师提供的案例。

三、建设研学旅行成果资源包

收集研学旅行成果、建设学生研学旅行成果资源包，是课程开发、课程实施与课程管理的重要环节。既能对课程实施的效果进行总结评估，也能积累丰富的课程资源，为下一轮课程开发和管理提供借鉴。

(一)行前学习资源

在研学旅行前为学生提供一定的学习资源，既是调动学生的一种预热期待，也是给学生学习提供一种指引。可以让学生围绕某一主题收集资料，为学生推荐一定的参考书目或专题网站资源。如关于研学地点的介绍，使学生对将要参加的研学旅行活动内容有一个初步的了解，激发学生参与的兴趣。学生还可以提前去收集更多相关的信息，与已学过的各学科知识建立联系。

中国人民大学附属中学翠微学校为山西线研学旅行收集了丰富的学习资料，如山西概况、黄土高原、黄河、壶口瀑布、戏曲、皮影、剪纸、腰鼓等。不断建设资源包，为课程设计与开发提供资源，是成果积累的必要步骤，能够使研学旅行课程设计有丰富的前期积淀。

学校可通过专业的服务机构提升学校的研学旅行体验，比如世纪明德提供线上沟通平台、线上课程、闯关游戏等游戏化学习方式，来提升研学的知识性和趣味性。

每当组织一次研学旅行活动，就可以形成一套阅读资源材料，收集起来，积累数年，研学旅行学习的资源会逐渐增加，形成系统，不断完善。

(二)过程中生成的资源

研学旅行课程活动方案设计好以后，就是研学团队组织学生外出将课程方案付诸实施的过程。这个阶段是最有挑战性的，也是最有吸引力的。新课程改革的理念之一是需要预设，但更关注教学过程中的生成。学生研学旅行中形成的过程性资源，包括专家讲座文稿、教师学习指导方法、学生参与的图片、学生参与研学的收获体会、活动日志、随笔美文、学科深化的知识、动手制作的标本和工艺品、在研学目的地获取的第一手资料等，以及师生在研学旅行过程中发现的值得探究的问题。

(三)活动后产出的资源

研学旅行结束后，学校开展总结交流活动，帮助学生梳理研学过程中的收获，通过交流分享，实现课程目标。例如，北京市育英中学在南京的研学旅行结束后，学校会要求个人完成研学旅行手册、小组研讨、小组归纳研究成果、汇报演讲等。首先在班级进行汇报，学生汇报的内容五花八门、非常丰富。经过筛选后，把优秀的成果在年级进行汇报，如"民国建筑风格与当代建筑关系""南京咸水鸭与北京烤鸭的对比""秦淮诗词""南京公祭日"等，师生一起进行了交流。年级还收集影像、照片、总结等信息发布微信公共号，制作年级展板等。

有的学校在研学旅行结束后，要求学生以小组为单位，将研学的问题和成果重新梳理、适度提炼，并通过 PPT、视频、调查报告、小论文、研学总结、漫画、图表、诗画等方式进行汇报展示，分享感受。学校还举办研学旅行的征文、摄影、绘画比赛等后续活动。

研学旅行结束后返回学校，并不代表这一课程结束了。总结交流活动使研学的历程变得更加丰满、研学成果更加丰富，使通过研学促进学生综合素质的提升落到实处。优秀成果也为其他同学提供研学旅行范本，是宝贵的课程资源，为学校进一步优化研学旅行活动、促进研学旅行有效开展奠定了基础。

第十一章

研学旅行招标程序和实际操作

随着国家陆续颁布了《关于推进中小学生研学旅行的意见》《中小学德育工作指南》《中小学综合实践活动课程指导纲要》等文件，全国中小学研学旅行已经成为教育旅游市场的热点，承办研学旅行的单位服务质量也参差不齐。学校本着保护学校、研学旅行师生及投标人的合法权益，提升研学旅行服务质量的目的，根据《中华人民共和国招标投标法》、国家旅游局发布的《研学旅行服务规范》，规范开展招标活动。

一、招标的必要性

（一）研学旅行招标投标有法可依

目前中小学研学市场不断发展，承办中小学研学的公司也如雨后春笋般迅速增多。一方面，给学校提供了更多选择优质合作伙伴的空间；另一方面，市场上承办中小学研学旅行的公司良莠不齐也是显而易见的。所以对于学校而言，依法办事，规范自己的招标行为，做到有法可依，有法必依，也是依法保障学校合法权益的有效措施。

学校可以根据研学规模的大小，依照相关法律的规定，确定学校研学旅行合作伙伴是否要通过公开招标选择。

一般情况下，学校选择研学旅行承办单位的方式有三种。

1. 公开招标

依据法律规定要求，直接进行公开招标确定研学旅行承办单位。公开招标面向的是全社会，符合投标资质和要求的均可以参加投标，这样招标单位选择的空间更大。

2. 邀请招标

依据法律规定，采用邀请招标方式确定研学旅行承办单位。学校可以参考过往合作的经验和教训，应当向三个以上具备承担研学旅行能力、资质信用良好的特定的法人或者其他组织发出投标邀请书进行"邀请招标"。

3. 直接确定承办单位

学校依据法律不是必须招标的情况下，可以直接确定研学旅行承办单位。对于这种不必须招标的活动，建议采取以下有助于优中选优的方法确定承办单位。

第一，确定有意合作的承办单位。选择承办单位可以参考以往双方合作效果，也可以选择其他学校研学旅行合作伙伴。

第二，对有意合作的研学旅行承办单位进行实地考察，考察对象一定不少于三家，因为"货比三家"才能做到物优价廉。

第三，根据考察结果，通过讨论分析，确定最终的合作伙伴。

特别强调：无论是通过公开招标、邀请招标还是不通过招标确定研学旅行合作伙伴，招标人都要根据招标项目本身的要求，明确要求潜在投标人或有意合作伙伴提供有关资质证明文件和业绩情况，并进行资格审查，以确保合作伙伴的信誉、研学旅行服务质量。

(二)研学招标的重要意义

1. 降低研学旅行成本

招标最大特点是通过集中采购，有众多的研学旅行承办单位进行竞争，有利于形成由市场定价的价格体制，使价格更加趋于合理，确保招标单位能以最低或较低的价格获取最优质的服务。

当然，这一方面需要特别注意，不是价格低就一定符合学校研学旅行低成本要求，价格越低越要关注承办单位的研学旅行服务质量保障措施。避免出现降低成本，获取合作资格后，在研学旅行服务中质量大打折扣的恶性竞争现象。

2. 提升研学旅行质量

公开招标遵循公开、公平和公正的原则，将采购活动置于透明的环境之中，学校既能选择质优价廉的服务，又可以防止不规范行为的发生。在某种意义上说，招标制度执行得如何，是研学旅行活动质量能否得到保证的关键。

第一，按照资质深浅、研学旅行经验丰富程度、标书设计理念，对所有参与投标的公司进行初步筛选，为第二部述标做好准备，避免出现述标时公司多、时间短、粗而不精的情况。

第二，在公开述标过程中，强调述标重点是安全预案和课程设计理念，评委会就其述标中不清晰的疑惑点进行提问，投标单位需要如实进行答辩，既给了承办公司进一步答疑解读的机会，也让评委深入了解承办公司的服务实力和研学旅行服务理念，从而选择出最佳合作伙伴。

第三，在招标说明会上，投标公司均已经获知，研学旅行课程设计是否能够体现学生的实践和体验，是否更贴近于学生的实际和课程的实际，是学校评标的重点，也关系着投标公司是否能够中标。所以投标公司在准备标书的过程中必须认真开发研学旅行课程。这样，在增加自己中标概率的同时，也提升了研学旅行课程的质量。

第四，中标的承办公司在后期研学旅行的执行过程中，研学服务质量和研学效果对其研学资质的评估起着重要作用，而且对其以后承接其他学校的研学旅行项目有至关重要的影响，因而研学旅行合作伙伴务必将研学旅行的质量保证放到重要位置。

3. 确保研学旅行安全

通过招标的方式选择研学旅行合作伙伴，可以防止承办单位因为没有竞争对手、没有比较而产生一家独大、舍我其谁的心理，尤其在研学旅行价格、安全保障方面更加强势，不容协商，服务质量有可能不到位，导致研学旅行效果不佳。

公开招标给了更多潜在承办单位与学校合作的机会，也增加了竞标的难度。为了中标，必然要充分发挥自己的优势，实现和学校的双赢。诸如安全措施会考虑得更细致，措施更得当，预案更有效，能够有力地保障研学旅行的安全。

二、招标的程序和环节

学校研学旅行招标工作从启动到结束，历时比较长，大约 5 个月左右，各学校可以根据本校的研学时间，提前安排。整个流程比较复杂，需要历经环节如下：

确定招标时间节点——确定研学旅行路线和研学旅行资源——承办单位考察——发布招标公告——召开招标说明会——公司进行投标——现场述标评标——公布中标结果——签订合同——存档。现以 2018 年春季研学旅行招标为例，进行详细说明。

(一)确定招标时间的节点

学校的研学旅行招标工作一定要列入工作计划中，提前确定大致的时间节点，如果有变化可以略做调整。例如，2018 年春季研学旅行活动如果确定在 5 月 2—6 日进行，招标时间节点安排如下：

1.2017 年 11 月底(距离春季研学旅行 5 个月)，确定研学旅行路线和资源。

2.2017 年 12 月(距离春季研学旅行 4 个月)，实地考察研学旅行合作伙伴。

3.2018 年 1 月(距离春季研学旅行 3 个月)，招标正式开始。

(1)2018 年 1 月 2 日，发布招标公告，收集报名信息。此公告发布至招标说明会召开，至少留出 1 周的时间，要给有意向单位留出关注查看、准备资料的时间。

(2)2018 年 1 月 8 日，召开招标说明会，收集投标资料。说明会召开到开标述标评标大会，至少留出 1 周的时间，要给竞标单位留出准备研学旅行方案等相关资料的时间。

(3)2018 年 1 月 15 日，召开述标竞标会，开标、述标、评标。

(4)2018 年 1 月 18 日，公示中标结果。

(5)2018 年 1 月 18—27 日，各线路负责人和中标单位就细节问题进行后期沟通。

4.2018 年 1 月底(寒假放假前)，招标工作全部结束。

(二)确定研学旅行线路和资源

2018 年春季研学旅行线路和资源的确定应该在 2017 年秋季研学旅行结束之后，项目组召开研学旅行总结会议，各线路负责人分别针对此次研学旅行过程中本线路的亮点和存在问题进行了分析说明，然后经过讨论调整路线和资源。例如，安徽线路的突出亮点是黄山之行，雨中顺利爬黄山，不仅欣赏了别有一番风味的雨中黄山，更凸显了学生的安全意识和规则意识；相反，特色菜学生动手做环节，学生和老师均没有太多的感受或收获，于是在确定下一次安徽线路的时候，就调换为春季的采茶环节。2018 年春季研学旅行事实证明，这一环节的调换十分成功，学生分享时，感受最深的就是采茶、炒茶这一实践活动。如此讨论分析，最终确定 2018 年春季研学旅行线路和资源。

（三）实地考察承办单位

1. 实地考察重要性

通过实地考察。了解有可能合作的伙伴最真实的实力和服务情况；通过考察进一步确定与此前收集到的信息是否相符。搜集合作伙伴的第一手资料，为后期的招标提供真实的依据。

2. 确定考察对象

考察时要多渠道了解研学旅行承办单位信息，例如，分析本校在研学旅行过程中合作过的单位，进行优劣对比，最终选择优质服务的单位；还可以通过各级别的研学旅行会议，考察知悉部分知名承办单位；也可以请研学旅行课程做得比较好、有经验的学校提供服务优质的单位信息，以及主动联系学校的研学旅行承办单位等，从众多的研学旅行承办单位中，选择比较有实力的、有意向的，但是对从未合作过的研学旅行承办单位，需要进行实地考察。

3. 考察人员组成

考虑到承办单位的服务对象是学校、学生和家长，参与实地考察的人员组成，一般包括副校级以上领导 1 名、研学旅行项目组人员 2 人以上、家长 2 人以上，也可以把学生纳入进来。不同的人员可以从不同的角度考察、思考，提供更多的建议，成为最后的招标参考依据。

4. 实地进行考察

实地考察是指考察人员直接到承办单位的公司驻地进行考察。通过参观、访谈、调查、观察等多种方式了解承办单位，与之前收集到的情况进行综合考量。

参观：了解该单位的资质（各种执照）、规模（面积大小、员工数量）、规范与否。

访谈：通过和主要负责人沟通，了解运行模式、承办能力、经营项目、研学效果、课程设计理念、安全预案、突发事件处理能力及相关信息。此类访谈，应该提前准备好问题，有的放矢，有利于获取有效信息。

5. 撰写实地考察报告

实地考察的单位可多可少，一般集中在有合作可能的单位。考察结束后，参与考察的人员需要汇总考察得到的各种信息，给出是否能够合作的可能性，提交给学校项目组，以备招标参考。

以下是境外研学旅行考察报告案例之一。

【案例】×××公司考察汇报

为了确保 2017 年暑假的境外研学旅行事宜的顺利进行，学校和家委会代表特成立了 9 人小组(5 名教师和 4 名家长)共同参与、启动研学旅行机构的前期招标、调查问卷的设计、出国前的课程设计、出国中的课程设计、回国后的课程设计等事宜。

今天家长代表(2 人)×××妈妈&×××妈妈和学校代表(1 人)×××老师，一起考察了与北京多家中学和培训机构合作过多年的×××公司。我们将今天考察的内容向家长们通报一下。

今天与×××公司研学部的代表讨论了：

1. 如果我们选择×××公司，他们可能会给我们提供哪些研学资源？其中，包括：美国旧金山企业参观体验，公立中学体验，大学请留学生或者老师作讲座，文化交流，和当地文化的交融，参与当地的节日，实践性活动，寄宿家庭，博物馆参观等。

2. 除此之外，我们还就插班生的语言水平、沟通能力，领队的配备，家长陪同情况，行前说明会，课程培训，国外供应商，每顿饭的标准(中式自助，穿插西式特色菜)等方面进行了咨询，并就住宿标准、保险类型、机票价格定位等方面进行了咨询。

3. 我们要求公司报价时要有详细的流程。

这只是招标前的一个考察，为了公平、公正、公开，学校还会找机会再去考察别家研学旅行机构。

(四)发布招标公告

1. 招标公告必要性

学校利用网站或者微信，面向社会公开发布招标公告，给更多有能力的潜在研学旅行机构提供参与投标的机会，这也符合相关法律的规定。

2. 招标公告内容

(1)研学旅行项目实施的准确时间。

研学旅行课程的实施，应该列入每学期的教学计划，时间要明确具体；

明确时间便于投标单位核算报价，因为研学旅行实施时间不同，研学旅行资源的价格也会不同，尤其是在节假日。比如 2018 年春季研学在 4 月 29 日—5 月 12 日，两周时间，恰逢"五一"黄金周，第一周含"五一"三天假期的价格，和"五一"黄金周之后第二周的研学旅行报价会相差很多。

【案例】2017—2018 学年度春季研学旅行课程招标告示

为了开阔学生视野、增加学生对自然和社会生活的体验，促进学生身心健康发展，将于 2018 年春季开展研学旅行课程。为确保该课程的顺利实施，特向社会公开招标，诚邀资质合格和经验丰富的教育机构参加投标，协助我校安排活动课程及师生的食宿、交通等重要工作。现将招标有关事项公告如下：

一、招标单位：×××学校

二、招标内容：初一、初二年级学生于 2018 年 5 月 2—6 日实施"2018 年春季境内研学旅行课程"

三、招标方式：公开招标

四、招标要求：

请及时准备好本通知及附件所要求的材料，于规定时间内投递，并按照后续时间要求，做好系列投标准备。

1. 凡具有资质和实力的教育机构，请于 2018 年 1 月 5 日下午 17:00 之前将相关资质证明材料、填写完整的报名信息表(表 11-1)发送到指定的电子邮箱。

2. 凡是参与招标报名的教育机构，请于 2018 年 1 月 8 日下午 14:30 到×××会议室参加招标信息发布会。

3. 1 月 12 日下午 17:00 前，将标书关键信息采集表和标书等文件电子版发进到指定邮箱，同时，相关资质证明、报名信息表以及标书等全部资料的纸质版，提交给××老师。

4. 招标工作小组将择期组织开标、述标、评标工作，确定中标单位并公布招标结果。

联系人：×××老师

电　话：×××××××××××

邮　箱：××××@126.com

(2)投标机构报名条件。

①资质要求：机构需有至少 5 年开展社会实践活动的经验。机构没有处于被责令停产、停业，或者投标资格被取消的情况，没有骗取中标或者违约等问题。

②安全要求：在以前开展业务的过程中，机构没有发生过任何涉及出团的安全问题；针对不同社会实践活动，机构均有成熟而可行的风险规避预案，保证各种问题均有相应的解决措施；有制度和措施保证出团师生的人身、财产及交通等安全。

③业务要求：公司开展社会实践活动业务的时间必须在 5 年以上；出团随行人员须有 3 年以上的出团经历，且业务熟练，经验丰富，有较强的组织沟通能力，能从容处理可能遇到的各种问题。

④信誉要求：能有足够的资料证明该机构能为师生提供快捷、周到的服务，能很好地满足学校师生的合理要求，在业界有较好的声誉；严格履行合同，不随意调整、删减活动内容。

(3)投标机构需要提交信息和资料。

①公司简介(需盖公章)。

②法人授权委托书及被委托人证明材料(介绍函、法人和委托人的身份证等，需盖公章)。

③公司资质证书(需盖公章)。

④公司营业执照(需盖公章)。

⑤主责此次投标负责人的联系方式(需盖公章)。

上述资料的收集，都是为了对投标单位的竞标资格进行确认和筛选。

表 11-1　研学旅行课程实施投标机构基本信息表(2018 年 1 月)

序号	教育机构名称	成立时间	机构性质	资质证书编号	营业执照号	规模(全职职员人数)	法人代表姓名	组织社会实践活动的年限	曾经合作过的学校和教育机构(请列举)	联系人姓名	联系人电话	联系人邮箱	备注

(4)材料投递方式及截止日期。

投递方式：电子版通过邮箱发送；纸质版直接送到学校。

截止日期：××年×月×日。

(5)后期招标工作及时间安排。

后期工作包括：招标说明会的时间和地点、标书的要求和投递信息、开标述标评标的时间等信息。这些信息在招标公告上说明，方便投标单位有充分的时间进行后期准备。

(6)招标人的联系方式和资料投递方式。

(7)招标人的名称和地址。

(五)召开招标说明会

1. 招标说明会的目的

(1)在收齐各投标单位的报名信息后，根据报名条件，确定各投标单位是否具备投标资格，不合格者，直接淘汰；如果报名者太多，可以根据各单位资质和实力进一步筛选，选出一定数量的投标机构参与投标；如果报名者比较少，符合条件者均可投标。

(2)召开招标说明会，面向全体投标单位说明研学旅行招标工作的详细要求，便于投标单位设计标书参考。

(3)招标说明可以直接以公告的方式发布，投标者自行阅读理解，按要求操作；也可以以会议的形式，集中当面解读。采取后一种方式更为清晰、明白。

2. 说明的内容

(1)研学旅行线路和资源，参加研学旅行学生及教师数量，食宿与否。

各承办机构投标线路一般不超过两条，这样既给了优质服务单位更多的合作机会，也给了其他研学旅行机构参与合作的机会，不至于一个学校研学旅行一家独大，没有竞争，就没有活力。

(2)研学旅行方案的设计要求及建议，如要求课程的体验性、综合性、专题性等。

(3)安全工作要求：安全预案，如交通、饮食、住宿、突发事故等安全措施。

(4)交通工具要求：交通工具类型约定、司乘人员素质、乘坐环境等。

(5)住宿安全要求：宾馆的等级、消防安全、每间房的人数、周边环境安全、不宜频繁更换宾馆等。

(6)饮食安全要求：学生分桌、特色菜品、禁忌食品、少数民族学生用餐、饮食环境等。

(7)讲解服务要求：耳麦配备(听讲效果更佳)、讲解员数量、讲解效果、学生参与讲解要求等。

(8)导游服务要求：有热情、有耐心、喜欢学生、能调动学生学习和活动兴趣、熟悉游学资源等。

(9)医护人员配备：对于学校不能提供医护人员的线路，研学旅行承办单位需要聘请医护人员随行，以保障学生的身体健康。

(10)报价要求：报价低服务质量高、报价合理。

(11)投标资料投递时间和途径。一般要求电子版发送邮箱，纸质版送到学校。

(12)后续事项及时间安排。

(六)评标定标会

1. 评标人员组成

(1)主管教学的副校级领导、德育工作负责人、研学旅行项目负责人、研学旅行项目组成员、学生若干名。这样的组合,设计学校各方代表,能融入多方面意见,确保评标工作更加公平公正。

(2)评标人员数量一般在 10 人以上、15 人以下。人员过少,缺乏民主性,人员过多,意见容易分散。

2. 拟定评标标准

根据研学旅行课程要达成的目标,设计评标标准。例如:

(1)投标机构的资质和文件资料的齐全程度(10 分);

(2)标书中的安全措施和预案的完善及合理性(15 分);

(3)境内研学旅行项目的实施经验(15 分);

(4)研学旅行方案的合理性及有效性(35 分);

(5)报价(以平均价格为准,在平均价格 5% 以内为满分,每超出 5% 扣 5 分)(25 分)。

各单位在招标时,可以根据自身情况设计,也可以调整评标标准或各项标准的权重。

表 11-2 ( )线路评分项目(0~100 分)

述标顺序	投标机构名称	机构的资质和文件资料的齐全程度(10 分)	安全措施和预案的完善及合理性(15 分)	境内研学项目的实施经验(15 分)	研学方案设计的合理性及实效性(35 分)	价格(以平均价格为准,在平均价格 5% 以内为满分,每超出 5% 扣 5 分)(25 分)	合计总分
1							
2							
3							
4							
5							
6							
7							
8							

3. 评标流程

(1)开标和议标。

第一，各投标机构提供的标书关键信息作为议标参考之一。

第二，各投标机构投递的纸质版标书作为议标的重要参考。在收齐各投标机构的标书信息后，全体评标人员，集中进行开标，仔细阅读标书信息。

第三，就各单位的标书，大家进行讨论，解读各自的亮点与不足，确定最后述标的机构，一般5家单位入选比较合适，这样，述标时间不至于太长，也有竞争。入选者由负责人员直接通知述标的时间和地点。

(2)述标和评标。

述标是评标过程中最重要的环节，也是定标的重要依据。投标单位需要派出人员参与述标，招标单位需要组成评标团队进行评标、定标。

第一，抽签决定述标顺序。

第二，述标时间为15分钟，答辩5分钟，每个投标单位大约用时20分钟。这个时间各学校根据实际情况可以自行调整。

第三，述标结束，投标机构人员直接离开学校，等待公布结果。

投标机构一般通过课件、视频和解说等方式，就资质、安全预案、研学旅行课程设计、课程实施、课程亮点、线路报价等方面进行说明。

第四，各位评委按照评标标准进行打分，并在自己的打分表上签字。

评委重点关注投标机构在课程设计理念、学生体验活动、研学旅行安全措施等方面的解读。

备注：无论参与几条研学旅行线路的竞标，述标时间各投标公司是一样的。

(3)定标。

汇总各评委的计分，算出平均分，同一条线路的所有投标机构中，得分最高者，为竞标成功者。如下表所示，单位4为得分最高，是西安线路的中标者。

(4)全体评标人员确认无误后，在评标汇总表暨中标结果表上签字。

表 11-3　（西安）线路评分项目（0～100 分）

述标顺序	单位 1	单位 2	单位 3	单位 4
1	94	96	97	100
2	89	88	90	100
3	93	94	93	100
4	93	92	93	98
5	90	92	97	100
6	90	93	92	100
总分	549	555	562	598

在评标和定标的过程中发现，投标单位是否中标有一定的规律：价格过高不易被接受，价格过低容易对服务质量有疑问不易被接受，所以价格适中者易中标；课程设计是常规参观型理念的不易中标，因为参观是最低层次的研学方式，体验活动过于丰富也不易被接受，因为它的实施时间保证和实施的深入性也会被质疑，所以研学旅行课程设计理念新、突出学生的实践和体验、时间安排适度者易中标；研学旅行安全一定是第一位的，安全预案必须有，如果只是笼统概述安全措施的，反而不如更注重细节的保障措施者易中标，因为学校更注重安全措施的可操作性；当然，如果是合作过的研学旅行承办单位，必然会受到过往合作效果的影响，研学旅行效果一般、出现问题的、师生评价差或者一般的投标单位，落选的可能性很大，研学效果好、师生评价高的投标单位中标率就会很高。

(七)公布招标结果

确定中标结果无误之后，学校利用网站或者微信，面向社会公开发布中标结果，接受监督。如下图所示：

2018 年春季学生境内游学中标结果

公　示

2018 年春季境内研学课程组经过精心筹备，于 2018 年 1 月 15 日在学校×××会议室对"北京线路、山东线路、杭州线路、安徽线路、西安线路、山西线路"进行了现场开标、述标、评标。

续表

参与评标人员：境内研学项目组成员老师 6 人。经过开标、述标、展示各线路标书、评标人员评分、汇总统计结果，最后确认 2018 年春季研学旅行课程中标机构。

现公示招标结果如下：

北京线路：

　　　　　中标机构：×××旅行社有限责任公司

山东线路：

　　　　　中标机构：×××旅行社有限责任公司

杭州线路：

　　　　　中标机构：×××旅行社有限责任公司

安徽线路：

　　　　　中标机构：×××旅行社有限责任公司

山西线路：

　　　　　中标机构：×××旅行社有限责任公司

西安线路：

　　　　　中标机构：×××旅行社有限责任公司

感谢各投标单位的参与！

×××学校

2018 年 1 月 16 日

三、签订合同

(一)拟订合同

如果公示无异议，双方需要签订合作协议。

(1)研学旅行中标机构提供合同文本，常用的合同是国家旅游局 & 国家工商行政管理总局共同制定并发布的《团队境内旅游合同》。

(2)合作双方负责人可以根据实际情况，就具体问题进行协商，达成协议，以书面形式对示范文本内容予以变更或者补充。其中，重点审阅研学旅行安全要求、措施和责任承担等内容。

(二)法律顾问审阅合同

协商好的文本请学校法律顾问进行审核、修改和完善。

（三）双方签订合同

双方均无异议的情况下，签约生效，逐一落实。

四、资料存档备查

上述招标过程中，全部资料都要存档，以备需要时查阅。至此，学校研学项目的招标工作尘埃落定。

五、招标中需要注意的问题

1. 提前准备招标工作，按照时间节点有序进行，避免时间过于紧张而省略环节，影响招标效果，所有环节缺一不可。

2. 招标公告及附件中的信息说明，一定是一致的，否则容易给投标单位带来困扰。

3. 招标说明会一定要根据学校的需求，标注清楚，避免后期工作推进出现误解。

4. 定标之后，评委一定要在结果处签字，中标结果一定要公示，务必遵循招标的公开、公平、公正原则。

5. 签订合同要及时，同时认真查看合同条款，发现问题及时沟通，保存好合同原本。

6. 学校研学旅行合作单位可以实行末尾淘汰制，对于研学旅行效果不佳的单位，直接排除在下次研学旅行投标范围之外，至少间隔一次才允许其继续投标。效果是以示警戒、促其改进，提升研学质量。

第十二章

主题研学线路设计与活动实施案例

《关于推进中小学研学旅行的意见》中指出："开发一批育人效果突出的研学旅行活动课程，建设一批具有良好示范带动作用的研学旅行基地，打造一批具有影响力的研学旅行精品线路，建立一套规范管理、责任清晰、多元筹资、保障安全的研学旅行工作机制，探索形成中小学生广泛参与、活动品质持续提升、组织管理规范有序、基础条件保障有力、安全责任落实到位、文化氛围健康向上的研学旅行发展体系。"由此看出，研学旅行线路设计与开发是研学旅行发展体系的一部分，也是研学旅行课程的重要载体形式。

研学线路设计应该满足：教育性原则、实践性原则、安全性原则和公益性原则。其中教育性原则要求研学旅行要结合学生身心特点、接受能力和实际需要，注重系统性、知识性、科学性和趣味性，为学生全面发展提供良好成长空间。这是学生研学旅行与普通旅行最显著的区别。如何实现研学旅行的教育性是研学线路设计中的重点，更是难点。研学线路设计应包含研学主题确定、研学目标制定、研学资源选择和研学任务设计与实施。

一、研学主题确定

学生通过研学走出校园，在空间上实现了拓展。但是由于各个研学景点的个别化差异，如果只是按照时间顺序，或是地点顺序孤立的在空间的各个点行走，就会导致研学中走马观花、只游不学或是难以深入学习的问题。因此研学线路设计有必要从学生认知规律的角度出发，将一个个孤立的研学资源点通过一定的"逻辑"串联起来，整合成一个具有"核心主题"的线路，让行走过程有主线，让学习过程有焦点，让素养形成有脉络。

主题的确定不是随意而为的，首先要明确研学的目的是什么？针对的学生群体有什么特点？要培养学生什么方面的素质？达成这一目的可能实现的途径有哪些？在研学活动组织的起始阶段，就要经历一个系统的思维过程，将若干重要的问题理清楚，确定一个最恰当的主题。

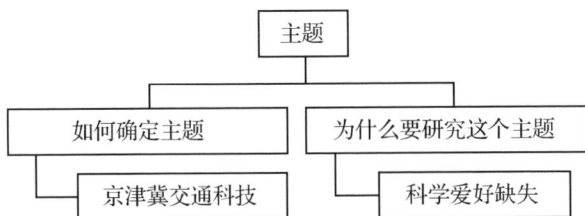

图 12-1　主题确定思维框架

(一)确定主题

确定什么样的主题才能避免空泛？我们需要界定主题的概念。研学主题是指研学的各个地点或是资源之间存在一定共同的知识层面的特征，从而形成了一定的联系。这种共同特征不是简单的时间或是地点上的共同特征，而应是某种具体知识层面上的。因此，如果按照区域划分的境内、境外游不算主题；按照大学科门类划分的文学游、科学游、历史游等也不算主题，应该再进行细化，如文学中的诗词、科学中的天文、历史中的都城等。如何判断所定主题是否可以成为一个主题？一个简单可行的办法是：这个词在现实生活中是否真实存在与之对应的物品或产品，如果存在则可用作主题，如果不存在则需要再进一步细化。历史在生活中不单指一个具体的东西，但是历史中的都城却是真实存在的东西，因此用其作为主题就会更聚焦。

例如，本研学线路案例的主题是京津冀交通研学，围绕交通科技，在京津冀区域范围内进行学习，涉及交通科技中的火车、飞机、汽车、轮船等交通产品。

(二)主题研究的必要性

为什么要研究这个主题？我们的教育从面向考试的培养转向面向素养的培养，研学是课堂教育的延展，是为了更好地提高学生的素养。各个学科的素养包含哪些方面？哪些方面是在课堂教学中难以实现的？我们可以从本学科素养培养中难以在课堂中实现的角度出发，去思考和设计通过研学来实现。

这是一个多元选择的时代，学生在面临选择的时候，如果没有爱好很容易进入迷茫的境地。迷茫会让学生失去前进的动力，失去选择的能力。而没有爱好是迷茫的根源，因为对知识的喜爱程度是学习内动力产生的源泉。以人的爱好范围为横轴，以对事物的理解程度为纵轴，表征爱好范围和理解程度的关系的学习特征曲线近似如图 12-2 所示，两条曲线分别表示两类人群的学习特点：泛爱是对很多事物都停留在表面层次的喜欢，广而浅，却无法深入和持久；深爱强调对少数个别事物专注而持续的爱，少而深。支撑学生进行非正式学习的正是对某一领域的爱好，当学生由内而外地爱上某一领域，成为这一领域的粉丝，才能够激发其自主学习和终身学习，而不以考试为目的。

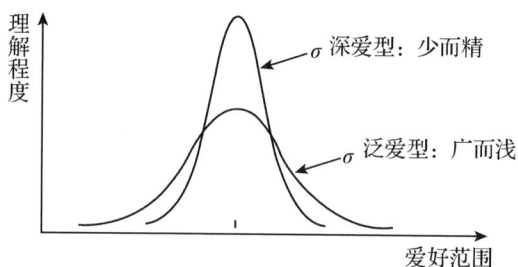

图 12-2　学习特征曲线

　　科学是相对门槛比较高的学科，怎样让学生建立起对科学的爱好并非易事，单纯依赖学生自我会由于门槛太高而排斥；依赖家庭会受限于家庭的知识水平。因此需要学校层面介入，有组织有目的地带领学生进入科学的世界，培养科学爱好。研学提供了一个带学生走入真实科学世界的机会。

　　例如，本研学案例以交通为主题，希望通过与生活密切相关的宏观的交通工具刺激学生的好奇心，帮助学生找到科学爱好的切入点，带其走入该领域的世界，使其成为该领域的粉丝，携爱好与粉丝精神进行持续不断的终身学习。

二、研学目标制定

　　目标可以划分为三个层次，知识层面、能力层面和品格层面。知识层面的目标是学生通过研学直接获取的；能力层面的目标是在活动、任务中间接培养起来的；品格层面的目标是从价值观、国家等育人的最终目的出发设计的。

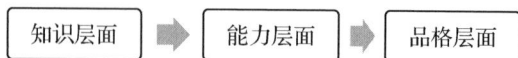

知识层面　➡　能力层面　➡　品格层面

(一)知识层面

(1)通过对各种交通工具的观察和体验，增强学生对交通工具的认识。

(2)通过对各类交通工具的科学阅读，增强学生对交通知识的了解。

(二)能力层面

(3)通过对交通类课题的研究，增强学生科学研究的能力。

(4)通过对各类交通工具的参观，培养学生的专业爱好，为终身学习奠定基础。

(三)品格层面

(5)通过对各类交通工具的参观，感受科技的生产力，增强学生对科技的敬畏感，增强学生学习科学的效能感。

(6)通过了解各类交通工具的发展历史，增强学生科技强国的意识与创新意识。

三、研学资源选择

研学资源的确定过程一般经历四个阶段。

资源调研 ➡ 与资源单位沟通 ➡ 资源采集 ➡ 资源整合

(一)资源调研

研学类的资源有很多种，包括博物馆类、企业类、大学类、公共旅游类等，但各种资源各有利弊，需要在设计研学线路时有机整合各种类别的资源。

表 12-1　研学资源种类特点

资源种类	特　　点	缺　　点
博物馆类	主题鲜明，一般有专业讲解	学生去过，或者多次去过
企业类	专业性强	较少对外开放
大学类	实验室资源丰富	门槛高，对学生基础知识要求高
公共旅游类	重景色参观	人多，教育性不强

(二)与资源单位沟通

大多数博物馆类资源需要提前预约，在设计资源时需要登录博物馆官方网站进行网上预约或电话预约。企业类、大学类的资源容易在研学中被忽视，而实际上两种资源具有很重要的价值。但因为这些不是对外开放的，可以借助家长、朋友、同学等关系群联系资源，这类资源的专业性强，与社会现实衔接更加紧密。

当企业允许参观时，会需要一份加盖学校公章的申请函，介绍学校的情况，参观的目的、行程等方便对方做出安排。

申请函

致天津新港船舶重工有限责任公司：

为了培养学生的创新能力，感受科技带来的便利，我学校本学期组织部分学生参加现代化立体交通研学活动，研学内容涉及船舶知识，期望到贵单位参观学习，时间预定在 2017 年 11 月 13 日或 14 日，参观人数为学生 54 人，教师 6 人，万望批准！

联系电话：150×××1550，传真：010—12345678

此致

敬礼

××学校

2017 年 10 月 16 日

(三)资源采集

在设计前有必要对资源进行实地考察，采集资源单位的资源信息，确定开放时间、资源内容、在调研中思考可以设计的任务，切忌不经过调研设计研学任务。

(四)资源整合

在资源整合时需要统筹各个资源单位的地理位置、资源任务的时间等因素合理安排行程。一般情况下，一个资源单位的停留时间在 0.5 天比较合适。

下表是本案例的研学线路安排，以交通科技为主题，在京津冀范围内开展为期 5 天的研学。

表 12-2　研学线路设计和时间分配表

行程设计	目　　标	资源类别	时　间
天津船舶重工有限公司	1. 通过参观中国天津船舶重工有限公司，了解中国造船制造业的工艺与技术。 2. 通过参观，感受科技的强悍，增强民族科技自豪感。 3. 通过中国海运相关科普阅读，了解中国海运交通的现状，扩展知识面，激发科普阅读兴趣。	公司类	0.5 天
天津新港	通过参观天津新港地区的企业，扩展知识面。	公共旅游类	0.5 天
天津航母主题公园	1. 通过参观航母主题公园，了解航母构造。 2. 结合网络搜索，了解航母的发展历史。	公共旅游类	0.5 天
外滩乘船、捕鱼	1. 通过乘船游玩，领略大海风情。 2. 通过品鉴海水活动掌握测量密度的方法、电解的方法。	公共旅游类	0.5 天
磁悬浮列车体验与参观	1. 了解磁悬浮列车的工作原理。 2. 了解磁悬浮技术与高铁技术的区别与联系。	公共旅游类	0.5 天
北京铁路博物馆	1. 通过参观铁路博物馆，了解铁路发展史。 2. 了解火车发展史。 3. 通过科学阅读了解轨道交通的有关科学知识。	博物馆类	0.5 天
交通大学隧道实验室	1. 了解隧道的分类。 2. 了解隧道的施工方法。	大学类	0.5 天
汽车博物馆	1. 通过参观汽车博物馆，了解汽车发展史。 2. 了解汽车行驶原理。 3. 了解汽车制造的关键技术。	博物馆类	0.5 天
S2 线观光、詹天佑纪念馆	1. 通过火车体验，欣赏轨道风景与沿途风光。 2. 参观詹天佑"人"字形铁路设计，理解原理。 3. 通过参观詹天佑纪念馆，了解中国铁路建设史。	博物馆类	0.5 天
八达岭长城	1. 登长城，欣赏风景。 2. 调研长城，了解长城历史。	公共旅游类	0.5 天
北京航空博物馆	通过参观汽车博物馆，了解汽车发展史；了解汽车行驶原理；了解汽车制造的关键技术；增强学生的科学素养。	博物馆类	0.5 天

四、研学任务设计与实施

研学任务设计是研学课程的核心，对于实践性活动课程来说，学习活动的展开是通过完成一个个的任务实现的。为了调动学生在研学过程中的积极性，研学的任务形式可以丰富多样。

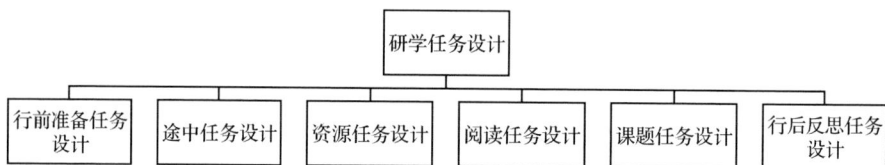

图 12-3　研学任务设计示意图

(一)行前准备任务设计

在研学前，学生需要为研学做好准备，为了更好地锻炼学生的自主能力，我们可以为学生设计行前准备课程，了解车次、天气、必备物品等。

【案例】学生行前准备课程

1. 请你根据车次查询高铁的往返时间。

	车次	起点	终点	出发时间	到达时间	总时长	总里程	票价
去程	G19							
返程	G40							

2. 请你查询研学过程中的天气预报。

日期							
气温/℃							

3. 请你将此次旅行要携带的物品清单写入下表。

物品清单	是否装箱

(二)途中任务设计

因为研学一般都需要去外地，乘火车或其他交通工具的途中有很长一段时间，我们有必要对此段时间进行任务设计，以帮助学生更好地利用时间。这个时间段的任务可以让学生了解火车经停的站点、高铁的运行原理或者为第一站的研学资源做一定的准备。

【案例】旅途中的学习：探究高铁知识

1. 请你画出 G19 的线路图，标出其停靠的车站名称。

2. 请自行查阅高铁的有关科普知识，回答下列问题。

(1)你所乘坐高铁平稳运行时的时速大约为_____千米/小时＝_____米/秒。

(2)高铁两条轨道的距离是_____厘米。

(3)CRH 的全拼是_____，"具有我国自主知识产权"的动车组产品系列_____、_____、_____、_____等型。

(4)高铁通过_____从电网上取电，电网上的电压是_____伏特。

(5)高铁的座位号为什么没有 E?

(6)中国哪些省会没有高铁站?

(7)"八纵八横"是中国高速铁路网络的中长期铁路网规划。"八纵八横"分别指什么?

(8)高铁过弯时,感觉列车发生倾斜。这是因为弯道外侧轨道高度大于弯道内侧轨道高度,形成超高所致。超高指的是列车在圆曲线上行驶时,受横向力或离心力作用会产生滑移,为抵消车辆在圆曲线路段上行驶时所产生的离心力,保证列车能安全、稳定、满足设计速度地通过圆曲线,在该路段横断面上设置的外侧高于内侧的单向横坡。请你画出高铁过弯时的受力分析图。

3. 到达绍兴后,我们将组织"曲水流觞"接力作诗赛,途中你需要为此做一定的准备。

(1)"曲水流觞"的意思:＿＿＿＿＿＿＿＿＿＿＿＿＿＿＿＿＿＿

(2)"曲水流觞"的出处:＿＿＿＿＿＿＿＿＿＿＿＿＿＿＿＿＿＿

(3)请你背诵后默写《兰亭集序》。

作者:＿＿＿＿＿＿＿＿

全文:＿＿＿＿＿＿＿＿＿＿＿＿＿＿＿＿＿＿＿＿＿＿＿＿＿＿＿＿

＿＿＿＿＿＿＿＿＿＿＿＿＿＿＿＿＿＿＿＿＿＿＿＿＿＿＿＿＿＿＿＿

＿＿＿＿＿＿＿＿＿＿＿＿＿＿＿＿＿＿＿＿＿＿＿＿＿＿＿＿＿＿＿＿

(4)请你写下作诗的初稿。

＿＿＿＿＿＿＿＿＿＿＿＿＿＿＿＿＿＿＿＿＿＿＿＿＿＿＿＿＿＿＿＿

＿＿＿＿＿＿＿＿＿＿＿＿＿＿＿＿＿＿＿＿＿＿＿＿＿＿＿＿＿＿＿＿

(三)资源任务设计

资源任务是学生在研学过程中的主体任务,为了让研学过程中学生的注意力更加集中,我们需要针对研学资源进行任务设计,这些任务应以表现性任务、开放性任务为主,没有标准答案,允许不同的学生呈现出个性化的答案。同时,在任务设计时需要先对课程环境、课程目标进行描述,方便学生了解资源的特征,为完成任务做一定的知识准备。研学手账这一任务是非常好的一个任务形式，适用于所有的研学资源，通过这一任务让学生用自己的语言和形式呈现对这个资源的认识、了解和感想。

【案例】铁路交通主题研学

铁路是国家重要的交通设施，是国家经济发展的大动脉，和人民群众生产、生活息息相关，是大众化的交通工具。铁路运输具有安全正点的优势，安全系数远高于公路；铁路运输受气候影响非常小，一年四季可以不分昼夜地进行定期的、有规律的运转；铁路运输速度越来越快。

随着动车时代的到来，铁路有着陆地航空的美称。铁路运输量巨大，一列货物列车一般能运送 5000 吨货物，一列旅客列车能搭乘旅客 2000 人，远远高于航空运输和公路运输。铁路运输能源消耗较低，在各种交通运输方式中，铁路在节约资源和保护环境方面具有明显的比较优势，加快发展铁路，对于建设资源节约型、环境友好型社会，促进国民经济可持续发展具有重要的意义。

➢ 课程目标

1. 了解中国铁路发展史

2. 了解中国火车发展史

3. 感受铁路精神

➢ 课程环境

中国铁道博物馆是国内唯一的国家级专业性铁路博物馆，由 1978 年成立的铁道部科学技术馆演变更名而来。它一共分为三个馆：位于崇文门的正阳门馆，酒仙桥的东郊馆以及八达岭特区的詹天佑纪念馆。

东郊馆主要展示机车车辆，建筑面积为 16500 平方米，展厅内设有不同道床结构和不同轨枕形式的 8 条展示线路，可以同时展示 80～90 台（辆）机车车辆。

展厅内展出了 50 多台经过整修的机车车辆，它们当中既有堪称镇馆之宝的中国现存最早的机车——0 号蒸汽机车，还有以伟人名字命名的"毛泽东"号和"朱德"号等功勋机车，也有英、美、日、俄、比利时等国不同时期制造的多种型号的蒸汽机车。内燃机车中有中国制造的第一代"东风"型电传动干线货运机车，中国制造的第一代"韶山"型电力机车等。在这里还可以看到多种客货车辆，有老式的专用客车，有国家领导人的公务车，还有不同种类的铁路座车、卧车、餐车、行李车及不同用途的多种铁路货车等。中国铁道博物馆机车车辆陈列厅展出的文物展品，是中国铁路牵引动力发展变化的缩影，是中国铁路从落后到现代化的历史见证。

➤ 活动导航

活动提示：

1. 博物馆馆藏丰富，知识无数，请带上好奇与思考展开游览。

2. 锁定一个最感兴趣的作品，采集丰富翔实的资料，以帮助你进行课题汇报。

3. 遵守参观秩序，展现良好的精神风貌。

任务一：库存大点兵

以小组为单位，进行自由参观。完成任务：假设你是博物馆的后勤总管，需要清点馆内车辆的信息，统计博物馆内各类机车的数量和名字。

机车类别	数量	名字
机车总数		
蒸汽机车		
内燃机车		
电力机车		
客车		
货车		

任务二：丈量铁路

轨道的宽度称为轨距，博物馆内的轨道按轨距划分分为几类？宽度分别是多少？

任务三：听你说火车

假设你是一个小记者，锁定一个你最感兴趣的机车，与其合影，网络调研其历史资料，做一份关于它的报道，录制成 5 分钟以内的报道视频，成果发送至线路微信群及朋友圈。

任务四：我的研学手账

【手账案例】

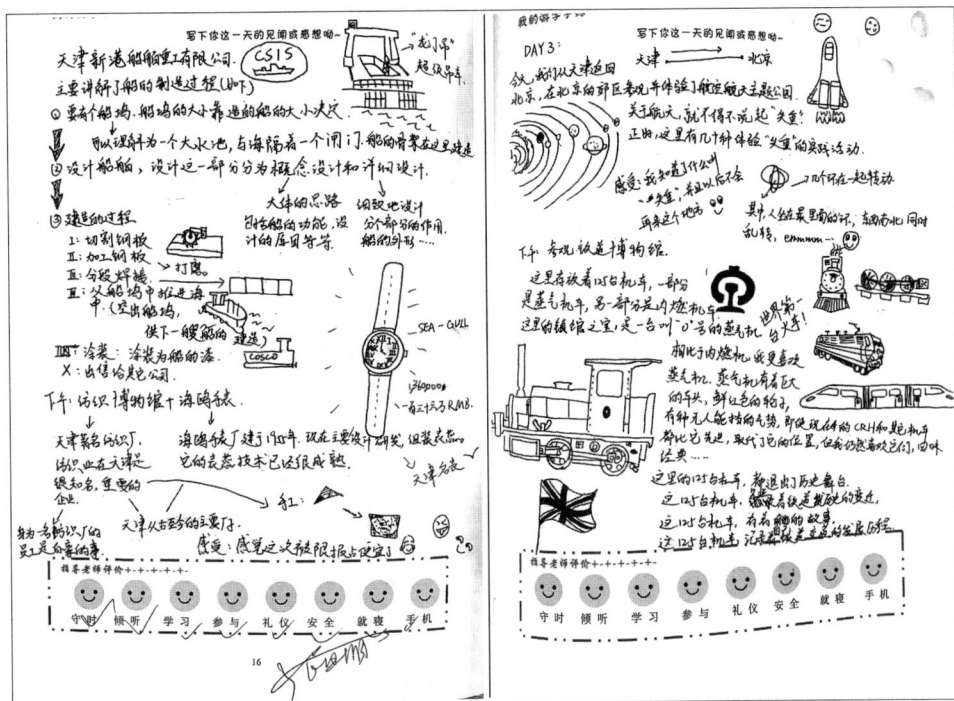

➤ 资源推荐

1. 纪录片：《超级工程 II 中国车》

2. ……

(四)阅读任务设计

研学活动是提高专题领域知识的过程,"学"是"研"的基础。如果要完成"研"的任务,必须进行相关领域知识的学习,最基本的学习还是查阅文献、阅读学习去了解一个领域的基本知识,然后通过现场考察获得更为深入和具体的信息。因此,研学前的准备课程中,教师应给学生提供一些精选的基础性阅读资料。

【案例】舰载机的起降

当今航母舰载机起飞方式有三种:

(1)蒸汽弹射起飞。美国大多数航母采用这种方式,目前世界上仅有美国有能力制造大功率的弹射器。法国"戴高乐"号的弹射器就是美国制造的。弹射起飞的缺点在于耗费大量淡水,而海上淡水极其珍贵,当前只有大型核动力航母才能生产足够的淡水。

(2)滑跃起飞。为避免蒸汽弹射方式的缺点,一些国家采用此方式,航母跑道尽头有一定仰角。如俄罗斯"库兹涅佐夫"号苏—33战机。但这种方式对飞机结构要求苛刻,起落架强度应为陆地起飞飞机的3倍以上。另外,大型预警机不能滑跃起飞,故俄罗斯航母只好用卡31直升机作预警机,其与美国大型预警机相比作用可想而知。

(3)垂直/短距起飞。为英国"海鹞"战机(美国用的称为AV—8)和俄罗斯雅克—38等采用。飞机发动机十分独特,有数个喷口并可以转向,这些飞机机动性差,多为亚音速。美国F35战机就先进多了,只有一个喷口但也可以转向,可以轻松实现超音速巡航。但这种方式在俄英航母上出现了甲板烧蚀现象。

舰载机降落有两种方式:

(1)阻拦索。以美俄航母为例，都有 4 条阻拦索，飞机降落时尾部放下着舰钩钩住 4 条阻拦索中的一条即可，绝对不可能钩住两条。但有严格的降落速度要求，速度过大可能导致飞机损坏。如果飞机着舰钩发生故障不能放下，就采用紧急降落方式：在甲板中部架起尼龙阻拦网，全体出动几分钟即可架起，飞机冲向网中被拦住。此时严阵以待的消防车和救护车进行救护，因为飞行员肯定已经在强大的负加速度作用下昏迷了。而且，为了防止降落失败出现危险，舰载机在下降过程中采用加速的方式，一旦降落失败还可以再次以较大速度起飞。

(2)垂直/短距降落，这是垂直/短距起飞的相反。

问题思考：

(1)采用滑跃起飞的航母的甲板有一定的_____，原因是_____。

(2)舰载机在降落时采用_____速，原因是_____。

【案例】中国公路网

发达的公路网为地面交通提供了坚强的后盾。公路的分级有不同体系。

按照公路按交通量分为高速公路、一级公路、二级公路、三级公路、四级公路五个技术等级。高速公路，能适应年平均昼夜汽车交通量 25000 辆以上，具有特别重要的政治、经济意义，专供汽车分道高速、连续行驶，全部设置立体交叉和控制出入，并以长途运输为主的公路。目前，以首都为中心，存在 7 条高速公路放射线，有些线路仍在建设中。

(G1，京哈高速)：北京—哈尔滨 1280 千米

(G2，京沪高速)：北京—上海 1245 千米

(G3，京台高速)：北京—台北 2030 千米

(G4，京港澳高速)：北京—港澳 2285 千米

(G5，京昆高速)：北京—昆明 2865 千米

(G6，京藏高速)：北京—拉萨 3710 千米

(G7，京新高速)：北京—乌鲁木齐 2540 千米

按照速度划分为三个等级：

高速公路：限速 80～120 千米/小时。快速公路：限速 60～100 千米/小时。低速公路：限速 20～60 千米/小时。大多数非高速路网的路段限速 60 千米/小时以内，被人们俗称"走低速"。

按照行政级别划分：中国按行政级别分为国道、省道、县道、乡道、村道。在道路标志牌上，红色背景的是国道，黄色背景的是省道，白底黑字是县道，绿色背景的是高速公路。

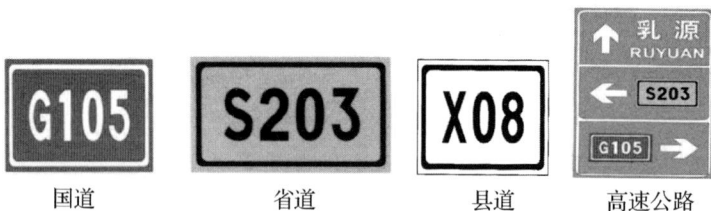

G105	S203	X08	乳源 RUYUAN
国道	省道	县道	高速公路

问题思考：

1. 我国高速公路的限速是_____；

2. 目前，以首都为中心，存在_____条高速放公路射线，其中里程最长的是_____。

(五)课题任务设计

为了提高研学的科学性和知识性，本案例开展了围绕主题进行课题研究，学生在研学开始前进行开题，抓住主要问题，理清研究思路，在研学中采集证据支持课题，在研学后进行研究报告总结。通过经历课题研究的全过程，掌握科学研究的方法，提高科学素养。

【案例】课题研究设计与评价方法

一、课题选择

从如下两个课题中任选一个进行研究。

1. 交通技术发展历程研究

交通工具发展历程。（略）

意义：人类不断利用自然空间创造了全方位的交通，地下—地上—低空—高空，每一种交通的发展史折射出科学技术的强大能量。

(1)确定你要研究的交通工具（公路、汽车、铁路、火车、飞机、机场、船、航海、地铁、自行车、航母、卫星、运载火箭等）。

(2)通过文献调查、网络搜索、阅读图书等途径描述这个工具的发展历程（图文并茂）。

(3)解释这个工具发展过程中使用的科学技术或者运行原理。

(4)批判性地思考这个交通工具带来的社会问题。

(5)思考并写出这个交通工具未来的发展方向或者改进方向。

2. 交通发展与城市发展的关系研究

(1)确定你要研究的交通工具与要研究的城市。

(2)确定这个交通工具发展的一个指标，如运客能力、运货能力、里程等，通过文献调查、网络搜索和阅读图书等途径分析统计这个指标的数据。

(3)选定城市发展的一个指标，如 GDP 排名等，通过网络搜索（国家统计局、年度城市 GDP 排名等）统计这个指标的发展数据表。

(4)比较两个指标的数据，定性的或者借助 Excel 定量的分析两个之间的关系。

(5)通过你的结论，评价这所城市的交通发展现状及规划是否合理，并提出建议。

二、课题开题要求

为了帮助学生更好地开展课题研究，为学生提供研学课题开题报告模板，让流程标准化，帮助学生按照合理的步骤和顺序开展课题研究。

表 12-3　研学课题开题报告模板

组长姓名		组长联系方式(手机号/导师班)	
小组成员			
课题名称			
指导老师		课题指导老师所在教室	

课题研究流程	

开题报告	1. 研究意义
	请你将所选课题对应的研究意义抄写在下方或裁剪下来贴在这个位置。
	2. 研究的基本问题或步骤
	请你将所选课题对应的研究步骤抄写在下面或者裁剪下来贴在这个位置。
	3. 小组分工
	第一步：建组。4人一小组，按照兴趣自由结组，小组成员同在一个线路。 第二步：建群。你们微信群的名字是＿＿＿＿＿＿＿。 第三步：分工。建议按照研究问题的细化问题进行分工。

	姓名	职责
1	×××	组长，负责课题任务分配，监督课题研究的进度，报告撰写等。
2	×××	副组长，海报制作，资料的收集和整理等。
3		
4		

4. 阶段性研究计划及预测进展

阶段	任务	时间安排
初期调研	1. 分析讨论课题要研究的基本问题与步骤 2. 围绕要研究的问题进行网络调研，建立电子文档随时摘记	11 月 6—12 日

<table>
<tr><td rowspan="5">开题报告</td><td colspan="3">

阶段	任务	时间安排
深入研究	定期以现场交流或者网络交流的方式讨论彼此对于问题的认识和研究进展	11 月 13—17 日
分析总结	1. 梳理文案资料，撰写结题报告 2. 制作海报，展示课题，突出重点	11 月 18—23 日

</td></tr>
</table>

开题报告	【注意】11 月 9 日前交予课题指导老师签字。 　　如交通＿＿＿＿＿开题 　　　　　　　　　　　　　　　指导老师签字： 5. 预期研究成果 1. 课题报告 1 份 2. 课题海报 1 张
研究报告	模板见附件 通过阅读你觉得研究报告的撰写主要包括几个部分？哪个部分最难写？ ＿＿＿＿＿＿＿＿＿＿＿＿＿＿＿＿＿＿＿＿＿＿＿＿＿＿＿＿＿＿＿ 【注意】以小组为单位，请在 11 月 22 日前将研究报告电子版交给课题指导老师，不在规定日期内上交的小组成员都无法获得游学课程成绩。
课题海报	请你构思结题海报的设计思路，海报上重点呈现课题的哪些内容？如何呈现？ ＿＿＿＿＿＿＿＿＿＿＿＿＿＿＿＿＿＿＿＿＿＿＿＿＿＿＿＿＿＿＿ 【注意】海报尺寸：60 厘米×80 厘米，可以手绘可以电子版，请在 11 月 22 日前将最终海报电子版交给课题指导老师，不在规定日期内上交的小组成员都无法获得游学课程成绩。
结题展示 与评奖	11 月 23 日在学校内展示游学的课题的研究报告与海报。 教师与学生代表共同评选课题研究报告与海报的等级。 11 月 24 日获奖代表在学校公共集会上分享交流，学校颁奖。

三、课题评价标准

　　课题是研学活动的核心内容之一，从选题到收集资料，到观察调查获取数据，都是研究过程的一部分，对这些环节的设计本身就是一种研究的思维和方法。开展研学小课题的研究，虽不一定有多少创新性，但强调的是自己努力的结果；虽不能要求做得多么规范，但必须要求经历研究的过程，使用一两种科学的方法。因此，对学生研学课题的评价重在"行动"，只要参与了、研究了、经历了，就是一次成功的研学。

对学生研学课题的评价，从原创性、完整性、充分性、创新性、可推广性等维度来考察。这样的评价导向能够避免学生将来形成一些不良的学术习惯。原创性旨在避免"抄袭""步人后尘"和"人云亦云"的风气，而重视学生的奇思妙想和原创生成；完整性强调学生的坚持和完成，不能半途而废；充分性引导学生思考问题要尽量周全，不要断章取义。这些评价标准，对于学生形成良好的学习习惯，接触科学的研究方法，都是一种引领和规范。下表是北京市十一学校龙樾实验中学对学生研学课题的评价标准。

表12-4　学生研学课题评价标准

评价项目	评价标准	权重分数	评价结果			得分
			A	B	C	
原创性	1. 成果与此次游学经历有关	10	5		0	
	2. 在游学过程中采集了相关的证据（照片）		5		0	
完整性	3. 参照课题手册，完成所有提示问题	10	5	3	1	
	4. 语言表达清晰，图文并茂		5	3	1	
充分性	5. 资料翔实，数据准确	10	5	3	1	
	6. 逻辑严密，论证充分		5	3	1	
创新性和可推广性	7. 论证方法科学	10	5	3	1	
	8. 观点深刻新颖		5	3	1	
海报	9. 重点突出，有信息	10	5	3	1	
	10. 内容新颖有特点		3	2	1	
	11. 设计美观用心		2	1	0	
合计		100				

（六）行后反思任务设计

研学结束后，无论是学生层面还是学校层面都有必要对研学工作进行反思，

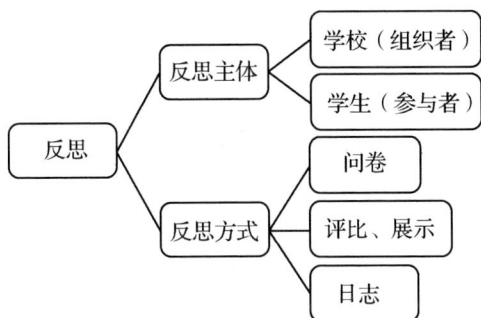

图 12-4 研学旅行反思示意图

并在反思的基础上对线路资源进行一定的调整。反思方式包括问卷、评比、展示、日志等方法。通过学生问卷可以获得学生对于研学过程中的食、住、行等方面的评价；通过成果评比、展示等活动可以让学生在研学过程中的成果外显化，更重要的是给学生输出研学成果的机会，让其表达自己，了解他人。学校层面需要建立研学线路评价日志，由研学线路负责人总结梳理研学过程中的问题，以便更好地开发线路资源，实现研学工作的健康可持续发展。

【案例】学生、学校不同层面的反思任务设计

1. 学生层面的评比、展示工具

在研学过程中，你需要选择一个话题（课题），在研学中采集相关的数据、证据进行研究，最后通过绘制海报的方式呈现成果。

具体要求：

4 人一小组。

从备选课题中任选一个或者自拟话题。

海报尺寸为 60 厘米×80 厘米，可手绘，也可电子形式（如 PPT 或其他软件），但电子形式需要自己打印成 60 厘米×80 厘米的海报形式。

研学回校后一周内完成海报制作，自行粘贴到学校中央广场两侧。

学校组织投票活动，每个学生和老师一票，投给除了自己团队以外认为最好的海报。

根据票数，将作品分成 A、B、C、D 等，课题成绩与游学成绩合计计入游学过程的总分，请各位同学按时上交。

对于特别优秀的团队给予奖品和荣誉。

2. 学校层面的研学总结日志

××线路研学总结工具表格

对象	总体		细节
旅游公司	服务比较周到，节奏安排比较合理；与学生的互动性有待提高；对课程开发提供的帮助较少。		晕车贴准备不足。 耳机质量差，信号差，听不清。 用餐的种类不丰富。 有的地陪讲解很好，有的讲解不充分。 旅行社比较依赖学校，没能充分参与到策划或管理中；联系的研学资源比较好。
研学资源	整体比较丰富，开阔了学生的视野，主题性明显，所有的研学资源紧紧围绕交通主题，能够让学生对交通的认识更加广博。		优势：线路资源的知识丰富，重学轻玩；交通的主题比较鲜明，让学生了解了各种交通工具的历史或者制造过程，强调学生的知识获得感。 不足：秋季研学天气太冷，不适合在北方进行；研学线路的设计需要考虑学生的需求。
课程设计	研学任务比较简单，有的问题无法通过游览得到，需要改进任务，增加任务的难度。 体验活动比较少，需要增加以交通为主题的体验活动，如桥梁拼接、四驱车体验、轮船模型组装等。 需要让学生选择，由于课程设计难度问题，不一定适宜所有的学生。		出海没有必要。 有的讲解太少，学生多，无法专注听。 在室内博物馆参观时，部分学生很难集中注意力。 住宿的地方是否在市区可以商榷。 前期需要踩点，有必要更新活动。
学生组织	线路代码	学生姓名	限报、禁报理由(具体的行为表现)
	北京线 C1－1	××	午餐期间，私自购买饮料。研学第一天迟到，影响出发时间；旅行期间在车上屡次大声喧哗。

一个完整的研学旅行至少包含六大要素，研学课程、研学线路、研学基地、研学师资、生活保障以及安全管理。其中还有若干固定或生成的研学资源，显性

或隐性存在于各个要素之中。作为综合实践育人的有效途径，研学旅行要以统筹协调整合资源为突破口，研学旅行基地功能的拓展、研学旅行线路的设计、活动课程资源的开发，都需要进行创造性地整合。① 研学旅行课程体系是一套经过对多要素整合而系统构建的育人框架，是以学校为主、社会各方力量配合合作的从无到有的创生过程，需要从整体上推动各方面各环节的对接融合，最终形成以学生发展为核心的凸显综合性与实践性的课程体系。

---

① 王晓燕．研学旅行：课程开发是关键[J]．中小学信息技术教育，2018(10)：10.

主要参考文献

1. 施良方. 课程理论——课程的基础、原理与问题[M]. 北京：教育科学出版社，1996.

2. 钟启泉. 现代课程论[M]. 上海：上海教育出版社，2006.

3. 靳玉乐，黄清. 课程研究方法论[M]. 北京：人民教育出版社，2012.

4. 赵德成，卢慕稚. 新课程与学生评价[M]. 北京：北京高等教育出版社，2004.

5. 黄甫全. 现代课程与教学论[M]. 北京：人民教育出版社，2014.

6. 拉尔夫·泰勒. 课程与教学的基本原理[M]. 罗康，张阅，译. 北京：中国轻工业出版社，2014.

7. 文可义. 综合实践活动课程的主题设计[J]. 课程·教材·教法，2001(8).

8. 陈志敏. 综合实践活动课程的主题设计[J]. 教学与管理，2013(8).

9. 庞维国. 论体验式学习[J]. 全球教育展望，2011(40).

10. 殷世东，程静. 中小学研学旅行课程化的价值意蕴与实践路径[J]. 课程·教材·教法，2018(4).

11. 王晓燕. 研学旅行：课程开发是关键[J]. 中小学信息技术教育，2018(10).

12. 吴颖惠，宋世云：扎实推进研学旅行，探索实践育人新模式[J]. 中小学信息技术教育，2018(10).

13. 宋世云. 综合实践活动是新时代立德树人的重要载体[J]. 中小学信息技术教育，2018(4).

附　录

参与研学旅行课题学校名单[①]

一、小学(32 所)

北京石油学院附属实验小学、北京市海淀区实验小学、北京市海淀区育鹰小学、北京市海淀区永泰小学、北京市海淀区第二实验小学、北京市海淀区图强第二小学、北京石油学院附属小学、北京市海淀区东升实验小学、北京市海淀区中关村第二小学、北京市海淀区前进小学、清华大学附属中学上地小学、北京市海淀区玉泉小学、北京市海淀区翠湖小学、北京市海淀区羊坊店中心小学、北京市海淀区民族小学、北京市海淀区定慧里小学、北京市海淀区科技园小学、首都师范大学附属小学、北京市海淀区枫丹实验小学、首都师范大学实验小学、清华大学附属小学、北京市海淀区九一小学、北京邮电大学附属小学、北京市海淀区中关村第一小学、中国人民大学附属小学、北京外国语大学附属小学、北京市海淀区双榆树第一小学、北京大学附属小学、北京市海淀区太平路小学、北京市海淀区台头小学、北京医科大学附属小学、清华大学附属小学清河分校。

二、中学(40 所)

清华大学附属中学上地学校、北京市海淀实验中学、北京航空航天大学实验学校、北京市中关村中学、北京市第十九中学、北京市八一学校附属玉泉中学、

---

① 本名单按照学校加入课题组时间排序。

北京理工大学附属中学、清华大学附属中学永丰学校、北京市第一○一中学、北京市育英中学、北京市玉渊潭中学、中央民族大学附属中学、北京市师达中学、北京外国语大学附属中学、北京市十一学校龙樾实验中学、北京市第二十中学、北京科技大学附属中学、北京师范大学第三附属中学、中国矿业大学(北京)附属中学、北京市清河中学、首都师范大学第二附属中学、中国人民大学附属中学、北京市海淀区教师进修学校附属实验学校、清华大学附属中学、中国人民大学附属中学分校、首都师范大学附属育新学校、首都师范大学附属玉泉学校、北京市育鸿学校、北京市海淀北部新区实验学校、北京市北外附属外国语学校、北京市第二十中学附属实验学校、北京市二十一世纪国际学校、北京市海淀外国语实验学校、北京市十一学校一分校、中国人民大学附属中学翠微学校、北京市育英学校、北京市八一学校、北京市十一学校、中国农业大学附属中学、北京市建华实验学校。

三、其他单位(3 所)

北京市海淀区青龙桥学区管理中心、北京市海淀区甘家口活动中心、北京市海淀科普教育协会。

后　记

从 2017 年开始，北京市海淀区教育科学研究院（简称海淀教科院）以群体科研的方式，组织区域内 70 余所中小学开展研学旅行课题研究。在区级群体研究的基础上，2017 年 11 月，"中小学研学旅行课程体系设计与实践模式探索研究"（课题负责人：吴颖惠，课题编号：1701010210A），被中国教育学会立项为 2017 年度重点课题；2018 年 6 月，"小学、初中、高中不同学段研学旅行课程建设实践研究"（课题负责人：宋世云，课题立项号：CADA18077），获批立项北京市教育科学规划 2018 年度重点课题。经过近两年的探索，海淀教科院全面研究梳理了将研学旅行纳入教育教学计划的课程实施方式，对中小学研学旅行的基本问题、实施过程和运行机制进行了系统总结。

本书由吴颖惠统筹策划，并对全部书稿进行了审核，各章内容由宋世云组织作者分工撰写。第一章由宋世云撰写，第二章由刘晓宇、宋世云、于戈撰写，第三章由方丹撰写，第四章由王文琦撰写，第五章由范珠文、陈朝晖撰写，第六章由于戈、宋世云撰写，第七章由梁中贤、王文琦撰写，第八章由骆爽、肖丽平撰写，第九章由魏然撰写，第十章由陈朝晖撰写，第十一章由武丽娟撰写，第十二章由张亚明撰写。宋世云对全书进行了修改和统稿。

在课题推进和书稿撰写过程中，顾明远、康健、高书国、张东燕、王晓燕、杨德军、高峡、王渝生、冯新瑞、胡定荣、石鸥、曹巍、徐玉珍、王凯、陈海铃、杜永生、韩宝江、王禹苏等一批专家、学者给予了许多专业上的指导和帮助。感谢海淀区教委王方主任、赵建国副主任、唐建东科长、赵霞科长、郝萍科长、张少莉科长等给予的关注和支持。感谢海淀教科院宋官雅副院长、闫顺林主任、严星林所长、张晓玉老师、杨柳老师、石宇老师等在课题组织过程中给予的支持和帮助。感谢课题校校长们的大力支持，感谢学校子课题负责人和执行人作出的贡献。感谢刘乐天、史艺、鲁小凡、潘艳萍、何巍、王晓英、关健、张晖、叶春芳、赵惠云、林洁、王光伟、王建秀、庄严、董承霞、段庆伟、孔美玲、王立勋、魏小林、张士新、翟晓江、张艳霞、杨艳红、吴洁、张继红、柳杰、窦丽娜、李晖等老师提供素材，并组织学校教师撰写案例。

特别感谢北京师范大学出版社张丽娟老师在本书出版过程中所付出的辛劳，没有她的精心组织安排，这本书与读者见面的时间不可能这么早。

由于时间仓促，作者水平有限，书中难免有疏漏和不妥之处，敬请读者批评指正。

作　者

2018 年 11 月